UTB 2399

W0192721

Eine Arbeitsgemeinschaft der Verlage

Beltz Verlag Weinheim · Basel
Böhlau Verlag Köln · Weimar · Wien
Wilhelm Fink Verlag München
A. Francke Verlag Tübingen und Basel
Haupt Verlag Bern · Stuttgart · Wien
Lucius & Lucius Verlagsgesellschaft Stuttgart
Mohr Siebeck Tübingen
C. F. Müller Verlag Heidelberg
Ernst Reinhardt Verlag München und Basel
Ferdinand Schöningh Verlag Paderborn · München · Wien · Zürich
Eugen Ulmer Verlag Stuttgart
UVK Verlagsgesellschaft Konstanz
Vandenhoeck & Ruprecht Göttingen
Verlag Recht und Wirtschaft Frankfurt am Main
VS Verlag für Sozialwissenschaften Wiesbaden
WUV Facultas Wien

Renate Walthes

Einführung in die Blinden- und Sehbehindertenpädagogik

Mit 46 Abbildungen, 14 Tabellen und 21 Übungsaufgaben

2. Auflage

Ernst Reinhardt Verlag München Basel

Prof. Dr. **Renate Walthes** ist Professorin für Rehabilitation und
Pädagogik bei Blindheit und Sehbehinderung an der Fakultät für
Rehabilitationswissenschaften der Universität Dortmund, gestaltet
den Diplomstudiengang Rehabilitation und Pädagogik bei Behinde-
rung im Studienschwerpunkt Frühförderung mit und ist Leiterin des
Dortmunder Zentrums Behinderung und Studium (DoBuS)

Bibliografische Information der Deutschen Bibliothek

Die Deutsche Bibliothek verzeichnet diese Publikation in der
Deutschen Nationalbibliografie; detaillierte bibliografische Daten
sind im Internet über <http://dnb.ddb.de> abrufbar.
   UTB-ISBN 3-8252-2399-X
   ISBN 3-497-01651-9

Einbandgestaltung: Atelier Reichert, Stuttgart
Satz: Rist Satz & Druck GmbH, Ilmmünster
Druck: Ebner & Spiegel, Ulm
Printed in Germany
ISBN 3-8252-2399-X (UTB-Bestellnummer)

Ernst Reinhardt Verlag, Kemnatenstr. 46, D-80639 München
Net: www.reinhardt-verlag.de Mail: info@reinhardt-verlag.de

Inhalt

Hinweise zur Benutzung dieses Lehrbuches

Das vorliegende Buch will Studienanfängern der Behinderten- und Rehabilitationspädagogik sowie interessierten Studierenden verwandter Studienfächer (Pädagogik, Psychologie, Sozialpädagogik und Sozialarbeit) einen Einblick in die vielfältigen Aufgaben- und Handlungsfelder der Pädagogik bei Blindheit und Sehbehinderung geben. Der beabsichtigte Überblickscharakter des Buches macht inhaltliche Verkürzungen unvermeidbar, will aber gerade hierdurch zu weiterführender Auseinandersetzung mit Einzelfragen des Faches motivieren. Die formale Gestaltung des Buches soll das Selbststudium erleichtern. Die in den Randspalten gegebenen Hinweise und Piktogramme dienen der schnellen Orientierung und gezielte Fragen am Ende eines Kapitels der Reflexion des Gelesenen. (Alltags-)Beobachtungen, Diskussionsvorschläge und spezifische Literaturhinweise sollen zur weiterführenden Vertiefung von Einzelaspekten anregen. Das Glossar am Ende des Buches klärt zentrale Fachbegriffe. Angaben zu weiteren Informationsquellen sind im Anhang aufgeführt.

 Definition

 Literaturempfehlung, weiterführende Literatur

 Beispiel

 Übungsaufgaben am Ende der Kapitel

 Beobachtung (Die Einglasbrille symbolisiert die besondere Perspektive auf ein Thema.)

 Frage, Aufgabe, Denkanstoß

Vorwort

Dieses Buch ist gewidmet:

*Den Mitarbeiterinnen und Mitarbeitern von
Bewegung im Dialog – Zentrum für Systemische
Bewegungstherapie und Kommunikation e. V.*

*Dem Kollegen und kritischen Vordenker
Hans-Peter Spittler-Massolle (1957–2002)*

Zwei unterschiedliche Themenbereiche in einem Buch zu einer
Reihe von Einführungen in spezielle Pädagogiken unterzubrin-
gen ist aus mehreren Gründen eine große Herausforderung.
Fragen einer Pädagogik bei Sehbehinderung unterscheiden sich
fundamental von Fragen einer Pädagogik bei Blindheit. Geht es
im ersten Fall darum, das vorhandene Sehvermögen und seine
spezielle Diagnostik als Ausgangspunkt für Unterstützungsmaßnahmen zu wählen, so gilt es im zweiten Fall, Wahrnehmungsbedingungen bei Abwesenheit von Sehen zu finden und zu gestalten. Ähnlichkeiten bestehen lediglich in den Reaktionen
einer vermeintlich alles gleich sehenden Welt der Sehenden. Diese Welt vermutet Gemeinsamkeiten in der Gruppe von Menschen
mit einer Sehschädigung, die bei näherer Betrachtung irre-
führend sind. Spezifische Sehbedingungen zu haben oder auf die
visuelle Wahrnehmung nicht angewiesen zu sein schafft zwar in
manchen Situationen ähnliche Umgangsweisen mit den Herausforderungen der Umwelt, die Menschen mit ihren jeweiligen
Wahrnehmungsbedingungen sind jedoch so individuell wie alle
und benötigen daher auch eine individuelle Unterstützung, keine
gruppenbezogene.

Bei näherer Betrachtung der Menschen mit Sehstörungen, Seh-
beeinträchtigungen und Sehschädigungen wird deutlich, dass neben der Gruppe, die traditionellerweise als blind, sehbehindert,
hörsehgeschädigt gilt, weitere Personen von einer wahrneh-
mungsorientierten Pädagogik profitieren können, da Seh- und
visuelle Wahrnehmungsprobleme in großem Umfang auftreten
bei geistiger Behinderung, Körperbehinderung, Mehrfachbehinderung, in gleichem Umfang aber auch bei Lernbehinderung,

Wahrnehmungs- und Verhaltensauffälligkeiten oder bei Lese-Rechtschreibproblemen. Immer dort, wo kognitive Probleme vermutet werden, könnte auch ein visuelles Problem vorliegen, das nur mit einer funktionalen Differenzialdiagnose abgeklärt werden kann. In Deutschland sind wir leider noch weit von einer Standarddiagnostik entfernt. Sie wäre dringend erforderlich und könnte manche Karriere im System der Sonderpädagogik anders gestalten. Dieses Buch ist daher nicht nur für das Feld der traditionellen Pädagogik bei Blindheit, Sehbehinderung und Mehrfachbehinderung geschrieben, vielmehr wünsche ich mir einen breiten interdisziplinären Diskurs über die Bedeutung des Sehens.

Sich mit Wahrnehmung, visueller Wahrnehmung und Sehen zu beschäftigen und mit Menschen zu tun zu haben, die über andere Wahrnehmungsbedingungen verfügen, ist eine außerordentlich spannende und faszinierende Herausforderung. Ich kann Sie daher nur warnen. Sollte Sie dieser Virus einmal erfasst haben, werden Sie staunend vor der Vielfalt und Schönheit menschlicher Wahrnehmungsweisen stehen und von einer weiteren Beschäftigung mit diesen Themen nicht mehr lassen können. Ich hoffe, Sie werden wie ich froh darüber sein, dass diese Vielfalt existiert und gegen Tendenzen der Ausgrenzung von Vielfalt vehement eintreten.

Humberto Maturana, ein bekannter chilenischer Neurobiologe, pflegte seine Vorträge häufig mit folgendem Satz zu beginnen: „Ich bin verantwortlich für das, was ich sage. Sie sind verantwortlich für das, was Sie hören!" Dies gilt auch für dieses Buch. Ich habe mich bemüht, eine Einführung in die Pädagogik bei Blindheit und die Pädagogik bei Sehbehinderung verantwortlich zu schreiben. Was Sie lesen und verstehen, kann ich damit nicht steuern, ich hoffe dennoch, dass Sie es mit Vergnügen tun.

Wer heute ein Buch komplett alleine schreibt, Grafiken erstellt, korrigiert, Literatur sucht, mit sich alleine den Diskurs über Inhalte führt, hat entweder unglaublich viel Zeit oder ist ein Genie. Auf mich trifft beides nicht zu und das ist gut so, denn auf diese Weise bin ich auf Zusammenarbeit und Unterstützung angewiesen. Für beides, gute Zusammenarbeit und viele Unterstützungsleistungen, möchte ich danken: Astrid Aach, Frank Laemers, Juliane Leuders, Richard Piatkowski, Mitarbeiterinnen und Mitarbeiter im Projekt IsaR, meinen Kolleginnen in der Fachrichtung Pädagogik bei Blindheit und Sehbehinderung Emmy Csocsán und Birgit Drolshagen, Birgit Rothenberg und Ralph Klein vom Zentrum Behinderung und Studium (DoBuS), Petra Gehrmann und Barbara Ortland, Kolleginnen an der Fakultät Rehabilitationswissenschaften, Henner Frebel und Anja Steinmeier, Silke Roderfeld und Kirsten Wahren-Krüger, wissenschaftliche Hilfskräfte. Sie alle haben meine Anfragen und Bitten um Korrekturen, inhaltliche Auseinandersetzung, formale Gestaltung stets unterstützt und meinen Änderungswünschen mit Geduld entsprochen. Henner Frebel, Frank Laemers, Juliane Leuders und Anja Steinmeier haben darüber hinaus in der Endphase der Arbeit großes Durchhaltevermögen auch bei Nachtarbeit bewiesen. Lea Hyvärinen sei gedankt für ihre konstruktiv kritischen Kommentare und die Erlaubnis, einige Grafiken und Bilder in diesem Buch zu verwenden. Susanne Sroka hat die Sekretariatsarbeit so gestaltet, dass zusätzliche Arbeit in der Endphase fern gehalten wurde.

Mit den Mitarbeiterinnen und Mitarbeitern von Bewegung im Dialog e. V., Gudrun Badde, Christiane Freitag, Karl Friton, Renate Heule, Regina Klaes, Ina Maag, Ellen Oßwald, Dorothee Schilling, Marion Schnurnberger und Erika Walthes-Friton habe ich in den letzten 15 Jahren ein pädagogisches Theorie-Praxis-Konzept entwickeln und gestalten dürfen, das in dieser Form einzigartig ist. Ohne diese Zusammenarbeit und Konzeptentwicklung wäre auch dieses Buch nicht denkbar. Christiane Freitag und Marion Schnurnberger sei besonders gedankt für die kritischen Kommentare und ihre konzeptionellen Überlegungen in den letzten Wochen. Alle so selbstverständlich gewährten Unterstützungen sind ein Beleg für ein ausgesprochen gutes Arbeitsklima sowohl an der Universität als auch bei Bewegung im Dialog. Der Verlag und insbesondere Ulrike Landersdorfer und Hildegard Wehler haben mit Geduld und Wohlwollen den hindernisreichen Prozess der Entstehung dieses Buches begleitet. Dass es nun vorliegt, ist wesentlich auch ihnen zu verdanken.

Dortmund, im Oktober 2002   Renate Walthes

1 Einführung

1.1 „Ich will die Luft fotografieren …"

Besser und eindrucksvoller als langatmige Erklärungen können Geschichten komplexe Sachverhalte anschaulich vermitteln. Geschichten wie die folgende können Sie von Eltern blinder und sehbehinderter Kinder, von aufmerksamen Pädagoginnen und Pädagogen, von den Menschen mit Blindheit oder Sehbehinderung selbst immer wieder hören. An der folgenden Geschichte war ich vor etwa 20 Jahren selbst beteiligt.

Auf einer der ersten Eltern-Kind-Aktivitäten, die ich mit einer Gruppe Studierender durchgeführt habe, waren wir mit Eltern und Kindern im Grundschulalter zu einer Winterfreizeit unterwegs. Themen wie elementare Erfahrungen mit Schnee, Schlitten fahren und Eislaufen standen dort ebenso auf dem Programm wie Skilanglauf und alpiner Skilauf. Zur Dokumentation und zum Videofeedback für die Studierenden hatte ich eine Videokamera dabei. Die Videokamera hatte eine hohe Attraktivität für alle Kinder, sehende wie sehgeschädigte. Ein blinder Junge, sechs Jahre alt, wich nur selten von meiner Seite, wenn ich dieses Gerät in Betrieb hatte. Öfter hatte ich auch einen Fotoapparat dabei, der ihn ebenfalls sehr faszinierte. Es kam zu folgendem Gespräch:

Er: Ach weißt du, es ist so schade, dass ich nicht fotografieren kann. Ich würde so gerne mal fotografieren.

Ich: Warum sollte das nicht gehen, das könnten wir doch mal ausprobieren?

Er: Und wie?

Ich: Na ja, ich stell mir das so vor. Wenn du irgendetwas fotografieren möchtest, dann schaust du dir's vorher genau an – mit den Händen meinte ich – dann nimmst du den Fotoapparat und hältst ihn in die Nähe des Gegenstandes und dann machst du ein Foto. Und wenn das Bild dann entwickelt ist, kann dir deine Mutter oder ich oder deine Freundin erzählen, was auf dem Foto drauf ist.

Er: Ja, das müsste gehen. Oh ja, dann will ich als erstes die Luft fotografieren.

Ich: Du, das geht nicht, die Luft kann man nicht fotografieren, die Luft kann man auch nicht sehen, man kann – glaube ich – nur das fotografieren, was man auch anfassen und fühlen kann.

Er: Dann will ich den Wind fotografieren.

Meine Erklärungsversuche gingen weiter, irgendwann endete dann das Gespräch zu seiner Zufriedenheit, zu meiner nicht. Zu Weihnachten schenkte ich dem Jungen eine Sofortbildkamera, seine Freude war groß; die Verwunderung seiner Eltern auch, alle anderen waren entsetzt. Wie kann man einem Kind, das nicht sehen kann, einen Fotoapparat schenken. Für viele war dies Zynismus pur. Für mich nicht, ich war fasziniert von seiner Neugier, konnte aber damals nicht sagen, ob der Fotoapparat nicht bereits nach einem Tag völlig uninteressant geworden wäre.

An dieser Stelle unterbreche ich die Geschichte und möchte Sie bitten, sie weiter zu schreiben. Was glauben Sie, ist geschehen? Hat er die Kamera länger als einen Tag benutzt? Hat er so viele Sofortbilder gemacht, dass seine Eltern mit der Lieferung der Kassetten nicht nachkamen? War er enttäuscht, dass die Bilder nicht das Ergebnis brachten, das er sich wünschte? Schreiben Sie Ihre Version der Geschichte auf.

Ein zweites Beispiel, dieses Mal aus der Literatur.
Von Tolstoi stammt folgender kleiner Dialog. Er heißt „Der Blinde und die Milch" und lautet wie folgt:

> „Milch hat die gleiche Farbe wie leeres Schreibpapier. Der Blinde fragte: ‚Ach so, ist das Weiße, daß es unter den Händen knistert wie Papier?' Der Sehende sagte: ‚Nein Milch ist weiß wie Mehl weiß ist.' Der Blinde fragte: ‚Ach so, das Weiß stäubt wie Mehl?' Der Sehende sagte: ‚Nein, es ist weiß wie ein Schneehase weiß ist.' Der Blinde fragte: ‚Also flaumig und ebenso weich wie ein Hasenfell ist das Weiße?' Der Sehende sagte: ‚Nein, nein nur einfach weiß ist das Weiße – wie Schnee.' Der Blinde fragte: ‚Aha, also kalt wie Schnee?' Und so viele Beispiele der Sehende auch vorbrachte, der Blinde konnte nicht fassen, was das Weiße der Milch ist." (Tolstoi 1987, 59)

1.2 Die Welt des Sehens – die Welt der Blindheit – die Welt des Anders-Sehens

Zwischen Blindheit und Sicht scheint es Bereiche zu geben, die nicht vermittelbar sind. Doch dies gilt nicht nur für Blindheit oder Sicht, es gilt für alle internen Prozesse der Wahrnehmung und der Empfindung. Wittgenstein veranschaulicht diesen Sachverhalt in dem folgenden Aphorismus: „Ich kann sagen: Siehst du, dieses Kind ist nicht blind; es sieht. Schau, wie es der Kerzenflamme folgt. Aber kann ich mich sozusagen davon überzeugen, daß *Menschen sehen*? ‚*Menschen sehen.*' – Im Gegensatz *wozu*? Dazu etwa, daß alle blind sind?" (Macho 1996, 309).

Fragen über Fragen, die eine Beschäftigung mit Sehen, Blindheit oder Anders-Sehen – so möchte ich einmal andere Sehbedingungen beschreiben – begleiten. Die Bereiche Pädagogik bei Blindheit und Pädagogik bei Sehbehinderung sind zwar Felder mit einer langen pädagogischen Tradition, dennoch existieren hier mehr Fragen als Antworten, und hat man einmal eine vorläufige Antwort gefunden, tauchen sofort neue Fragen auf. Es sind Bereiche, die uns immer wieder auffordern, über Fragen der Wahrnehmung von Welt, von richtig und angemessen, über Möglichkeiten und Grenzen der Sprache und Kommunikation nachzudenken, und die einen davor bewahren, sich mit Gewissheiten vorschnell zu begnügen. Die Pädagogik bei Blindheit und bei Sehbehinderung braucht Menschen, die neugierig sind, die sich gerne überraschen lassen und die nicht aufhören wollen zu fragen. Menschen, die glauben, alles zu wissen, werden nicht das Interessante und Spannende einer Auseinandersetzung begreifen, die immer wieder an unlösbare, weil intransparent bleibende Probleme stößt. Das will ich Ihnen zeigen, indem ich die Geschichte mit der Fotokamera weiter erzähle.

Es geschah etwas, womit wir alle nicht gerechnet hatten. Ulrich, so heißt der Junge, war also völlig begeistert davon, mit seinem Fotoapparat Bilder zu machen. Zugleich waren seine Mutter oder sein Vater als Beschreibende ausgesprochen gefragt.

Er hielt den Fotoapparat direkt an eine Wand:
– Wenn ich das hier fotografiere, sieht man dann da durch?
– Nein, durch eine Wand kann man nicht hindurch fotografieren.
– Und wenn ich das hier hin halte, was sieht man dann?
– Da ist ein Fenster, da kann man draußen den Garten sehen.

Wenn er an der Tür stand und seine Freunde auf der Schaukel hörte, die hinter der Längsseite des Hauses war, fragte er:
– Kann ich die jetzt fotografieren?
– Nein, da ist die Ecke mit der Wassertonne davor, das geht nicht.

Zusammenhänge, von denen die Eltern längst geglaubt hatten, sie seien ihm klar geworden, standen nun noch einmal in Frage. Wieso kann man durch ein Fenster schauen und durch die Wand nicht, beides ist doch gleich hart und fest? Wo kann ich bei einem Gitter durchsehen und wo nicht, wie ist das mit dem Hören und dem Sehen? Können die Sehenden alles sehen, was ich höre und noch viel mehr? Es stellte sich z. B. heraus, dass er dachte, wenn er in seinem Zimmer sei, könnten ihn die Sehenden auch durch die Wand und durch die geschlossene Tür sehen.

Was zeigt dieses Beispiel? Es zeigt, dass wir nicht im Voraus wissen können, ob und was etwas für einen Menschen bedeutet. Es zeigt zugleich, dass und wie unser Vorverständnis von einer Sache oder von einer Person unsere Wahrnehmung, Vorstellung und unsere Handlung steuert. Wir halten einen Fotoapparat für etwas völlig Ungeeignetes für ein blindgeborenes Kind, daher bieten wir ihn den Kindern nicht an. So können wir jedoch nicht die Erfahrung machen, dass er zum Beispiel in dem Verwendungskontext von Ulrich eine völlig andere Funktion erhalten kann, als er für Sehende hat. Er diente nicht als Abbild der Wirklichkeit, sondern war das Medium, über die Wahrnehmung der anderen, der Sehenden, mehr zu erfahren.

Mit Hilfe des Fotoapparates hat Ulrich sich dem ein Stück angenähert, was Sehen heißt, die Erfahrungen mit diesem Medium haben seine Vorstellungen einer visuellen Welt angereichert und modifiziert. So wenig er damit erfahren kann, wie Sehende wirklich sehen, so wenig kann ich erfahren, wie er wirklich wahrnimmt. Mit diesem Beispiel wollte ich Ihnen exemplarisch ein Stück des Gegenstandes der Pädagogik bei Blindheit und Sehbehinderung näher bringen.

Pädagogik bei Blindheit und Sehbehinderung beschäftigt sich mit Themen im Kern und Umfeld von Wahrnehmung besonders mit visueller, mit akustischer, mit taktiler Wahrnehmung und mit den Menschen, denen die visuelle Wahrnehmung nicht zur Verfügung steht oder die mit anderen visuellen Wahrnehmungsbedingungen umgehen können. Hierbei muss es bei Fragestellungen im Zusammenhang mit *Blindheit* um einen Zugang gehen, der von der Bewegung, der Taktilität und dem Auditiven her kommt; bei *Sehbehinderung* geht es um Fragestellungen, die vom Sehen her motiviert sind – zwei unterschiedliche Zugangsweisen.

1.3 Notwendige Unterscheidungen

Sehschädigung ist zwar der Oberbegriff für Blindheit, Sehbehinderung, Sehbeeinträchtigung, hochgradige Sehbehinderung. Dieser Begriff hat jedoch nur Gültigkeit, sofern er die Schädigungsformen, deren Ursachen und Erscheinungsformen beschreibt. Geht es um pädagogische Anforderungen, um so genannte „special needs", ist Sehschädigung ein irreführender Oberbegriff, weil er suggeriert, blinde, sehbehinderte oder mehrfachbehinderte, blindgeborene oder erblindete Menschen, Menschen mit angeborenen oder erworbenen Sehbehinderungen würden ähnliche Anforderungen an ihre Umwelt stellen. Dies ist nicht der Fall. Die spezifischen Bedürfnisse von blindgeborenen Kindern sind z. B. völlig andere als die bei Erblindung im Kindesalter. Ob ein Kind sein Sehvermögen für die motorische Entwicklung nutzen konnte oder nicht, ob es eine Vorstellung von räumlichen Dimensionen, Farben, von Himmel oder Landschaft hatte oder nicht, ob ein Kind zwar Objekte, aber keine Gesichter sehen kann, ob eine Hell-Dunkel-Wahrnehmung vorhanden ist oder es sich mit Gesichtsfeldausfällen in beiden Augen zu arrangieren hat, diese Aspekte haben unterschiedliche Auswirkungen auf die Aneignung von und Auseinandersetzung mit der Umwelt und bedürfen sehr spezifischer pädagogischer Antworten. Auch gilt es, Sehschädigungen, die stabil bleiben, von progredienten Schädigungen des visuellen Systems zu unterscheiden, denn Kinder mit einem sich langsam oder rapide verschlechternden Sehvermögen bedürfen wiederum einer spezifisch anderen Unterstützung. In diesem Buch werden daher folgende Unterscheidungen getroffen:

Blindheit als diejenige Bedingung, die in der Auseinandersetzung mit der materialen und sozialen Umwelt nicht auf Visualität Bezug nehmen kann, wird unterschieden von *Sehbehinderung* als derjenigen Bedingung, deren Auseinandersetzung mit der materialen und sozialen Umwelt auf eine wie auch immer geartete Visualität bezogen ist.

Erworbene Blindheit und *erworbene Sehbehinderung* sind von *kongenitaler Blindheit bzw. Sehbehinderung* zu unterscheiden, *stabile* Formen von Blindheit bzw. Sehbehinderung von *progredienten* Verlaufsformen, so genannte *singuläre* Schädigungen von *komplexen* Schädigungen in Verbindung mit einer Sehschädigung.

Bei der Beschreibung der Situation und der Bedürfnisse der betroffenen Menschen wird in diesem Buch überwiegend die so genannte „Person-first"-Sprache verwendet, um zu kennzeichnen, dass die spezifische Schädigung ein Aspekt, eine Bedingung ist, die keinesfalls den ganzen Menschen charakterisiert (z. B. „Menschen mit Behinderung" statt „Behinderte"). Eine letzte Unterscheidung: Frauen und Männer, Kinder und Erwachsene und alte Menschen werden als solche gekennzeichnet; da die im Feld einer Pädagogik bei Blindheit und Sehbehinderung arbeitenden Menschen überwiegend Frauen sind, wird in diesem Zusammenhang die weibliche Schreibweise bevorzugt.

2 Wahrnehmen, für wahr halten, sehen, blinden

Wie Lebewesen wahrnehmen und was erforderlich ist, um wahrnehmen und erkennen zu können, beschäftigt Menschen seit Jahrtausenden. Eine Beschäftigung mit diesem Thema hat – wie der Begriff Wahrnehmung insgesamt – mehrere Dimensionen. Drei Aspekte werden in dem folgenden Kapitel eine Rolle spielen:

Grundfragen zur Wahrnehmung

- Wahrnehmung als „für wahr und richtig halten", also Wahrnehmung als Bewertungsmaßstab für Realität,
- Wahrnehmung als Sinneswahrnehmung und
- Wahrnehmung als soziale Wahrnehmung.

Die Überlegungen sind zwar je nach theoretischem oder wissenschaftlichem Standort verschieden, sie betreffen jedoch alle bestimmte Grundfragen:

a) Wie wird das Verhältnis von Außenwelt und Innenwelt, d. h. von Wirklichkeit und Wahrgenommenem gesehen?
b) Welchen Anteil haben die einzelnen Sinne an der Wahrnehmung?
c) Welche Rolle spielt die Erfahrung für die Wahrnehmung?
d) Ist die Wahrnehmung kulturabhängig, und wenn ja, inwieweit?

Diese Fragen beschäftigen Neurowissenschaftler, Psychologinnen und Kognitionswissenschaftler, aber auch Philosophinnen, Pädagogen und Kulturwissenschaftlerinnen. Das Thema Wahrnehmung ist heute ein interdisziplinäres Forschungsfeld, das sich häufig gerade mit der visuellen Wahrnehmung beschäftigt.

Die visuelle Wahrnehmung gilt in der Wahrnehmungsforschung als das bisher am besten erforschte Sinnes- und Verarbeitungssystem. Dies bedeutet jedoch nicht, dass es in seiner Funktionsweise weitgehend bekannt ist. Im Gegenteil, je mehr die Forscherinnen und Forscher über die Funktionsweise dieses Systems kennen lernen, umso mehr steigt ihr Respekt, ja ihre Bewunderung für die Leistungsfähigkeit der visuellen Wahrnehmung und umso deutlicher treten die Bereiche zutage, über deren Funktionsweise wenig oder nichts bekannt ist (Ciompi 1999; Maturana/Varela 1987; Roth 1994 und 2001). Das System der visuellen Wahrnehmung erweist sich als wesentlich komplexer, vernetzter

Visuelle Wahrnehmung

und vielschichtiger als die Theorien, die seine Funktionsweise zu beschreiben versuchen.

**Wahrnehmungs-
forschung und
Sehgeschädigten-
pädagogik**

Nun könnte man vermuten, dass diese Erkenntnisse über das visuelle System entweder aus den Forschungen zur Blinden- und Sehbehindertenpädagogik stammen oder zumindest von ihr mitbestimmt wurden. Das ist jedoch nicht so. Die Erkenntnisse der Wahrnehmungsforschung wurden und werden nicht immer und nicht von allen Vertreterinnen dieser Fachrichtungen wahrgenommen. Das hat verschiedene Gründe, die im Folgenden kurz dargestellt werden sollen. Hierbei ist es wichtig, die verschiedenen Aspekte von Wahrnehmung zu berücksichtigen. Es ist dazu erforderlich, drei verschiedene Argumentationsstränge zu verfolgen:

1. Das Verhältnis von Sehen und Erkennen in den westlichen Kulturen und im Christentum
2. Blinden- und Sehbehindertenpädagogik als Pädagogik des Auges
3. Sehen und Wahrnehmen.

**Kultur-
abhängigkeit
von Sehen**

Wie blinde und sehbehinderte Menschen in unserer Kultur wahrgenommen werden, hat wesentlich mit dem Verhältnis von Sehen als Sinneswahrnehmung und Erkennen als Bewusstseinsakt zu tun. Die Rolle, die Sehen, Licht und Erleuchtung in unserer Kultur spielen, hat nicht nur Einfluss auf die Vorstellungen von Blindheit, sondern gleichermaßen Auswirkungen auf das Selbstverständnis einer Pädagogik, die Blindheit und Sehbehinderung zum Gegenstand hat. Es wird daher zunächst versucht, die verschiedenen Konnotationen, die sich mit Blindheit verbinden, zu erläutern, bevor die Auffassungen der traditionellen Blinden- und Sehbehindertenpädagogik und deren Verhältnis zu Sehen und Wahrnehmung erörtert werden.

Das Verhältnis von Sehen und Erkennen. Das ausgesprochen Schwierige und Interessante an einem solchen Zugang zu Blindheit und Sehbehinderung liegt darin, dass die Begriffe, die hier verwendet werden – Sehen, Blick, Perspektive, Erkennen – sowohl für die Beschreibung sinnesphysiologischer als auch erkenntnistheoretischer Prozesse herangezogen werden. Die Vieldeutigkeit dieser Begriffe ist kennzeichnend für die Verwirrungen, die auch unseren alltäglichen Sprachgebrauch beherrschen.

**Sehen in
den westlichen
Kulturen**

Nicht nur in den Überlieferungen des Christentums, auch in der Literatur oder in unseren Redeweisen und Vorstellungen finden wir Verbindungen von Sehen und Erkennen, Sehen und Licht bzw. Erleuchtet-Sein. Die Heilung des Blinden im Neuen Testament stellt diese Verbindung her, und in vielen ikonografischen Darstellungen symbolisiert die Blindenheilung die innere, christliche Erleuchtung, die wahre Erkenntnis.

Das so genannte Blenden, also die Zerstörung der Augen, als eine der schlimmsten Strafen antiker Kulturen, die sich bis in das Mittelalter hinein gehalten hat, stellt die andere Seite dieser Auffassungen dar. Es zeigt sich, dass Sehen für die wichtigste Voraussetzung für das Erkennen der Welt gehalten wird. Als Spiegel der Seele werden die Augen auch als das Organ betrachtet, das einen Blick in das Innere eines Menschen gestattet, und gleichzeitig ermöglicht das Auge das Erkennen der Welt. Die Augen werden daher als wichtige Vermittlung von Innen (Seele) und Außen (Welt) erachtet. Parallel zu diesen Auffassungen finden wir die Symbolfigur des „blinden Sehers" vor allem als Orakelhüter der griechischen Antike, der unabgelenkt vom äußeren Schein das Wahre zu erkennen oder vorherzusehen vermag. Wie Spittler-Massolle am Beispiel des berühmten blinden Sehers Teiresias deutlich macht, geht die Blendung als Strafe voraus, und die Erteilung der Sehergabe ist eine anschließende Gabe der Götter (2001, 16). Ähnliche Stellen finden wir auch im Alten Testament: ... „der herr wird dich schlahen mit Wahnsinn, blindheit und rasen des herzen. 5 Mos. 28, 28" (Grimm/ Grimm 1860).

Abb. 1 (links): Blindenheilung, aus dem Gebetbuch der hl. Hildegard, Ende 12. Jahrhundert (Sudhoff 1981, 301)

Abb. 2 (rechts): Blindenheilung, Codex Aureus, Echternach 990 (Detail; Sudhoff 1981, 299)

„Das Motiv der Blendung (Blindheit) als Strafe infolge von Neid in einem Machtverhältnis wird über die Verleihung prophetischer Gaben als ‚inneres Sehen' zum Trost für Blinde und zum Nutzen für Sehende ausbalanciert. Als Kern dieser Problematik zeichnet sich das Licht und das Sehen ab, was in Verbindung mit dem Seher-Motiv nur Blinden möglich zu sein scheint." (Spittler-Massolle, 2001, 25)

Die Weiterexistenz von Mythen in Vorstellungen und Begriffen ist vielfach belegt. Spittler-Massolle arbeitet mit dem Wörterbuch der Gebrüder Grimm neunzehn verschiedene Bedeutungsebenen des Wortes blind heraus, auf die hier lediglich verwiesen werden kann (2001, 50–60).

Sehen und Blindheit in der Sprache

„Bist du blind?" meint in unserem Sprachgebrauch weniger: „Hast du das nicht gesehen?", sondern eher: „Hast du das nicht mitbekommen, bist du blöd oder unsensibel oder dumm"? Blind im Sinne von unerwartet im „blinden Glück", von naiv und gutgläubig oder unvorsichtig findet sich ebenso in unserem Sprachgebrauch wie blinder Gehorsam, blinde Liebe.

Blindheit gilt als das Unvorstellbare schlechthin, wenn angenommen wird, dass blinde Menschen keine innere Repräsentation des Wahrgenommenen im Sinne des Vorstellens haben. Blindheit wird assoziiert mit Dunkelheit und Passivität, die Welt wird nicht aktiv erkundet, sondern muss zu dem Nicht-Sehenden gebracht werden. Bezeichnenderweise existiert in unserem Sprachgebrauch kein Verb *blinden*. Blinden als Aktivität gibt es nicht, sehen sehr wohl, obwohl wir bei beiden nicht wissen, wie sie im Einzelnen funktionieren. Sehen gilt als Aktivität, Blind-Sein als Eigenschaft. Das Suffix „-heit", ein Mittel der Abstraktbildung, wird eingesetzt, um Zustandsbeschreibungen und Eigenschaftsbezeichnungen zu bilden. *Sehheit* als Eigenschaft oder Zustand existiert nicht in unserem Sprachgebrauch. Auch als Gegenbegriff zu Blindheit gibt es Seh-heit nicht, vielmehr gelten eher Licht und Erleuchtet-Sein als Gegenbegriffe. Diese Konnotationen schwingen in unserem kulturellen Verständnis von Blindheit mit und finden ihren Niederschlag in unserem alltäglichen Sprachgebrauch wie in unseren Vorurteilen. So wird zum Beispiel im Jahr 2002 ein Film über eine Blindenschule in Tibet mit folgenden Worten angekündigt: „Und nun kommt Licht in das Leben blinder Kinder" (ARTE 8.10.2002). Ob und inwiefern diese allgemeinen Vorstellungen auch die Auseinandersetzungen der Pädagogik bei Blindheit bestimmen, wird zu prüfen sein.

Assoziationen bei Anders-Sehen

Wie verhält es sich mit dem Anders-Sehen? Jemandem nicht in die Augen schauen, jemanden nicht ansehen können, schielen oder an jemandem vorbeischauen wird im normalen Umgang nicht als notwendige Strategie bei anderen Sehbedingungen gesehen, sondern in den Bereich des merkwürdigen Verhaltens gerückt. Assoziationen wie „der hat ein schlechtes Gewissen", „die ist nicht ehrlich", „der hat etwas zu verbergen" zeigen, wie vielen Deutungen ein anderes Sehverhalten ausgesetzt ist.

Pädagogik des Auges. Mit Blindheit und Sicht stehen sich in unserer Kultur offensichtlich zwei einander ausschließende Seinsweisen gegenüber. Sehe ich, dann bin ich nicht blind und bin ich blind, dann sehe ich nicht. Was Blindheit für denjenigen, der nie gesehen hat, bedeutet, werden Sehende ebenso wenig nachvollziehen können, wie dies umgekehrt der Fall ist.

Mit diesem Dilemma hat sich Blinden- und Sehbehindertenpädagogik auseinander zu setzen. Sie soll Hilfestellungen, Konzepte und Angebote für einen Umgang mit Welt zur Verfügung stellen, ohne ein gesichertes Wissen darüber erlangen zu können, wie die Wahrnehmung der Welt bei anderen Sehbedingungen bzw. bei Blindheit beschaffen ist. Sie kann nicht wissen, was es bedeutet, sich nicht-sehend in einer auf Visualität ausgerichteten Welt zu bewegen und sie ist dennoch täglich aufgefordert, für diesen Umgang Hilfestellungen zu bieten. Letztlich beschäftigen sich Blinden- und Sehbehindertenpädagoginnen mit ihrer eigenen Phantasie, d. h. mit ihrer Vorstellung von Blindheit oder Sehbehinderung. Sie versuchen, diese Vorstellung von Blindheit oder Sehbehinderung passend und konsensfähig zu machen, um darauf aufbauend ihre pädagogischen Handlungsweisen zu entwickeln. Diesem Prozess ist im Grunde jede Pädagogik unterworfen, er wird am Beispiel der Sinnesbehinderungen lediglich deutlicher.

Dilemma der Sehgeschädigtenpädagogik

Blinden- und Sehbehindertenpädagogik hat sich in 200 Jahren institutionalisierter Blindenbildung und etwa 80 Jahren institutionalisierter Sehbehindertenpädagogik mit dieser Problematik auseinander gesetzt. Sie hat im Laufe dieser Zeit Vorstellungen von Blind-Sein stärker als vom Anders-Sehen entwickelt und versucht, diese Vorstellungen und Modelle durch Theorien zu fundieren. Die traditionelle Argumentationsfigur, die sich teilweise auch heute noch in der Literatur findet, lautet etwa:

- Über das Auge werden etwa 80 % aller Informationen aufgenommen. Das Auge wird als der wesentliche informationsgewinnende Sinn gesehen. Es liefert ein Abbild der Welt (Gruber/Hammer 2000).
- Ist diese Informationsaufnahme eingeschränkt, modifiziert oder gar nicht vorhanden, fehlt die wichtigste Möglichkeit der Welterkenntnis.
- Die Einschränkungen der visuellen Wahrnehmungsfähigkeit sind im Prinzip nicht kompensierbar. Allenfalls können Kognition, Intelligenz und Gedächtnis einen gewissen Ausgleich schaffen.
- Der Tastsinn als der wichtigste Sinn bei Blindheit liefert Informationen in einem anderen Zeit-Raum-Verhältnis. Dies hat Konsequenzen für Vorstellung, Begriffsbildung und Phantasie.
- Da ein wesentlicher Teil der Aneignung von Welt fehlt, muss diese durch eine spezielle Pädagogik vermittelt werden. Blinde und sehbehinderte Menschen benötigen eine Vermittlung der Welt, daher müssen ihnen Strategien der Auseinandersetzung mit dieser Welt gezeigt werden, ja die Welt der Sehenden muss ihnen erklärt werden.

Traditionelle Sichtweise von Blindheit

Eine solche Argumentationsfigur hat nicht nur Auswirkungen auf die pädagogische Diskussion, sondern auch auf die Perspektive, unter der das Thema Wahrnehmung in den Blick gerät. Diesem Aspekt gilt zunächst die Aufmerksamkeit, bevor eine Alternative zur traditionellen Sichtweise dargestellt wird.

Sehen als zentrale Wahrnehmungs-weise

Sehen und Wahrnehmen. Sehen wird vielfach als die zentrale, die wichtigste Wahrnehmungsweise begriffen, indem betont wird, dass der größte Teil der Information über das Auge aufgenommen wird. Der Vorgang des Sehens ist formal beschrieben relativ einfach (siehe Abb. 3). Licht wird von 125 Millionen Rezeptoren der Netzhaut jeden Auges gebündelt. Die Rezeptoren, das sind Stäbchen und Zapfen, geben elektrische Signale ab, wenn Licht auf sie trifft. Aufgabe weiterer Schichten der Netzhaut und des Gehirns ist es, diese Signale zu interpretieren und nützliche Informationen herauszufiltern. Doch was wissen wir über diesen Vorgang und was sagt uns eine solche Beschreibung?

Angesichts der enormen quantitativen Zunahme der visuellen Informationen in den letzten 100 Jahren etwa um das 700-fache scheint Sehen im Zeitalter der Informationsgesellschaft offenbar die zentrale Wahrnehmungsweise zu sein (Kamper 1995). Gleichzeitig wird in den Medien, aber auch in der pädagogischen, psychologischen und pädiatrischen Fachdiskussion eine enorme Zunahme von Wahrnehmungs- und Aufmerksamkeitsstörungen konstatiert. Lässt sich hier ein Zusammenhang herstellen? Ist möglicherweise die Auftretenshäufigkeit von Wahrnehmungsstörungen ein Indiz für eine Überforderung des visuellen Systems? Ein solcher Zusammenhang ist meines Wissens bisher noch nicht untersucht worden, daher sollen die folgenden Überlegungen vorsichtig als Fragen und Anregung zum Weiterdenken formuliert werden.

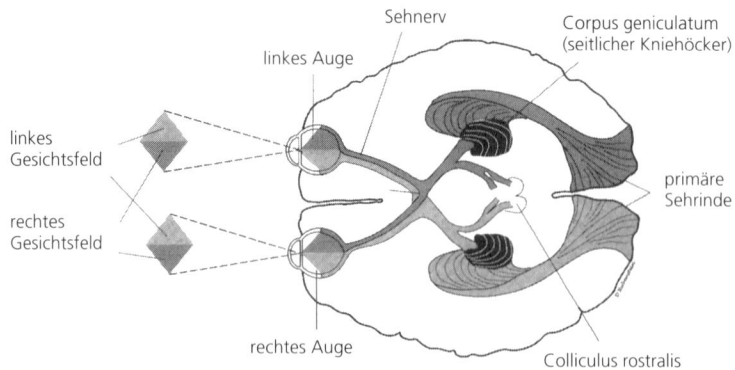

Abb. 3:
Der Seh- und Verarbeitungs-prozess
(Eliot 2001, 284)

linkes Auge

Sehnerv

Corpus geniculatum (seitlicher Kniehöcker)

linkes Gesichtsfeld

rechtes Gesichtsfeld

primäre Sehrinde

rechtes Auge

Colliculus rostralis

Können die Anforderungen an die visuelle Wahrnehmung, die heute bestehen, überhaupt mit denen verglichen werden, die die heute erwachsene Generation geprägt haben?

Beispiel 1: Die Zeitdauer der Bildschnitte bei Filmen hat sich rapide beschleunigt. In den sechziger und beginnenden siebziger Jahren finden wir Bildeinstellungen von mindestens 30 Sekunden oft bis zu 1 Minute, heute finden wir im Fernsehen Bildschnitte etwa alle 3 – 5 Sekunden, in Musikvideos und experimentellen Filmen in Zehntelsekunden. Welche Anforderungen werden hier an visuelle Wahrnehmung und Aufmerksamkeit gestellt?

Beispiel 2: Das Zappen durch Fernsehprogramme, das Verfolgen von zwei und mehreren Filmen durch Hin- und Herschalten erfordern, wie das Surfen im Internet oder das erfolgreiche Spielen von Computerspielen, eine Art von visueller Reaktionsbereitschaft und eher dezentrierter, nämlich auf viele Vorgänge gleichzeitig gerichteter Aufmerksamkeit. Verträgt sich dieses hier geforderte Wahrnehmungsverhalten noch mit dem Lesen eines Textes, einer konzentrierten, weil auf einen Aspekt gerichteten Aufmerksamkeit? Erwachsene, die sozusagen der älteren konzentrierten Wahrnehmungsgeneration angehören, zeigen oft Schwierigkeiten mit der von den neuen Medien geforderten Geschwindigkeit und Gleichzeitigkeit. Kinder, deren Adaptionsleistungen an dezentrierte Wahrnehmungsleistungen enorm sind, zeigen Schwierigkeiten mit den „alten" Wahrnehmungsanforderungen. Ist das verwunderlich? Vor allem aber, wenn es hier einen Zusammenhang geben sollte, besteht die Lösung in der Pathologisierung ihres Verhaltens (als hyperaktiv, aufmerksamkeits- oder wahrnehmungsgestört)?

Unabhängig von diesen Fragen und Hypothesen ist festzustellen, dass die Fachleute zum Thema Wahrnehmungsstörungen und die Fachleute der Blinden- und Sehbehindertenpädagogik weder ihre Erkenntnisse austauschen noch gar intensiver voneinander Notiz nehmen. Dies hat zur Folge, dass bei der Diagnose Wahrnehmungsstörung eine differenzierte Diagnostik des visuellen Systems vernachlässigt wird, obwohl neuroophthalmologische Forschungen eine Reihe von minimalen Funktionsausfällen der visuellen Wahrnehmung herausgefunden haben (Kap. 3.3). Auf der anderen Seite beschäftigen sich Fachleute der Blinden- und Sehbehindertenpädagogik bevorzugt mit dem Auge und seinen Schädigungen und vernachlässigen hierbei oftmals die Wahrnehmungsthematik. Mit den neueren Forschungsergebnissen wird noch zu belegen sein, dass Sehen mehr ist als die Aufnahme und Weiterleitung von Lichtwellen über das Auge und die Netzhaut an das Gehirn, Wahrnehmung wiederum nicht isoliert und ausschließlich mit Kognition in Verbindung zu bringen ist. Heutige Vorurteile und Vorstellungen sind durch kulturelle, historische, soziale Wahrnehmungen bestimmt. Blindheit und Sehbehinderung sind in unserem Sprachgebrauch nicht auf existierende blinde und sehbehinderte Menschen beschränkt, sondern markieren die andere Seite des Sehens, gehören daher zum Begriff „Sehen" dazu.

Zusammenarbeit von Wahrnehmungsforschern und Sehgeschädigtenpädagoginnen

2.1 Annahmen zur Wahrnehmung bei anderen Sehbedingungen

2.1.1 Blindheit – eine andere Art der Wahrnehmung?

Vorstellungen
von Blindheit

Wie stellen Sie sich die Wahrnehmung eines blindgeborenen Menschen vor? Was ist dort, wo es für Sehende Bilder, Farben, Formen und Bewegung gibt? Fehlt blinden Menschen einfach ein Sinn oder ändert sich hierdurch das gesamte Wahrnehmungsgefüge? Ist die Welt schwarz oder dunkel oder fehlt dort, wo im Wahrnehmungsgefüge der Sehenden Sehen ist, nichts? Ist es so, dass dort nichts vermisst wird, so wie wir das Nicht-Riechen-Können bei einem Schnupfen auch nicht oder nur manchmal bemerken? Was bedeuten Farben für blinde Menschen, wie träumen sie, und wie sehen ihre Vorstellungen z. B. von einem Himmel mit Wolken, von Mond und Sternen aus? Was bedeutet Raum bei Blindheit, und wie erlebt ein blinder Mensch Distanzen?

Dies sind Fragen, die sich nicht nur jede einzelne Person stellen kann, sondern die auch Psychologen und Pädagoginnen gestellt haben. Ihre Antworten sind höchst verschieden und geben darüber Auskunft, wie sich Fachleute, überwiegend Sehende, die Wahrnehmungsweise blinder Menschen vorgestellt haben. Dies soll eine kleine Reise durch die Fachliteratur der letzten 200 Jahre zeigen.

Vorstellungen in
der Fachliteratur

Der geburtsblinde Mensch entbehrt „außer dem Begriff der Farben auch die Kenntnis jener Gegenstände, welche wegen ihrer Feinheit nicht durchs Gefühl oder einen anderen Sinn erkannt werden können; die sichtbare Wirkung von Schatten und Licht, sowohl in der Natur, als bey Zeichnungen; die durch entfernte Bewegung entstehenden Abwechslungen; dann das Vergnügen, welches der Sehende aus dem Überblick mehrerer zu gleicher Zeit vorhandener Gegenstände und ihren verhältnismäßigen Beziehungen gegeneinander schöpft, die schöne Mannigfaltigkeit", schreibt J. W. Klein 1819 in seinem „Lehrbuch zum Unterrichte der Blinden, um ihnen ihren Zustand zu erleichtern, sie nützlich zu beschäftigen und sie zur bürgerlichen Brauchbarkeit zu bilden" (Klein 1819/1991, 21f).

Phantasie

Dieser Mangel des Gesichtssinns muss Klein zufolge einen wichtigen Einfluss auf die Phantasie des Blinden haben:

„Auf der einen Seite scheint ihm der Stoff zu fehlen, der dieser wichtigen und fruchtbaren Seelenkraft gleichsam zur Nahrung dient; auf der anderen Seite aber ist es einleuchtend, daß das Bedürfnis, sich durch Phantasie abwesende Gegenstände zu vergegenwärtigen, öfter eintreten müsse, als bey Sehenden. Der Körper, den der Blinde nicht berührt, sey er ihm auch ganz nahe, ist für ihn schon Gegenstand der Phantasie." (Klein 1819/1991, 22)

Auch hinsichtlich der Raumwahrnehmung blinder Menschen finden wir Erklärungsmodelle, die von den beobachteten Auseinandersetzungsmöglichkeiten auf die Erfahrungs- und Bewusstseinsqualität schließen.

Raumwahrnehmung

„Das Bewußtsein des Blinden ist ein unsymmetrisches, da es sich nur nach der Richtung der Zeitverhältnisse uneingeschränkt bewegt, während es im Raume bloss auf die Ausdehnungen im Bereiche der ausgestreckten tastenden Hand eingeengt ist. Aber selbst die Raumgebiete, welche der Blinde sinnlich wahrzunehmen imstande ist und welche die concreten Bildungselemente in sich schließen, entbehren des Zusammenhanges und somit mangelt auch jenes grosse und bedeutungsvolle Bildungsmittel, durch welches wir imstande sind, aus kleinen Anfängen heraus immer größere Ganze zu bilden und so die Höhe der sich stetig erweiternden Weltanschauung hinanzusteigen. Aber nicht allein dieser Entgang ist eine Consequenz der Blindheit, welcher zu den Erwerbungen des Sehenden einen Gegensatz bildet, sondern auch das Uebergewicht des zeiterweckenden Sinnes im Bewusstsein gibt dem geistigen Leben des Blinden ein besonderes Gepräge, weil der Blinde dort, wo entweder das eigene Bedürfniss, oder die Anregung aus dem Verkehr mit dem Sehenden heraus ihm die Bildung von zusammenhängenden Raumgebieten nothwendig erscheinen lässt, unwillkürlich ein Phantasiegebilde setzt, in welchem die Räume, die er sinnlich wahrgenommen nach der Anordnung des zeiterweckenden Sinnes Zusammenhang und Ausdehnung erlangen." (Heller 1888, 111)

Die Notwendigkeit anderer Repräsentationsformen ist für Klein wie für Heller auf der einen Seite Erklärungsmuster für die Gedächtnisleistungen blinder Menschen, auf der anderen Seite betont Klein, man müsse diese leicht überwuchernde Phantasie an das Konkrete binden. Diese Annahme hat sich durch die gesamte Blindenpädagogik bis in unsere Zeit gehalten, wie das folgende Zitat zeigt:

„Während beim sehenden Kind die Abgrenzung von gemeinsamer Realität und Nebenrealitäten keine besonderen Probleme bereitet, ist diese Trennung für manche blinde Kinder keine Selbstverständlichkeit. […] Nicht selten haben bei blinden Schulkindern die Nebenrealitäten ein unaltersgemäßes Übergewicht. Man stellt fest, daß typischerweise vorwiegend geburtsblinde Kinder sich häufig in einem charakteristischen Übergangsbereich zwischen gemeinsamer Realität und Nebenrealität aufhalten, aus dem sie sich nur schwer lösen können." (Liechti 1988, 271f)

Die Idee, das Auge sei Garant dafür, die Welt so wahrzunehmen, wie sie wirklich ist, ist verantwortlich dafür, dass der Erfahrung durch die anderen Sinne nur ein Bruchteil dieser Abbildqualität zugeordnet wird. Gedächtnis, richtig eingesetzte Phantasie und vor allem eine Sensibilisierung des Hörens sind daher lediglich Kompensationsmittel, die an die Abbildqualitäten des Auges nicht heranreichen können. Ob das Auge diese Abbildqualität überhaupt besitzt, wurde kontrovers diskutiert. Bis heute ist nicht geklärt, welche Funktion das Sehen und die anderen Sinne

Das Auge als objektiver Sinn

zum Beispiel für die Entwicklung eines Raumverständnisses spielen. „But suppose we take the opposite view, that we do not take the role of vision for granted, and do consider movement, touch and sound as sources of spatial information?" (Millar 1994, 1)

Die Molyneux'sche Frage

Die Frage, was Menschen, die von Geburt oder früher Kindheit an blind waren, erkennen können, wenn sie durch eine Operation wieder intakte ophthalmologische Bedingungen haben, d. h. sehen können, ist eine Frage, die in der Literatur zuerst bei John Locke auftaucht. Der Naturwissenschaftler William Molyneux hatte ihm 1688 folgende Frage gestellt:

„A Man, being born blind, and having a Globe and a Cube, nigh of the same bignes [mittelengl.: Größe], Committed into his Hands, and being taught or Told, which is Called the Globe, and which the Cube, so as easily to distinguish them by his Touch or Feeling; Then both being taken from Him; and Laid on a Table, let us suppose his Sight Restored to Him; Wether he Could know by his sight, and before he touch them, know which is the Globe and which the Cube? Or Wether he Could know by his sight, before he stretched out his Hand, wether he Could not Reach them, tho they were Removed 20 or 100 feet from him?" (de Condillac 1754/1983)

Entsprechende Experimente und ihre Ergebnisse ziehen sich durch die blindenpsychologische Literatur und werden in Lehrbüchern zur Sinneswahrnehmung auch heute noch angeführt (Campenhausen 1993).

„Vor einigen Jahren hatte ich Gelegenheit, ein junges Mädchen von 14 Jahren, welches staar-blindgeboren war, mit vollständigem Erfolg zu operieren. Begierig, zu sehen, welches ihre ersten Empfindungen bei dem wiedergewonnenen Augenlichte sein würden, zeigte ich ihr nacheinander ein Messer, eine Schere, einen Löffel, ohne ihr zu erlauben, dieselben zu berühren. Sie konnte dieselben nicht benennen. […] Sie blieb unfähig, diese Gegenstände, die ihr doch dem Gefühle nach seit langer Zeit bekannt waren, wieder zu erkennen. Aber in dem Augenblicke, wo ich ihr erlaubte, sie mit der Hand zu berühren, nannte sie dieselben ohne Zögern." (Appia 1881, 10, zit. nach Senden 1931)

Eine der ausführlichsten Beschreibungen findet sich bei Oliver Sacks in dem Buch „Eine Anthropologin auf dem Mars" in dem Kapitel „Sehen oder Nichtsehen". Er schildert dort die Geschichte eines 50-jährigen Mannes, der seit früher Kindheit erblindet war und nun auf Grund einer Linsenoperation wieder sehen konnte. Sacks befragt ihn, was er unmittelbar nach der Abnahme der Augenbinde gesehen habe, und berichtet: „Er nahm Licht, Bewegung und Farben wahr, ein verschwommenes bedeutungsloses Gemisch. Und erst als aus diesem Gemisch eine Stimme drang, die ‚Nun' sagte, wurde ihm klar, daß dieses Chaos von Licht und Schatten ein Gesicht war – das Gesicht seines Chirurgen" (Sacks 1995, 167).

Diese Fallbeispiele sind für die Autoren Beleg für die Isoliertheit der einzelnen Sinne. Die Experimente zeigen, dass Sehsinn und Tastsinn in keinem unmittelbaren Zusammenhang stehen. Es ist kein direkter Transfer möglich, d. h. das, was ich getastet habe, kann ich nicht automatisch auch visuell erkennen und umgekehrt. Die Annahme, das Auge bilde die Welt so ab, wie sie ist, erwies sich als falsch. Die Autoren hatten damals keine befriedigende Erklärung für das Verhalten der Menschen nach der Augenoperation und reagierten verwundert auf die großen Schwierigkeiten, die die Patienten hatten, Sehen zu lernen. Bei einigen der Betroffenen führten diese Schwierigkeiten nach einer Zeit großer Anstrengungen des Sehen-Lernens dazu, darauf völlig zu verzichten und sich in der blinden Welt wieder einzurichten.

Isoliertheit der Sinne

2.1.2 Ist die Welt bei Sehbehinderung verschwommen?

Auch hinsichtlich der Wahrnehmungsweise von Menschen mit einer Sehbehinderung finden wir viele Darstellungen der vermeintlichen Qualität des Sehens. Da man von einer insgesamt anderen Qualität des Bildes ausgeht, wird auch bildlich veranschaulicht, wie man sich zum Beispiel das Sehen bei Hornhauttrübung vorstellt.

Diese Darstellungen, so drastisch sie für den Laien manche Sehsituation verdeutlichen können und so sehr sie vordergründig für die Erklärung manchen Verhaltens dienen können, ignorieren jedoch, dass Sehen und visuelles Wahrnehmen nicht mit einer Fotokamera zu vergleichen sind. Sehen ist mehr als die Abbildung eines Gegenstandes auf der Netzhaut, Sehbehinderung ist etwas anderes als ein Visuswert oder die Prozentangabe eines Gesichtsfeldverlustes.

Vorstellungen vom Anders-Sehen

Abb. 4 (links): Sehen bei Hornhauttrübung (Blindenanstalt Nürnberg 1980, 53)

Abb. 5 (rechts): Sehen bei Zentralskotom (Blindenanstalt Nürnberg 1980, 53)

Abb. 6 (links):
Sehen bei peripheren
Gesichtsfeldausfällen
(Blindenanstalt
Nürnberg 1980, 53)

Abb. 7 (rechts):
Sehen bei
degenerativen Netz-
hautveränderungen
(Hyvärinen 2002 a)

Wie bei Blindheit, so hat die Vorstellung der Sehsituation bei Sehbehinderung ebenfalls zu einigen Mythen und verkürzten Vorstellungen geführt, die über das Visuelle hinaus gehen. Das Fehlen des Blickkontaktes bei exzentrischer Fixation, die unruhig erscheinenden Augenbewegungen bei einem Nystagmus werden mit Verschlagenheit, Unklarheit und damit mit *Charaktereigenschaften* in Verbindung gebracht. Die Tatsache, dass Menschen mit einer Sehbehinderung ihr Sehvermögen in manchen Situationen sehr gut einsetzen, in anderen Situationen wiederum nur wenig oder nichts zu sehen scheinen, wird ihnen ebenfalls häufig als Simulation und Drückebergertum ausgelegt. Eine Differenzierung von Sehfunktion und Persönlichkeitseigenschaften findet nicht immer statt (Benesch 1971, 72).

„Es ist nicht zu verwundern, daß [...] dem Sehschwachen aus Unkenntnis über die Auswirkungen der verschiedenen Sehbehinderungen oft Faulheit, schlechter Wille, Unhöflichkeit und dergleichen vorgeworfen wird, ja daß man ihn sogar als Simulanten betrachtet." (Junod 1966, 17)

Der Zusammenhang von Sehschärfe und Intelligenz wird in allgemein psychologischen und neurologischen Untersuchungen immer wieder vermutet. Hieraus wurde im Umkehrschluss ein „allgemein unterentwickelter Intellekt" (Benesch 1971, 69) angenommen. Mittlerweile wird dieser Zusammenhang nicht mehr gesehen. Rath (1987) bezieht sich auf Barraga (1976), wenn sie feststellt, dass sich die „Ergebnisse von Gruppenvergleichen als wenig wirksam für die Erklärung der Zusammenhänge zwischen Intelligenz und Sehbehinderung erwiesen" (1987, 42).

Veränderte
Forschungs-
situation

Die dargestellten Annahmen zur Wahrnehmung bei Blindheit und Sehbehinderung gelten inzwischen aus zwei Gründen als überholt: Erstens ist die diesen Annahmen zugrunde liegende

Wahrnehmungstheorie nicht ersichtlich und zweitens liefern die erheblichen Fortschritte der neurowissenschaftlichen Forschung heute eine völlig andere Grundlage. In den folgenden beiden Kapiteln will ich versuchen, Wahrnehmungstheorie, Wahrnehmungsforschung sowie Störungstheorie so miteinander zu verbinden, dass sie die Basis und den Rahmen für pädagogisches Handeln im Bereich Blindheit und Sehbehinderung darstellen. Aus einer solchen Perspektive ist es notwendig, zunächst ein wahrnehmungstheoretisches Fundament zu erarbeiten, um sich mit den Schädigungsbildern bei Blindheit oder Sehbehinderung beschäftigen zu können.

Sacks, O. (1995): Eine Anthropologin auf dem Mars. Sieben paradoxe Geschichten. 1. Aufl., Rowohlt, Hamburg

2.2 Grundprinzipien der Wahrnehmung

Vier Theorierichtungen haben die Vorstellungen über Wahrnehmung wesentlich beeinflusst:

1. Die *Deduktionstheorie* oder *empiristische Theorie,* deren bekannteste Vertreter George Berkeley (1685 – 1753) und David Hume (1711 – 1776) den Menschen als Tabula rasa, als unbeschriebenes Blatt gesehen haben, ein Wesen, das durch Sinneseindrücke lernt.
2. Die *Gestalttheorie,* eine Wahrnehmungstheorie des beginnenden 20. Jahrhunderts, die sich vor allem mit den übereinstimmenden, angeborenen und kulturellen Tendenzen der menschlichen Wahrnehmung beschäftigt und so genannte Gestaltgesetze formuliert hat (Wolfgang Wertheimer, 1880 – 1943, Wolfgang Köhler, 1887 – 1967).
3. Die *Affordance-Theorie,* die Korrelationen zwischen Umweltgegebenheiten und Wahrnehmungsvorgängen sucht (James J. Gibson, 1982).
4. Die Theorie der *Informationsverarbeitung,* deren Schwerpunkt heute in der Robotik liegt und die sich bei der Erzeugung wahrnehmender Systeme auch mit der menschlichen Wahrnehmung beschäftigt (Donald Broadbent 1926 – 1993).

Wahrnehmungstheorien

Keine dieser Theorien reicht heute aus, um die Komplexität der Wahrnehmung hinreichend zu erklären. Mit den Möglichkeiten der Beobachtung neuronaler Vorgänge durch bildgebende Verfahren und aufgrund experimenteller Studien setzte sich mehr und mehr die Auffassung durch, Wahrnehmung beruhe auf hoch komplizierten Interaktionen in neuronalen Netzen. Zwar ist man noch nicht in der Lage, die spezifische Qualität dieser Prozesse darzustellen und zu erklären, die heutigen Erkenntnisse reichen jedoch aus, um bisherige Wahrnehmungstheorien in Frage zu stellen.

Neue Forschungsmethoden

„So hat man nicht nur sehr viele Details über die strukturelle und funktionale Organisation des Gehirns im Hinblick auf Wahrnehmung, Gedächtnis und kognitive Leistungen gesammelt, sondern es ist heute mit Hilfe so genannter bildgebender Verfahren möglich festzustellen, welche Prozesse im Gehirn ablaufen, wenn eine Person geistig tätig ist, etwa wenn sie einen Gegenstand wahrnimmt, sich an etwas erinnert oder über etwas nachdenkt." (Roth 1994, 18)

Beobachtung und Realität

Die Ergebnisse dieser Forschungen liefern empirische Belege für die folgende Annahme phänomenologischer (Merleau-Ponty 1966; Varela 1994) und konstruktivistischer Theorien (v. Foerster 1993; v. Glasersfeld 1988; Maturana/Varela 1987): Es ist keine Realität nachweisbar unabhängig von dem, der sie beobachtet. Wenn es eine objektive, beobachterunabhängige Realität gäbe, könnten wir, da wir Beobachter sind, nicht wissen, ob wir ihr nah sind oder nicht. Alles, was über Wahrnehmung, Gehirntätigkeit, Erkennen, Sehen oder Bewusstsein gesagt wird, wird von Beobachtern gesagt, deren Wahrnehmungen und deren Erkenntnis wiederum Bedingung der Beobachtung sind (Roth 1994). Wir haben es hier mit einem zirkulären, auf sich selbst zurückweisenden, selbstreferentiellen Prozess zu tun. Aussagen über Realität sind immer Aussagen von Beobachtern, gleichgültig ob es sich um Physiker, Chemiker, Lyriker oder Komiker handelt. Beobachten ist unsere Lebenspraxis, wir können uns nicht vor jeder Beobachtung denken, denn im Lebensvollzug selbst sind wir ungeachtet des jeweiligen Tuns Beobachter. Alle unsere Handlungen basieren auf Beobachtung und Unterscheidung.

Als These formuliert bedeutet dies: Ein Beobachter entdeckt nicht a priori vorhandene Phänomene, sondern erzeugt sie durch Beobachtung, d.h. durch Unterscheidung. Die nachfolgenden Experimente werden das noch einmal verdeutlichen.

Dem Diskussionstand der neueren Wahrnehmungsforschung entsprechend kann Folgendes über Wahrnehmung zusammenfassend gesagt werden:

Zusammen-fassung

1. Wahrnehmung hat nur einen Zeugen, das eigene Bewusstsein. Jede Wahrnehmung ist subjektiv, d.h. wird von einem Subjekt gemacht. Als solche ist jede Wahrnehmung in sich vollständig und selbstbezüglich.
2. Wahrnehmung wird nicht als Abbild einer objektiv, vor jeglichem wahrnehmenden Bewusstsein vorhandenen Wirklichkeit begriffen, sondern ist als konstruktiver Prozess zu deuten (Roth 1994).
3. Wahrnehmung ist abhängig von Erfahrung. Die Erzeugung von Bedeutung benötigt Erfahrungen.
4. Wahrnehmung wird in Abhängigkeit von Kontext und kulturellem Hintergrund gesehen.

Wahrnehmung im Allgemeinen und Sehen im Besonderen kann daher als kulturspezifische, kontextabhängige Erzeugung von Bedeutung begriffen werden. Alles, was wir sehen, sehen wir als *Etwas*, als *im Unterschied von* oder *in Verbindung zu*, weil ein vorgängiges Wissen bestimmt, was wir sehen. Das Bild „Symmetry DrawingE96" von Escher verdeutlicht diesen Zusammenhang.

Vermutlich sehen Sie zunächst ein irgendwie geartetes Muster, dann die weißen oder die schwarzen Schwäne. Prüfen Sie bitte einmal genauer, wie dieser scheinbar so selbstverständliche Prozess funktioniert. Um einen Schwan als Einheit sehen zu können, müssen Sie ihn von der schwarzen Umgebung abheben, d. h. die schwarzen Schwäne in den Hintergrund stellen und umgekehrt. Wahrnehmen bedeutet unterscheiden, aber auch Einheiten bilden. Die Einheiten sind jedoch nicht in der Außenwelt vorgegeben, sondern sind konstruktive Leistungen des Wahrnehmenden.

Abb. 8: Ein Beispiel für Sehen als kontextabhängige Erzeugung von Bedeutung: M. C. Eschers „Symmetry DrawingE96"
© 2003 Cordon Art B. V. – Baarn – Holland.

Abb. 9: Erst durch
die Konstruktion des
Wahrnehmenden
entsteht ein „Bild":
Dallenbachsche
Figur

Diesen Prozess können Sie für sich selbst anhand der Dallen-
bachschen Figur in Abbildung 9 nachvollziehen. Interessant ist
hierbei, dass wir zwar beobachten können, *was* wir sehen, aber
nicht, *wie* wir visuell konstruieren, wie es gelingt, dass aus den
schwarzen Flecken auf einem weißen Papier eine Gestalt, eine
sinnvolle Einheit wird.

Gestalttheorie   Die so genannte Gestalttheorie (Vertreter: Wertheimer, Köhler,
Metzger) hat zu Beginn des letzten Jahrhunderts in vielen Experimenten bestimmte Gesetzmäßigkeiten herausgefunden, die bei
der Wahrnehmung von Mustern oder Gegenständen dazu führen,
diese als Einheit zu sehen (Abb. 10–13).

Plausibilitäts-   Diese Gestaltprinzipien sind ausgesprochen wichtig, zum Bei-
kriterien   spiel bei der Visualisierung von Zusammenhängen. Wir halten etwas für echt und nicht für eine optische Täuschung, wenn es die
in Tabelle 1 aufgeführten Kriterien erfüllt.

Abb. 10: Gesetz
der Ähnlichkeit
(Dorrn et al. 2002)

Abb. 11: Gesetz
der guten Gestalt
(Dorrn et al. 2002)

Abb. 12: Gesetz
der Nähe
(Jakob-Sula 2001)

Abb. 13: Gesetz der
Geschlossenheit
(Jakob-Sula 2001)

1. Syntaktische Kriterien	2. Semantische Kriterien	3. Pragmatische Kriterien
Helligkeit	Bedeutungshaltigkeit	
Kontrastreichtum		Manipulierbarkeit
Kontur		
Strukturelle Reichhaltigkeit	Kontextstimmigkeit	
Dreidimensionalität		Erwartbarkeit
Form- und Größenkonstanz		
Selbstbewegung		
Lokalisierbarkeit	Valenz	Intersubjektive Bestätigung

Tab. 1: Kriterien für Plausibilität von Wahrnehmung (nach Stadler/Kruse 1990)

Die von Stadler und Kruse so genannten syntaktischen Kriterien finden zum Beispiel auch bei der Gestaltung von Bilder- oder Lehrbüchern Anwendung. Insbesondere bei Vorliegen einer Sehbehinderung ist es elementar bedeutsam, bei der Umsetzung von Materialien sowohl die Gestaltprinzipien als auch vor allem die syntaktischen und pragmatischen Kriterien zu berücksichtigen.

Dass alle semantischen Kriterien (siehe Tabelle) einen sehr bedeutsamen Anteil an der Plausibilität von Wahrnehmung besitzen, soll an einem Experiment des russischen Neurologen Lurija verdeutlicht werden (Abb. 14).

Erfahrungs-abhängigkeit

Abb. 14: Experiment zu semantischen Plausibilitätskriterien (Lurija 1993, 80)

Die Aufgabenstellung zu den Abbildungen lautet: „Bitte benennen Sie kurz diese Darstellungen und schreiben Sie Ihre Begriffe auf." Gebeten, diese Figuren zu benennen, haben Menschen aus entlegenen Dörfern im Kaukasus übereinstimmend folgende Angaben gemacht:

1 = ein Teller, 2 = ein Zelt, 3 = ein Armband, 4 = eine Perlenkette, 5 = ein Spiegel, 6 = eine Uhr, 7 = ein Kesselgestell.

In einem Kontext, in dem Symbole nicht durch Geometrie besetzt sind, gelten andere Bedeutungseinheiten. Wenn behauptet wird, Eskimos haben etwa 72 Begriffe für Schnee, dann bedeutet dies zugleich, sie können 72 verschiedene Schneearten voneinander unterscheiden, also wahrnehmen. Es gibt viele Beispiele und Belege nicht nur für die Kontextgebundenheit, sondern auch für die Kulturabhängigkeit der Wahrnehmung. Doch auch innerhalb eines Kontextes, innerhalb einer Kultur gibt es höchst unterschiedliche Wahrnehmungsweisen. Wenn man zum Beispiel mit Freunden einen gemeinsam angeschauten Film diskutiert oder wenn mehrere Zeugen eines Verkehrsunfalls den Unfallhergang wiedergeben, wird deutlich, dass Wahrnehmung immer *selektiv* ist, d. h. etwas einschließt und ins Zentrum der Aufmerksamkeit rückt und damit zugleich anderes ausschließt.

Folgerungen für die Pädagogik

Vor dem Hintergrund eines solchen Verständnisses von Wahrnehmung stellen sich andere Aufgaben und Anforderungen für eine Pädagogik bei Blindheit und Sehbehinderung. In der erstgenannten, älteren Argumentationsfigur wurde Sehen als Abbild und damit tendenziell als die „richtige" Wahrnehmung der Welt begriffen. Entsprechend wird die unvollständige, defizitäre, zu kompensierende Wahrnehmung blinder und sehbehinderter Menschen als eine zu korrigierende betrachtet. Damit war die Annahme verbunden, dass alle, die vollständig sehen (im medizinischen Sinne), auch „richtig" sehen und das Gleiche sehen. In der anschließend dargelegten zweiten Argumentationsfigur gibt es keine Frage nach vollständig oder unvollständig, richtig oder falsch. Vielmehr geht es darum, die individuellen Wahrnehmungs- und Konstruktionsweisen von Welt als einander ergänzende, als jeweils spezifische zu sehen und wertzuschätzen. Aus der so genannten Erstpersonperspektive ist jede Wahrnehmungsweise in sich vollständig – oder nehmen Sie etwa die Unvollständigkeit Ihrer Wahrnehmung wahr? Aus dieser Perspektive dürfen wir nur von spezifischen Seh-, Hör-, Bewegungs- oder Kognitionsbedingungen sprechen, aber nicht von Sehrest, Hörrest, von Wahrnehmungsstörung oder Ähnlichem. Ob der spezifische Ausschnitt, der bei Sicht, bei Blindheit oder bei Sehbehinderung jeweils gewählt wird, dazu führt, den einen Ausschnitt als pathologisch oder defizitär und den anderen als normal zu kennzeichnen, hat nichts mit der spezifischen Wahrnehmungsweise zu tun, sondern ist ein historischer, kultureller, gesellschaftlicher Zuschreibungsprozess.

2.3 Neurowissenschaftliche Erkenntnisse

Um das in Kapitel 2.2 entwickelte Wahrnehmungsmodell in seinen Konsequenzen für das Verständnis von Sehschädigung und visuellen Wahrnehmungsstörungen begreifen zu können, ist es notwendig, einige Grundlagen der neueren neurowissenschaftlichen Forschung zu kennen und zu verstehen. Die 90er-Jahre des vergangenen Jahrhunderts galten als die Dekade des Gehirns. Die Forschungen in diesem Zeitraum haben so viele neue Erkenntnisse und Ergebnisse gebracht, dass alte Lehrbücher über Wahrnehmung und Informationsverarbeitung neu geschrieben und ältere Ergebnisse revidiert werden müssen. Das visuelle System gilt hierbei als das am besten erforschte. Neurowissenschaft ist ein sich seit Mitte der 80er-Jahre rapide entwickelndes interdisziplinäres Forschungsfeld. Von den vielen Forschern seien hier diejenigen genannt, die aus der Perspektive der visuellen Wahrnehmung und Informationsverarbeitung relevant erscheinen.

Biologie, Neurobiologie: Humberto R. Maturana (1987, 1994, 1998); Francisco J. Varela (1987, 1990, 1994, 1996)
Chemie: Ilya Prigogine (1995)
Neurologie: Antonio R. Damasio (1997, 2000), David H. Hubel (1989), Gerhard Roth (1994, 2001), Wolf Singer (2002), Torsten N. Wiesel
Neuropsychologie: Luc Ciompi (1999)
Physik: Heinz von Foerster (1993, 1998), Hermann Haken (1994, 1996)
Kognitionswissenschaften, Neurolinguistik: Ernst von Glasersfeld (1988, 1997), Francisco J. Varela (1990, 1992, 1996)

Es ist sehr interessant und lohnenswert, sich als professionelle Person im Feld der Blinden- und Sehbehindertenpädagogik in diesen Bereich einzuarbeiten, denn damit eröffnen sich völlig neue Perspektiven. Die Auseinandersetzung mit den Ergebnissen und Forschungsprozessen der unterschiedlichen Autoren ist ausgesprochen faszinierend. Hier können nur einige wenige Erkenntnisse vereinfacht und verkürzt wiedergegeben werden. Haben Sie etwas Geduld beim Lesen der einzelnen Puzzlesteine, am Ende wird sich das Gesamtbild vervollständigen.

2.3.1 Autopoiesis

Dieser Begriff taucht auf, wenn es um Beschreibungen der Funktionsweise des Gehirns geht. Der Begriff kommt aus dem Griechischen (autos = selbst, poiein = machen) und meint übersetzt etwa so viel wie Selbsterzeugung, Selbstorganisation. Das Gehirn wird, wie alle lebenden Systeme, als autopoietisches System beschrieben. Lebende Systeme können Zellen sein, aber auch das Immunsystem, Frösche oder Menschen. Was bedeutet dies bezogen auf das Gehirn und die Wahrnehmung? Das Gehirn hat in seiner Funktionsweise keinen direkten Kontakt zur Umwelt. Es arbeitet und funktioniert mit Hilfe seiner eigenen Bausteine, den

Selbst-organisation

Nervenzellen und biochemischen Stoffen (Neuropeptide, Transmitter) und mit Hilfe seiner eigenen Operationen, den Prozessen der elektrischen Ladung und Entladung. Diese Bausteine und Prozesse erhalten sich durch zirkuläre Prozesse, d. h. sie nutzen die eigenen Prozesse zur Erzeugung neuer und sind in dieser Organisation nicht direkt von außen zu beeinflussen. Autopoietisch bedeutet nicht, dass ein System hermetisch umweltabgeschlossen ist. So wie lebende Systeme ständig Sauerstoff, Licht und andere Bestandteile aus der Umwelt benötigen, um zu überleben, so besteht auch zwischen dem Gehirn und seiner Umwelt ein ständiger Austausch energetischer Art, denn Neurone brauchen Anregung, um aktiv werden zu können. Jedoch bestimmt die Anregung bzw. der Reiz nicht die Art der Aktivität des Gehirns. Das mag zunächst verwirrend klingen, gehen wir doch davon aus, dass ein Bild das Auge, ein Klang das Ohr anspricht und es daher doch sehr spezifische Reize für das Gehirn geben muss.

2.3.2 Neutralität des neuronalen Codes

Selektivität
der Sinnes-
wahrnehmung

Sehr unterschiedliche Umweltereignisse können zur Anregung von Sinnesrezeptoren führen: Schalldruckwellen, Wasserströmungen, Geruchsmoleküle, Lichtquanten, mechanischer Druck, Magnetfelder usw. Allerdings sind zum Beispiel menschliche Sinnesrezeptoren nicht für alle Umweltereignisse empfänglich. Wir sind nicht sensitiv für Magnetfelder, elektromagnetische Strahlung, lediglich für Lichtquanten, Schallwellen und Geruchsmoleküle in einem bestimmten Spektrum. So verfügen Hunde (Geruchsmoleküle), Zugvögel (Magnetfeld), Fledermäuse

Abb. 15:
Umwandlung in
unspezifische
neuronale Signale
(Roth 2001, 94)

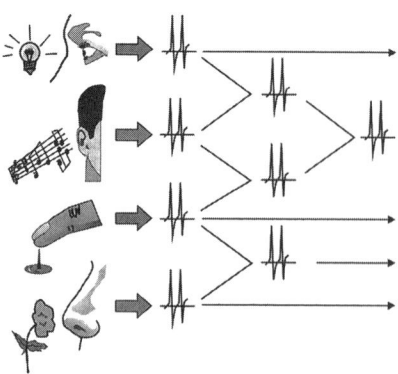

(Schallwellen) über andere Spektren oder andere Sinneswahrnehmungen. Evolutionstheoretisch betrachtet haben wir offensichtlich diejenigen Sinnesorgane selektiv ausgebildet, die wir für das Überleben als Spezies brauchten. Der Terminus Neutralität des neuronalen Codes bezieht sich auf das Prinzip der Reizumwandlung.

Eine neuronale Erregung entsteht in den Sinneszellen durch Veränderung der elektrischen Ladungsverhältnisse (Depolarisation oder Hyperpolarisation). Damit die Nervenzellen erregt werden können, bedarf es der Umwandlung in neuroelektrische oder neurochemische Prozesse. Bei dieser Umwandlung (s. Abb. 15) verlieren die Umweltreize ihre Spezifität. Aufgrund der Art der Übersetzung eines Umweltereignisses in elektrische oder neurochemische Aktivität „weiß" das Gehirn nicht, ob es sich um etwas Gesehenes, Gefühltes, Gehörtes oder Geschmecktes handelt. Aus der Beschaffenheit der neuronalen Signale lässt sich nicht auf die Spezifität des Umweltereignisses schließen.

Da das Gehirn außer neuronalen Signalen und biochemischen Prozessen nichts zur Verfügung hat, muss man folgern, dass es zwischen Umweltereignissen, Sinnesrezeptoren und neuronaler Verarbeitung keine direkte Korrelation geben kann. Außerdem geht man heute zuverlässig davon aus, dass Weiterleitungs- und Rekombinationsprozesse nur einen sehr geringen Teil der Gehirnaktivität insgesamt ausmachen. „Das System beschäftigt sich hauptsächlich mit sich selbst; 80–90 % der Verbindungen sind dem inneren Monolog gewidmet" (Singer 2002, 102). Diese Erkenntnis ist vor allem deswegen so schwer nachzuvollziehen, weil wir von der Einheit des Wahrgenommenen ausgehen. Wir können aus diesen Erkenntnissen folgern, dass das visuelle, taktile, akustische Angebot zwar möglicherweise der Anlass für Wahrnehmung sein kann, *was* wahrgenommen wird und *wie* wahrgenommen wird ist jedoch von außen nicht steuerbar, das entscheidet jedes wahrnehmende System für sich selbst.

Wahrnehmung und Hirnaktivität

2.3.3 Netzwerkbildung

Wie gelingt es dem Gehirn, anhand der enormen Fülle von elektrischen Impulsen das zu konstruieren, was wir als Stuhl sehen, als Melodie hören oder als sauer schmecken? Mit anderen Worten, wie wird Bedeutung erzeugt? Eindeutige Antworten gibt es auf diese Fragen auch heute noch nicht, denn das Grundproblem bleibt bei allen Fortschritten der Neurowissenschaften ungelöst: Welcher Zusammenhang besteht zwischen den Formen der Er-

Erzeugung von Bedeutung

Beteiligte
Hirnregionen

regungsausbreitung, den elektrischen Mustern, den Regionen der Gehirnaktivität und der Bedeutung, der Erlebnisqualität des Einzelnen?

Mit Hilfe der neueren bildgebenden Verfahren (Magnetresonanztomographie (MRT) und Positronenemissionstomographie (PET)) konnte festgestellt werden, dass auf der einen Seite die aktivierten Hirnregionen eine große Bedeutung für Identifikation spielen, dass allerdings deutlich mehr Felder, Orte und Regionen an spezifischen Wahrnehmungen beteiligt sind als bisher angenommen. Es gibt nicht *ein* Sehzentrum, *ein* Sprachzentrum, *ein* Motorikzentrum, vielmehr sind *viele* Bereiche in den verschiedenen Regionen des Gehirns gleichzeitig aktiv, wenn ein Mensch ein Wort liest oder ein Bild anschaut. Der bekannte Neurologe Oliver Sacks spricht zum Beispiel von mindestens 35 unterschiedlichen Arealen im Zusammenhang mit Sehen (1995). Auf das Thema Sehschädigung kann Folgendes übertragen werden: Wenn gesagt wird, der visuelle Cortex sei beschädigt, dann bedeutet dies nicht automatisch, dass kein Sehen möglich ist, da andere Areale ebenfalls für die visuelle Wahrnehmung zuständig sind. Ausführlicher wird dies in Kapitel 3.3 erläutert.

Zeitfaktor

Nicht nur die Lokalisierung, sondern vor allem auch der Zeitfaktor, d. h. die zeitlich synchrone Entladung von Neuronengruppierungen und ihre Streuung bei der Informationsverarbeitung, spielen eine große Rolle. Einzelne Neurone haben in diesem Zusammenhang eine geringe funktionelle Relevanz. Die Bedeutung einzelner Impulse hängt wesentlich von deren Einbettung in kohärente Aktivitätsmuster ab.

Abb. 16: Bei der Betrachtung des farbigen Mondrian-Bildes zeigt sich eine Aktivierung von V 4 (links), bei der Betrachtung des rechten schwarz-weißen Bildes eine des Areals V 5.
In beiden Fällen sind zusätzlich die Areale V 1 und 2 aktiv.
(Zeki 1992, 36)

V 4 aktiv (Scheitelschnitt)   V 5 aktiv (Seitenansicht)

V 1 und V 2 aktiv (Scheitelschnitt)

Heute werden Ensembles, neuronale Netzwerke als biologische Äquivalente von bedeutungstragenden Einheiten geprüft (Singer et al. 1997). Mit dieser Theorie gelingt es, Lernen neurophysiologisch als Erzeugung neuer Netzwerke, neuer Verbindungen zu begreifen.

Netzwerke

2.3.4 Erfahrungsabhängigkeit

Damit stellt sich die Frage: Wodurch lässt sich das Gehirn anregen, neue Netzwerke zu bilden? Wie lernt es zu unterscheiden, was bedeutsam ist und was nicht, wie hat man sich die Entstehung von Bedeutung vorzustellen? Auf diese Fragen gibt es Antworten auf unterschiedlichen Ebenen, die jedoch alle zeigen, dass sich die Forschung hier noch am Anfang der Fragen und Antworten bewegt.

Bildung neuer Netzwerke

a) Die biologische Ebene: Organismen müssen, um am Leben zu bleiben, mit ihrer Umwelt gerichtet interagieren, sie müssen diese beobachten, sie müssen auswählen. Dies bedeutet, sie nehmen vornehmlich dasjenige wahr, was für ihr Überleben als Individuum und als Gruppe notwendig ist. So können evolutionär betrachtet Bau und Leistung der Sinnesorgane als Anpassungsleistungen an Lebensbedingungen verstanden werden (Maturana/ Varela 1987).

Anpassung

b) Die neurowissenschaftliche Ebene: Die ontogenetische Entwicklung des Gehirns ist ein komplexes und prekäres Wechselspiel zwischen genetischen Rahmenbedingungen, Selbststeuerungs- und internen Lernprozessen und Umweltinteraktion. Die genetischen Rahmenbedingungen und die internen Selbstregulationsprozesse steuern das Wachstum von Axonen und Dendriten zu ihren jeweiligen Bestimmungsorten, doch sobald die Fasern beginnen, sich miteinander zu assoziieren, finden Lernprozesse statt, gibt sozusagen die Erfahrung den Ton an und wirkt gestaltend und verfeinernd auf diese Prozesse ein. Erfahrung kann somit als die Summe und die Qualität dieser Prozesse verstanden werden.

Erfahrung

Der Blick auf die so genannte Anlage-Umwelt-Thematik wird hierdurch differenzierter.

Anlage – Umwelt

„Es ist anzunehmen, dass sich unsere genetische Ausstattung seit den letzten 30–40 000 Jahren nur unwesentlich, wenn überhaupt verändert hat. Jedenfalls nicht mehr als es der Streubreite der genetischen Ausstattung der heute lebenden Menschen entspricht. Das bedeutet aber auch, dass ein Baby höhlenbewohnender Steinzeiteltern so werden würde wie wir, wenn es von Geburt an in unserer Gesellschaft aufgezogen würde. Umgekehrt wären unsere Kinder, wären sie den früheren Menschen anvertraut, so geworden wie deren Kinder. Wir wissen nicht sehr viel über diese Menschen. Aber gewiss ist, dass sie sich drastisch von uns unterschieden haben müssen, und zwar im Hinblick auf höhere mentale Fertigkeiten und kognitive Leistungen wie Sprach- und Abstraktionsvermögen. Dies zeigt, wie obsolet die derzeitige Überbetonung genetischen Determinismus ist." (Singer 2002, 44)

Wahrnehmung und Handlung

c) Die wahrnehmungs- und handlungstheoretische Ebene: Die Generierung von Bedeutung wird verstanden „als selbstreferentieller Prozess zwischen handlungsgeleiteter und damit erfahrungsabhängiger Wahrnehmung und wahrnehmungsabhängigem und erfahrungsgeleitetem Handeln" (Klaes 2000). Wahrnehmung richtet sich nicht auf isolierte Objekte, sondern findet in Bedeutungskontexten statt, die bereits durch vorheriges Handeln strukturiert sind. Sehen wäre nach Engel/König (1998) nicht Bildanalyse, sondern visuell geführte Handlung.

Ein Beispiel aus der Frühförderung. Ein motorisch hoch aktiver, sehr neugieriger blinder Junge liebte – wie fast alle Kinder – das Schaukeln auf einer großen Schaukel sehr. Je kräftiger er angestoßen wurde, umso besser. Seine Eltern waren, als er klein war, gut damit beschäftigt, ihn anzustoßen. Als der Junge 5 Jahre alt war, hielt sein Vater die Zeit für gekommen, ihm zu vermitteln, dass er nun versuchen solle, das Schaukeln alleine zu lernen. Nach anfänglichen Protesten setzte sich der Junge auf die Schaukel, hielt sich mit beiden Händen an den Seilen fest und schien zu überlegen. Dann löste er beide Hände, schlug sich damit kurz auf den Po und griff schnell nach den Seilen.

Können Sie sich diese Handlungsweise erklären?

Schluss-
folgerungen

Allen Argumentationsebenen ist gemeinsam, dass die individuelle wie die kollektive, d. h. kultur- und gesellschaftsbedingte Erfahrung die Basis für die Konstruktion weiterer Bedeutung darstellt. Erfahrung wird hier vor allem als handelnde Erfahrung, als Aktivität, als Bewegung begriffen. Nicht die sensorischen Systeme allein, sondern die Vernetzung der Systeme hat konstruktiven Charakter: Sie definieren die in der Welt relevanten Unterscheidungen und legen durch Handlungen die Strukturen der Welt fest. Gehirne dienen nicht der Weltmodellierung, sondern sind „Vehikel der Welterzeugung" (Varela 1990). Wir erzeugen unsere Wahrnehmungswelt, indem wir uns bewegen. Nicht das Auge entscheidet zum Beispiel, welchen Objekten in unserem visuellen Feld Aufmerksamkeit gewidmet wird oder welche ausgewählt werden. Es ist vielmehr die durch Handlungen und Bewegungen erzeugte Erfahrung des kognitiven Systems, die diese Selektion steuert. Wahrnehmung, sagt Singer, ist die Überprüfung von Hypothesen (2002, 108). Hypothesen kann nur entwickeln, wer das Material dazu hat. Das Material sind die eigenen Erfahrungen.

2.4 Wider die Überbewertung des Auges – Bewegung und Wahrnehmung

Nicht die Reizaufnahme über das Auge oder Ohr wird in neueren Wahrnehmungs- und Kognitionstheorien als die Basis für Wahrnehmung gesehen, nicht das Objekt in der Außenwelt, nicht das farbliche Muster auf dem Bild, sondern Bewegung. Bewegung ist damit nicht Folge von Wahrnehmung, sondern ihre Bedingung. „Ohne Bewegung keine Wahrnehmung der Außenwelt", sagte Palágyi, ein ungarischer Wahrnehmungswissenschaftler, schon 1924. Viele Experimente der Wahrnehmungsforscher und Neurowissenschaftler beschäftigen sich mit dem Zusammenhang von Bewegung und Wahrnehmung. Im Folgenden können nur einige wenige Beispiele genannt werden:

Bewegung als Grundlage

„Jeder Brillenträger hat vermutlich die Erfahrung gemacht, dass er beim ersten Aufsetzen der Brille verzerrt sah. Diese Verzerrung kann so stark sein, dass die Steuerung der eigenen Bewegungen Schwierigkeiten bereitet, beispielsweise ein gezieltes Greifen oder das richtige Setzen der Schritte. Jeder Brillenträger wird sich aber auch daran erinnern, dass die Verzerrung innerhalb von ein bis zwei Tagen verschwand." (Held 1965/1986, 200)

Die Verzerrung verschwindet offensichtlich nicht dadurch, dass sich die Brillengläser verändern oder die Linse oder der Bau des Auges, noch verliert sie sich dadurch, dass sich die Außenwelt wieder entzerrt. Dieser *Adaptionsprozess des wahrnehmenden Systems* beruht vor allem auf Handlung und Bewegung. Um diese Hypothese zu überprüfen, wurden verschiedenste Untersuchungen durchgeführt, von denen einige kurz erwähnt werden sollen.

Bekannt ist das Katzenexperiment von Held (Abb. 17). Er untersuchte, ob und wie aktive und passive Bewegung die senso-motorische Koordination bei Katzen beeinflusst. Bei diesem Katzenexperiment wurden zwei Katzen nach der Geburt 8 – 12 Wochen in Dunkelheit aufgezogen. Danach wurde die Katze A in ein Laufgeschirr gespannt, die Katze B in ein Körbchen, das, wie man auf dem Bild sieht, von der Katze A bewegt wurde. Katze A war die aktive Katze, Katze B blieb passiv, beide konnten dieselbe visuelle Information, das Streifenmuster an der Wand, aufnehmen. Nach dem Versuch wurden beide Katzen von ihren Aufgaben befreit, jedoch zeigte jeweils nur die aktive Katze eine sensorisch-motorische Koordination, die passive Katze benötigte einige Tage Bewegungsfreiheit, um dieses Verhalten auch zu entwickeln (Held 1965/1986).

Dass aktive Bewegung Bedingung für Adaption ist, belegt auch das so genannte *Umkehrbrillen-Experiment*. Erisman und Kohler (Kohler 1974) setzten Versuchspersonen Prismenbrillen auf, die oben und unten oder die Seiten vertauschten. Versuchspersonen, die eine Umkehrbrille trugen, behaupteten nach etwa einer Woche, dass sie die Welt nicht länger als auf dem Kopf stehend, sondern aufrecht wahrnahmen und sich zielsicher darin bewegen und orientieren konnten. Beim Absetzen der Prismenbrillen nach einigen Wochen wie-

Abb. 17:
Katzenexperiment
von Held
(1965/1986, 201)

derholte sich der Vorgang, auch hier benötigten die Versuchspersonen einige Tage, um die Welt vom Kopf wieder auf die Füße zu stellen. Das Interessante an diesem Experiment ist, dass dieser Anpassungsprozess dann erfolgte, wenn die Versuchspersonen sich aktiv bewegen durften.

Bach y Rita und seine Kolleginnen und Kollegen, eine Forschergruppe, die sich unter anderem auch mit der Wahrnehmung blinder Menschen beschäftigt, koppelten eine Videokamera mit einem System, das über Vibration Muster auf die Haut des Bauches übertrug. Wurde die Kamera durch eine andere Person gesteuert, hatten die Versuchspersonen die Empfindung einer Hautreizung. Konnten sie selbst die Kamera steuern, interpretierten sie die Reizmuster auf ihrer Haut nach wenigen Stunden nicht mehr hautbezogen, sondern als Erfahrung von externen Gegenständen im Raum, vergleichbar wohl einem projizierten Bild (Bach y Rita 1993).

Bedeutung
von Aktivität
und Handlung

Aktivität, selbst ausgeführte Bewegung ist in diesen Experimenten der Faktor, der Wahrnehmung strukturiert und Passung zwischen Individuum und wahrgenommener Umwelt ermöglicht. Das Experiment von Kohler ist darüber hinaus ein erneuter Beleg für die These, dass die Struktur der Wahrnehmung nicht von der Struktur der Außenwelt abhängig ist, sonst hätte der Prozess der zweiten Umkehrung, d.h. der Wiederherstellung der ursprünglichen Wahrnehmung, nicht so lange gedauert. Nicht das Auge ist Garant für die Wahrnehmung der Welt, sondern die handelnde Auseinandersetzung bzw. die Koordination von Handeln und Sehen, Bewegung und Wahrnehmung.

Unterscheidung
von Ich und Welt

In Bezug auf die ontogenetische Entwicklung geht es hierbei um die Unterscheidungsprozesse von Ich und Welt. Solche Prozesse sind nicht genetisch fixiert, sondern müssen erlernt werden.

„Dieses Lernen beginnt spätestens nach der Geburt, wenn der Säugling an-
fängt, die Welt zu begreifen. Wenn er zum Beispiel einerseits sich selbst und
andererseits Objekte der Umwelt anfasst, lernt sein Gehirn den fundamentalen
Unterschied zwischen Körper und Welt. Im ersten Fall erhält er eine doppelte
sensorische Rückmeldung, im zweiten Fall nur eine einfache." (Roth 1994, 306)

In der Selbstberührung ist sowohl die Empfindung des Berührens
als auch die des Berührt-Werdens enthalten, bei der Berührung
eines fremden Gegenstandes fehlt Letztere. Diese Fähigkeit der
Doppelempfindung ist nur durch das Tasten möglich, d. h. durch
Bewegung und Berührung. Von dieser ursprünglichen Unter-
schiedserfahrung gehen alle weiteren wahrnehmungs- und handlungsbezogenen Unterscheidungen aus.

Suchen Sie sich einen Partner und berühren Sie dessen Hand mit Ihrer Hand
so, dass die Handflächen und Finger (Zeigefinger auf Zeigefinger etc.) miteinander in Kontakt sind (Abb. 18). Nehmen Sie Ihre andere Hand und streichen Sie
an den Zeigefingern so entlang, dass Sie mit Ihrem Daumen den eigenen Zeigefinger, mit Ihrem Zeigefinger den Zeigefinger der Hand Ihrer Partnerin berühren.
Nehmen Sie einen Unterschied wahr?
    Bei sich selbst können Sie das Berühren und das Berührt-Werden gleich-
zeitig spüren, bei Ihrem Partner/Ihrer Partnerin spüren Sie demgegenüber nur
eine Seite, das Berühren.

Die basale Unterscheidung zwischen mir und der Welt, zwischen
Selbst und Fremd ist zwar das Fundament jeglicher Wahrnehmung, sie ist uns allerdings nicht mehr zugänglich, da Wahrnehmung ganzheitlich oder synästhetisch ist und immer alle
Wahrnehmungsweisen integriert. Die Ordnungsbildung in unserem Wahrnehmungssystem wird neben den frühen ontogene-
tischen Prozessen in hohem Maße durch unsere ständig neu erworbene Erfahrung im Umgang mit der Welt und uns selbst bestimmt. „Auf kortikaler und zum Teil auch auf subkortikaler
Ebene kommen vermehrt Informationen aus dem Gedächtnis hin-
zu, welche das Ergebnis früherer Erfahrungen mit der Umwelt
und der Bewertung des eigenen Handelns umfassen" (Roth 1994,
230). „Wir als Erwachsene vergessen bei unserer Art Welt wahrzunehmen alles, was wir dazu beigetragen haben, sie auf diese
Weise wahrzunehmen, eben weil wir durch unseren Körper in
den eigentümlichen Kreisprozeß des Handelns einbezogen sind"
(Varela 1985, 306). Der bewegungsbasierte Charakter unserer
Wahrnehmung ist uns nicht mehr präsent. Allerdings wissen wir
heute, dass bereits die Vorstellung oder Beobachtung einer Bewegung zu den diesen Bewegungen analogen Muskelinnervatio-
nen führt, die sich z. B. bei besonders intensiven und spannen-
den Situationen in einer realen Bewegung entladen (so genannter *Carpentereffekt*, zum Beispiel Mitbewegungen beim Boxen, als
Beifahrer im Auto). In der Antizipation und beim Schätzen kön-

Abb. 18:
Selbst- und Fremd-
wahrnehmung
(nach Campenhausen
1993; Foto von
Richard Piatkowski)

nen wir manchmal den Bewegungsbezug von Wahrnehmung an uns selbst erleben. „Wir sehen z. B. einen großen Koffer, mobilisieren innerlich die Kräfte, die erforderlich sind, um ihn hochzuheben, und dann erweist er sich als leicht" (Klaes/Walthes 1994, 255). Das heißt, unsere Wahrnehmungen haben – gemäß unserer Erfahrung groß = schwer – eine Bewegung gesteuert, die sich nun als nicht passend erweist. Wahrnehmen wird daher in vielen Theorien auch als „virtuelle" (Palágyi 1924), vorgestellte oder innerlich aktivierte Bewegung verstanden. *Jede Wahrnehmung basiert auf virtueller Bewegung,* ist sozusagen vorgestelltes Greifen, d. h. an die Stelle des realen Umfassens eines Gegenstandes tritt bei der bloßen Wahrnehmung ein Umfassen durch eingebildete Bewegung. Jede überraschende Bewegung, zum Beispiel wenn die Treppenstufe tiefer ist als erwartet, jedes Verschätzen bringt uns mit der virtuellen Bewegung, dem virtuellen Vorvollzug in Kontakt.

?   Zu dieser Theorie passt die folgende Beobachtung in der neueren Gehirnforschung. Die Aktivität des Gehirns wurde bei verschiedenen Tätigkeiten wie Hören, Sehen, Hören und Sehen, Handeln untersucht. Was glauben Sie, bei welcher Tätigkeit die höchste Gehirnaktivität festgestellt wurde? Gemeinhin würde man vermuten, dass die Gehirnaktivität umso größer ist, je mehr Sinne und Aktionen beansprucht werden. Das stimmt im Wesentlichen auch. Die Gehirnaktivität ist größer bei Hören und Sehen als nur bei einer Sinneswahrnehmung, sie ist noch größer bei einer Handlung, am größten ist sie jedoch bei der Vorstellung von etwas.

Konsequenzen für Pädagogik   Der hochkomplexe Vorgang der Wahrnehmung ist bei dem jetzigen Kenntnisstand der Forschung nicht auf die Dominanz eines Sinnessystems wie z. B. das der visuellen Wahrnehmung zu reduzieren. Für die Blinden- und Sehbehindertenpädagogik haben diese Erkenntnisse erhebliche Auswirkungen, die hier nur angedeutet werden können, auf die aber in den weiteren Kapiteln immer wieder Bezug genommen wird.

Zusammenfassung

1. Visuelle Wahrnehmung ist nicht Abbildung, sondern Konstruktion. Konstruktionen beruhen auf Erfahrung, insofern ist nicht das Sehen-Können, sondern ist die Vielfalt der Erfahrungen wesentlich für das Begreifen von und die Auseinandersetzung mit der Umwelt.
2. Wahrnehmungen, Vorstellungen, Gefühle, Bewegungen werden als autopoietische Prozesse gesehen, die nicht direkt zu beeinflussen sind. Sie sind daher nicht unter der Perspektive richtig und falsch oder besser und schlechter zu beurteilen, sondern sie sind, was sie sind, das Vermögen, das jedes Individuum hat.

3. Bewegung und virtuelle Bewegung sind die Basis für Wahrnehmung. Die bewegungs-, handlungs- und erfahrungsbezogenen Aspekte der Wahrnehmung im frühen Kindesalter sind zwar nicht unabhängig von Blindheit oder Sicht, sie bilden jedoch eine gemeinsame Basis für pädagogisches Handeln.

Engel, A. K., König, P. (1998): Das neurobiologische Wahrnehmungsparadigma. Eine kritische Bestandsaufnahme. In: Gold, P., Engel, A. K.: Der Mensch in der Perspektive der Kognitionswissenschaften. 156 – 194, Frankfurt a. M.: Suhrkamp
Maturana, H. R., Varela, F. J. (1987): Der Baum der Erkenntnis. München: Scherz
Roth, G. (1994): Das Gehirn und seine Wirklichkeit: kognitive Neurobiologie und ihre philosophischen Konsequenzen. Frankfurt a. M.: Suhrkamp
Singer, W. (2002): Der Beobachter im Gehirn. Essays zur Hirnforschung. Frankfurt a. M.: Suhrkamp

2.5 Übungsaufgaben zu Kapitel 2

Welche Überlegungen zur Wahrnehmung finden Sie bemerkenswert? **Aufgabe 1**

Welches ist der wesentliche Unterschied zwischen der traditionellen Argumentation der Blinden- und Sehbehindertenpädagogik und der in diesem Kapitel dargelegten Argumentation? **Aufgabe 2**

Wenn Sie alles konstruieren, was Sie sehen, dann würden Sie diesen Text, da Sie ihn sehen, ebenfalls konstruieren. Stimmt das? **Aufgabe 3**

Welches sind Ihres Erachtens die wesentlichen Erkenntnisse der neurowissenschaftlichen Forschung? **Aufgabe 4**

3 Blindheit – Sehbehinderung

Wann spricht man von Blindheit, wann von Sehbehinderung, wann von einer Sehbeeinträchtigung und wann von einer cerebralen Sehschädigung? In der Literatur und auch im allgemeinen Sprachgebrauch benutzen wir viele Begriffe, und selbst das, was man gemeinhin für eindeutig hält, Blindheit, ist so eindeutig nicht. Wir finden heute eine Fülle von Definitionen und Klassifikationen sowohl im medizinischen, wie im sozial-rechtlichen und pädagogischen Bereich und diese sind wiederum von Land zu Land unterschiedlich. Die Weltgesundheitsorganisation (WHO) hat 2001 mit der so genannten International Classification of Functioning, Disability and Health (ICF) einen erneuten Versuch gestartet, die unterschiedlichen Begriffe, die in den verschiedenen Bereichen und einzelnen Ländern verwendet werden, zu systematisieren und eine einheitliche Klassifikation für das Gesundheitswesen zu schaffen. Sie wendet sich damit gegen ein defizitorientiertes Verständnis von Behinderung.

3.1 Schädigung – Behinderung

Klassifikationen der WHO

Bereits 1983 hatte die WHO eine Veränderung des Verständnisses von Behinderung vorgeschlagen und mit ihrer damaligen Unterscheidung von Schädigung (impairment), Funktionseinschränkung (disability) und Behinderung (handicap) aufgezeigt, dass eine Schädigung nicht notwendigerweise zu einer Behinderung führen muss. Die neue Klassifikation der WHO, die *International Classification of Functioning, Disability and Health (ICF)* möchte die Diskussion um Störung und Behinderung erneut anstoßen. Drei wesentliche Veränderungen sollen hier genannt werden:

1. Die neue Klassifikation verzichtet auf den Leitterminus Krankheit und ersetzt diesen durch Gesundheit und diejenigen Faktoren, die Gesundheit im Sinne von Wohlbefinden begleiten, bedingen, beeinflussen.

2. Die Klassifikationsdimensionen body functions & structures, activity, participation gehen weit über die bisherigen Komponenten impairment, disability, handicap hinaus. So ist Schädigung (impairment) ein Bestandteil der Körperstrukturen und -funktionen, ist Teil der gesundheitlichen Bedingungen und muss nicht mit Krankheit einhergehen. Aktivitäten umfassen mehr als Funktionseinschränkungen (disability), denn diese Dimension umfasst sowohl die Möglichkeiten als auch die Beschränkungen der Aktivitäten vor dem Hintergrund der jeweiligen Kontextbedingungen. Diese spielen wiederum eine große Rolle bei der Kennzeichnung der Partizipation, die ebenfalls den individuellen Einbezug in alle Lebenssituationen beschreibt und nicht nur die eingeschränkten Möglichkeiten.

3. Alle Dimensionen sind nicht isoliert zu betrachten, sondern müssen notwendigerweise unter den spezifischen sozial-ökologischen Bedingungen gesehen werden. Nicht nur die familiären oder häuslichen Gegebenheiten zählen zu diesen Umweltfaktoren, sondern auch die zur Verfügung stehenden persönlichen Ressourcen, Unterstützungsangebote, die Regeln, Gesetze und gesellschaftlichen Vorurteile, die Partizipation erleichtern oder erschweren.

Schädigungen gibt es viele, diese müssen nicht notwendigerweise funktionelle Beeinträchtigungen nach sich ziehen. Sie können verschiedene Ursachen haben und sich unterschiedlich körperlich auswirken. Vor allem stehen Schädigungen in keinem direkten Zusammenhang mit einer gelingenden oder misslingenden Aktivität oder Partizipation. Schädigungen beziehen sich vor allem auf die Ebene der so genannten Körperstrukturen. So kann z. B. eine geschädigte Leber, eine geschädigte Lunge funktionelle Beeinträchtigungen nach sich ziehen wie z. B. keinen Alkohol mehr zu vertragen oder zu keinen körperlichen Anstrengungen in der Lage zu sein, ebenso wie Blindheit – keine Schwarzschrift lesen – oder Gehörlosigkeit – nicht Radio hören zu können.

Schädigung

Tab. 2: International Classification of Functioning, Disability and Health (ICF) (modifiziert aus WHO 2001, 11)

	Part 1: **Functioning and Disability**		**Part 2:** **Contextual Factors**	
Components	Body Functions and Structures	Activities and Participation	Environmental Factors	Personal Factors
Domains	Body functions Body structures	Life areas (tasks, actions)	External influences on functioning and disability	Internal influences on functioning and disability

Behinderung

Ob daraus jedoch Behinderung entstehen kann, ist ein komplexer Prozess, an dem viele Kontextfaktoren beteiligt sind. Mit Behinderung ist in diesem Verständnis eine *Relation* gemeint, also eine Beziehung zwischen der so bezeichneten Person und ihrer Umwelt. So ist zwar Taubheit die zutreffende Bezeichnung für Nicht-hören-Können, ob daraus jedoch Behinderndes entsteht, ist keine notwendige Folge, sondern abhängig von den Kommunikationsfähigkeiten der Umwelt. Ein taubes Kind wird in einer Umwelt, die die Gebärdensprache beherrscht, weniger Probleme haben als ein hörendes und sprechendes Kind, das in dieser Umwelt nicht über die Gebärdensprache verfügt (Metzler/Wacker 2001 a; Walthes/Klaes 1994, 53–65).

Ein kleiner Dialog in Anlehnung an Gregory Batesons Metaloge (1981) soll diese Thematik verdeutlichen:

K.: Du Mama, alle reden davon, ich hätte eine Behinderung, was ist das eigentlich?

M.: Ich glaube, die beziehen sich darauf, dass du blind bist und das, was mit deiner Blindheit einher geht, nennen sie Behinderung.

K.: Ja und? Das können sie ja von mir aus machen, aber das sagt noch nicht, was das eigentlich ist, Behinderung.

M.: Ja, da hast du Recht, das sagt es nicht, und wenn man es ganz genau nimmt, dann ist Behinderung, ja, Behinderung eigentlich ein Erklärungsprinzip.

K.: Aber was erklärt es?

M.: Alles – fast alles, was man damit erklären möchte.

K.: Aber das kann doch nicht sein. Es erklärt doch zum Beispiel nicht die Schwerkraft.

M.: Nein, aber nur deshalb, weil niemand will, dass „Behinderung" die Schwerkraft erklärt. Wollte man es, dann würde man auch das erklären können. Wir könnten einfach sagen, dass der Mond eine Behinderung hat, deren Stärke sich umgekehrt proportional zum Quadrat der Entfernung verändert […].

K.: Aber dafür würde ich im Physikunterricht eine 5 bekommen.

M.: Das mag sein, aber wir unterhalten uns hier über Behinderung.

K.: Also gut und was erklärt dann die Schwerkraft?

M.: Nichts und zwar einfach deshalb, weil Schwerkraft auch ein Erklärungsprinzip ist.

K.: Oh, bedeutet das, dass man nicht ein Erklärungsprinzip verwenden kann, um ein anderes zu erklären?

M.: Ja, eigentlich bedeutet es das.

K.: Aber, die Schwerkraft wurde doch entdeckt, war das nicht Newton, mit dem Apfel?

M.: Ja, aber eigentlich hat er die Schwerkraft erfunden.

K.: Wie – das verstehe ich nicht.

M.: Newton hat eine Hypothese, d. h. eine besondere Erklärung für das Verhältnis von Masse und Entfernung entwickelt.

K.: Das heißt, er hat die Schwerkraft nicht entdeckt, sondern erfunden?

M.: Ja, so könnte man es sagen.

K.: Aber was ist nun mit Behinderung, wer hat die erfunden?

M.: Keine Ahnung, Behinderung, Lernen, Verhalten, das sind Begriffe, die erfunden wurden, weil man in die Menschen nicht hineinschauen kann, das,
was in der Black Box geschieht, aber gleichwohl erklären möchte.

K.: Bedeutet das, dass Behinderung eigentlich nur ein Etikett für etwas ist?

M.: Ja, das könnte man sagen.

K.: Ja und wofür?

Es gibt in der Literatur viele Vorschläge, mit dem Begriff „Behinderung" jemanden zu etikettieren. Das geläufigste Etikett ist
die Annahme, Behinderung sei die Eigenschaft einer Person. In
der konkreten Umgangspraxis bedeutet dies sehr häufig die Rück-
führung gezeigter Verhaltensweisen auf das Phänomen Blindheit.
Blinde Menschen zeigen jedoch ein ebenso großes Spektrum an
Verhaltensunterschieden wie z. B. braunäugige Menschen. Füh-
re ich alle gezeigten Verhaltensweisen auf Blindheit zurück, welche Möglichkeiten für Pädagogik bleiben mir dann, da ich doch
die scheinbare Ursache für all diese Verhaltensweisen, die Blindheit, nicht wegtherapieren kann?

Die in diesem Buch vertretene relationale Auffassung von Behinderung lässt sich auf folgende Formel bringen: *Behinderung ist
der nicht gelungene Umgang mit Verschiedenheit.*

Schädigung als Bedingung für Interaktion

Schädigungen werden – wie auch z. B. die Tatsache, eine andere Sprache zu sprechen, merkwürdige Dinge zu sagen oder sich
ungewöhnlich zu bewegen – als Bedingungen verstanden, die ein
Mensch in (soziale) Situationen einbringt. Ob der Umgang mit
diesen Bedingungen gelingt, ist abhängig von allen Beteiligten
und nicht nur von der Person mit ihren Bedingungen.

Die aus dieser Perspektive einzig relevante Frage lautet, ob und
wie es gelingt, in einen Kommunikations- und Interaktionspro-
zess zu gelangen, ob und wie es gelingt, voneinander zu lernen,
ob und wie es gelingt, die jeweiligen Aktivitäten und Stärken weiter zu entwickeln.

Chancen dieser Sichtweise

Wenn wir ein Verständnis von Behinderung entwickeln könnten, das ausgehend von den jeweils spezifischen Bedingungen,
die Menschen haben, das Gelingende oder Nichtgelingende der
jeweiligen Situation – in der Schule, im Unterricht, am Arbeitsplatz, zu Hause, in der Disco, im Altersheim, bei Freizeitaktivitäten – in den Blick nimmt, dann haben wir genau dort, nämlich
an der Relation, der Beziehung von Umwelt und Individuum, den
Anknüpfungspunkt, der uns handlungsfähig werden lässt. Mit Umwelt meine ich nicht nur die materiale Umwelt, sondern vor allem
das soziale und psychische System, d. h. alles, was über Menschen
gedacht, welche Vorurteile transportiert, welche Vorstellungen
weitergegeben und welche Ursache-Wirkungs-Beziehungen hergestellt werden. Von einem solchen Verständnis ausgehend gibt

es verschiedene Möglichkeiten für pädagogisch-therapeutisches Handeln, da nicht die Person mit ihren Bedingungen geändert werden muss, sondern an den verschiedenen Möglichkeiten des Umgangs mit den Bedingungen etwas verändert werden kann. Als Pädagogin oder Therapeut bin ich zugleich aufgefordert, mich selbst als eine Bedingung zu begreifen.

3.2 Der Nutzen von Klassifikationen

Klassifikationen sind der Versuch, eine einheitliche Bezeichnung und einheitliche Sprache für beobachtete Phänomene zu finden. Klassifikationen dienen vor allem dem Vergleich, aber auch der Beobachtung der Auftretenshäufigkeit und Struktur von Schädigungen. Nur wenn festgelegt ist, wer zu der Gruppe der blinden Menschen in Argentinien wie in Ghana, in China wie in Neuseeland gezählt wird, können Statistiken angefertigt und die Auftretenshäufigkeit von Blindheit oder Sehbehinderung in der Welt ermittelt werden. Klassifikationen beruhen daher auf einer Verabredung über die Aspekte, die zu einem Phänomen gezählt werden sollen.

Im Folgenden werden einige der zahlreichen und unterschiedlichen Klassifikationen im Bereich Sehschädigung dargestellt. Die Klassifikation der Weltgesundheitsorganisation von 1977 ist in Tabelle 3 dargestellt.

Tab. 3: Klassifikation der WHO (nach Tielsch 2000, 7)

Category	Grade	Criteria (based on visual acuity [visual field] in the better eye)
Normal vision		
Normal vision	0	20/25 or better
Near-normal vision	0	20/30 to 20/60
Low Vision		
Moderate visual impairment	1	20/70 to 20/160
Severe visual impairment (legal blindness in the U.S.)	2	20/200 to 20/400
Blindness		
Profound visual impairment	3	20/500 to 20/1000 or a visual field less than 10 degrees
Near-total visual impairment	3	Worse than 1/1000 or a visual field less than 5 degrees
Total visual impairment	5	No light perception

In der Bundesrepublik Deutschland hat sich der Begriff Seh-schädigung als Oberbegriff etabliert. Unter ihm werden die Be-griffe Sehbehinderung, hochgradige Sehbehinderung und Blind-heit subsumiert. Bei dieser Klassifikation werden Sehschärfe (Vi-sus) und Gesichtsfeldeinschränkungen mit berücksichtigt (Rath 1987, 19f). Gemeinhin werden in Deutschland Klassifikationen verwendet, die sich an der Sehschärfe, genauer am Fernzentral-visus orientieren und nach optimaler Refraktionskorrektur fol-gende Unterscheidungen treffen:

Medizinische Klassifikation

Sehbeeinträchtigung: gröbere einseitige Sehbeeinträchtigung (1.0 auf ei-nem Auge, 0.3 – 0 auf dem anderen Auge) bzw. mäßige beidseitige Sehbe-einträchtigung (0.7 – 0.4)

Sehbehinderung (1. Auge 0.3 – 0.067; 2. Auge 0.3 und weniger)

hochgradige Sehbehinderung (1. Auge 0.05 — 0.03; 2. Auge 0.05 und weniger)

Blindheit (auf dem besseren Auge 0.02 und weniger).

Formel zur Visusberechnung bei Angabe der Normalentfernung:

Visus = Testentfernung : Normalentfernung

(Die Normalentfernung ist diejenige Entfernung, in der ein Sehzeichen einer bestimmten Größe mit einem Visus von 1.0 gerade noch erkannt werden kann). Beispiel: Eine Person sieht ein Sehzeichen auf 30 cm (Testentfernung), das üb-licherweise auf die Distanz von 100 cm (Normalentfernung) erkannt wird. Die-se Person hat einen Visus von 0.3.

Visus

Solche eher medizinisch-sozialrechtlich orientierten Klassifika-tionen beruhen zu überwiegenden Teilen auf Visusmessungen und berücksichtigen etwa ein bis zwei weitere Sehfunktionen. Sie sind für rehabilitative und pädagogische Zusammenhänge wenig hilfreich, da sie sich lediglich auf die Kriterien der Seh-schärfe und des Gesichtsfeldes beziehen und alle anderen Funk-tionen der visuellen Wahrnehmung außer Acht lassen (siehe Kap. 3.3).

Die Kultusministerkonferenz der Länder (KMK) hat in ihren Empfehlungen zum so genannten „Förderschwerpunkt Sehen, visuelle Wahrnehmung und Umgehen-Können mit einer Seh-schädigung" (1998) folgende Definitions- und Klassifikations-vorschläge unterbreitet:

Pädagogische Klassifikation

„Blinde Kinder und Jugendliche können nicht oder nur in sehr geringem Maße auf der Grundlage visueller Eindrücke lernen. Sie nehmen Informationen aus der Umwelt insbesondere über das Gehör und den Tastsinn sowie über die Sinne der Haut, des Geruchs, und des Geschmacks auf […]".

„Kinder und Jugendliche mit einer Sehbehinderung können ihr eingeschränktes Sehvermögen nutzen. Sie sind in vielen Situationen auf spezielle Hilfen angewiesen. Sie bedürfen besonderer Anleitung, sonderpädagogischer Förderung und technischer Hilfen. Dies kann auch bei Sehbehinderungen geringeren Grades notwendig sein wie bei Beeinträchtigungen des Sehvermögens beider Augen oder bei Einäugigkeit." (Drave et al. 2000, 179)

Die Tatsache, dass heute vielfach auch visuelle Wahrnehmungsstörungen zu beobachten sind, die nicht direkt auf Schädigungen des Auges zurückzuführen sind und sich auch nicht an der Sehschärfe (Visus) festmachen lassen, erfordert ein erweitertes Verständnis von Sehschädigung und eine Klassifikation, die stärker am funktionalen Sehvermögen ausgerichtet ist.

Funktional orientierte Klassifikation

So schlägt Hyvärinen (2001) in Auseinandersetzung mit der ICF eine eher funktional ausgerichtete Klassifikation orientiert an den Aktivitäten des Kindes (Erwachsenen) in den folgenden Bereichen vor:

Tab. 4: Sehverhalten einer Person mit einer degenerativen Netzhauterkrankung: Retinopathia Pigmentosa, Verschlechterung des peripheren Gesichtsfeldes. Im zentralen Bereich ist Sehschärfe so weit erhalten, dass bei entsprechender Beleuchtung das Lesen von Normaldruck möglich ist (Hyvärinen 2001).

– Kommunikation,
– Orientierung und Bewegung,
– Aktivitäten des täglichen Lebens und
– Aufgaben im Nahbereich (z. B. Lesen, Schreiben oder Nähen).

Konkret bedeutet dies, die Techniken, die die Person unter Berücksichtigung der jeweiligen Kontextbedingungen (Beleuchtung, Kontrast etc.) in diesen vier Bereichen verwendet, zu analysieren. Hierbei unterscheidet Hyvärinen zwischen *nicht visuell orientierten Techniken* oder so genannten *Blindentechniken, Sehbehindertentechniken* und *Sehendentechniken*. Tab. 4 zeigt, dass z. B. eine Person mit einer degenerativen Netzhauterkrankung durchaus noch Sehendentechniken anwenden kann. Bei Dämmerung und schlechter Beleuchtung muss sie jedoch auf die anderen Techniken zurückgreifen.

Aufgabe/Technik	Blindentechniken	Sehbehindertentechniken	Sehendentechniken
Kommunikation	bei Dämmerung	in Gruppensituationen	bei Tageslicht
Orientierung Bewegung	bei Dämmerung; Langstock	bei Blendung	bei Tageslicht
Alltagspraktische Fertigkeiten	bei Dämmerung	bei Objekten mit geringem Kontrast	bei Tageslicht und bei guten Kontrasten
Aufgaben im Nahbereich	bei Dämmerung	bei Aufgaben, die einen guten Überblick erfordern	bei normalen Texten und guter Beleuchtung

Eine solche Klassifikation hat auf der einen Seite den Vorteil, dass die Nutzung des jeweiligen Sehvermögens bzw. die Anwendung von blindenspezifischen Techniken in unterschiedlichen Bereichen geprüft wird und erfordert darüber hinaus eine genaue Beobachtung des Menschen in unterschiedlichen Alltagssituationen. Ihre Schwierigkeit besteht in der präzisen Definition der Kategorien, Techniken des Sehens, der Sehbehinderung und der Blindheit.

Die ICF (Klassifikation der Weltgesundheitsorganisation, s. o.) schlägt im Hinblick auf internationale Vergleichbarkeit differenzierte Überprüfungen der verschiedenen visuellen Funktionen vor. Diese müssten, um anteriorische und posteriorische Sehschädigungen (Kap. 3.3.) beschreiben zu können, durch Funktionsbeschreibungen ergänzt werden, die in der ICF in den Bereichen „mental functions" zu finden sind.

Diese Beispiele machen einerseits deutlich, dass es bisher kein allgemeingültiges Klassifikationssystem gibt, und zeigen andererseits, wie sehr Klassifikationen abhängig sind von dem Bezugssystem. Innerhalb eines medizinischen Bezugssystems scheinen die Aktivitäten der betroffenen Person und ihre Partizipation am alltäglichen Leben weniger relevant zu sein als messbare standardisierte Größen wie zum Beispiel die Sehschärfe. Diese lässt

Beurteilung der Klassifikationen

Visual functions ICF	
Visual acuity functions	Sehschärfe
Visual field functions	Gesichtsfeld
Quality of vision	Qualität des Sehens
Light sensitivity	Licht- und Blendungsempfindlichkeit
Colour vision	Farbensehen
Contrastsensitivity	Kontrastsensitivität
Visual picture quality	Bildqualität
Other specified and unspecified quality of vision	Andere spezifische visuelle Qualitäten (Akkomodation, Motilität)
Mental functions ICF	
Orientation functions	(visuelle) Orientierungsfähigkeit
Attention functions	(visuelle) Aufmerksamkeit
Memory functions	Gedächtnis
Visual perceptions	Visuelle Wahrnehmung
Shape	Form
Colour	Farbe
Movement	Bewegung

Tab. 5: Visuelle und visuell-kognitive Funktionen nach ICF (WHO, 2001)

sich jedoch kaum als Grundlage für handlungsleitende Kriterien auf pädagogische Fragestellungen übertragen. Kinder mit einem identischen Visus, das heißt zum Beispiel einer Sehschärfe von 0.02 (1/50), können aufgrund ihrer unterschiedlichen Erfahrungswelten ein höchst unterschiedliches Sehverhalten zeigen und eine gänzlich verschiedene Unterstützung benötigen. Entsprechend ihres Visus werden sie im medizinischen Bezugssystem alle als sehbehindert klassifiziert. Aufgrund der Erfahrungs- und Kontextabhängigkeit der Wahrnehmung können mit Hilfe von Klassifikationen keine Aussagen über die individuelle Nutzung des jeweiligen Sehvermögens gemacht werden.

Klassifikationen machen daher keine Aussage über die Möglichkeiten und Schwierigkeiten, die eine Person hat, sondern dienen vor allem der Vereinheitlichung der Sprachregelungen und dem Vergleich. Die Zuordnung einer individuellen Person zu einer Kategorie macht überhaupt keine Aussage über die individuellen Möglichkeiten dieser Person.

3.3 Sehschädigungen und Auswirkungen auf visuelle Funktionen

Sehschädigung als Schädigung des Auges und der verarbeitenden Systeme

Üblicherweise stellen wir uns unter Sehschädigungen Schädigungen des Auges und Beeinträchtigungen seiner bekanntesten Funktionen wie z. B. der Sehschärfe, des Gesichtsfeldes oder des Farbensehens vor. Sehschädigung bedeutet jedoch, dass nicht nur im Auge oder auf der Netzhaut (Retina), sondern auch von dort über den Sehnerv und die verschiedenen Bahnen der visuellen Verarbeitung bis zur Sehrinde und anderen visuellen Netzwerken im Gehirn, also an jeder Stelle dieses langen Verarbeitungsprozesses, eine Schädigung eintreten kann. Leider gibt es bis heute keine einheitliche Klassifikation dieser Sehsysteme. Mit Hyvärinen unterscheiden wir hier *anteriorische* und *posteriorische* Sehschädigungen (siehe schematische Darstellung in Abbildung 19).

In der Netzhaut des Auges wird elektrische und biochemische Information erzeugt. Diese wandert durch den Sehnerv (SN) und die Sehnervenkreuzung, Chiasma opticum (CH), entweder zum lateralen Kniehöcker (KH) und von dort aus zur primären visuellen Gehirnrinde (V1) als retinocalcarine Bahn oder zum Vierhügel (VH) und Pulvinar (PU) als tectale Bahn, von wo aus Informationen zu verschiedenen subcortikalen und cortikalen Bereichen überliefert werden.

In den Sehbahnen gibt es verschiedene Nervenfasern: Etwa 80 % sind dünne parvozellulare (P) (parvo = klein) Fasern, die Farb- und Schwarzweißinformationen auf hohen Kontraststufen weiterleiten. Da diese Fasern dünn sind, ist die Geschwindigkeit der Übertragung relativ niedrig. Etwa 10 % der Fasern sind dicke magnozellulare (M) (magno = groß) Fasern, die Bewegungsinformationen und schwarz-weiße Informationen auf niedrigen Kontraststufen wei-

Abb. 19: Visuelle Informations-verarbeitung (modifiziert nach Hyvärinen 2002)

terleiten. Ihre Übertragungsgeschwindigkeit ist größer als diejenige in den dünnen Fasern. In der retinocalcarinen Bahn gibt es überwiegend parvozellulare Fasern, in der tectalen Bahn überwiegend magnozellulare Fasern.

Von der primären visuellen Gehirnrinde verteilen sich die Informationen in fast alle Gehirnbereiche über zwei Hauptrichtungen: durch den ventralen Informationsstrom (VS) zum inferiorischen, unteren Teil des Temporallappens und durch den dorsalen Informationsstrom (DS) zum Parietallappen (Hyvärinen 2001).

Anteriorische Sehschädigungen betreffen das Auge, den Sehnerv, das Chiasma opticum (Sehnervenkreuzung) und den Tractus opticus, *posteriorische* Schädigungen die Area Striata sowie die assoziative visuelle Sehrinde.

Die Ursachen für diese Schädigungen sind vielfältig, sie lassen sich grob in *hereditäre (vererbte), genetisch-, stoffwechsel- und umwelt-* Ursachen *bedingte,* aber auch in *prä-, peri-* und *postnatale* Schädigungsformen einteilen. So wenig sich die verschiedenen Leistungen des visuellen Systems eindeutig voneinander abgrenzen lassen, so wenig lassen sich die Auswirkungen spezifischer Schädigungen eindeutig voneinander unterscheiden. Jeder Versuch der Charakterisierung und Zuordnung bleibt letztlich unvollständig und kann die Komplexität nicht darstellen, dennoch soll die Darstellung in Abbildung 20 einen ersten Überblick geben.

Ein weiterer wesentlicher Unterschied ist in dieser Übersicht vernachlässigt: die Frage, ob es sich bei der Schädigung um eine Angeboren vs. kongenitale, d. h. angeborene, oder um eine erworbene Seh- erworben schädigung handelt. Bei der erworbenen Sehschädigung ist der Zeitpunkt insofern entscheidend, als man – ohne dies genau überprüfen zu können – davon ausgeht, dass eine erworbene Sehschädigung vor dem dritten (in einigen Beiträgen vor dem fünften) Lebensjahr bedeutet, dass ein Kind über keine visuelle Erinnerung mehr verfüge (Gruber/Hammer 2000).

Abb. 20:
Das Auge.
Die Ziffern
verweisen auf die
in der Tabelle 6
genannten
Augenabschnitte.

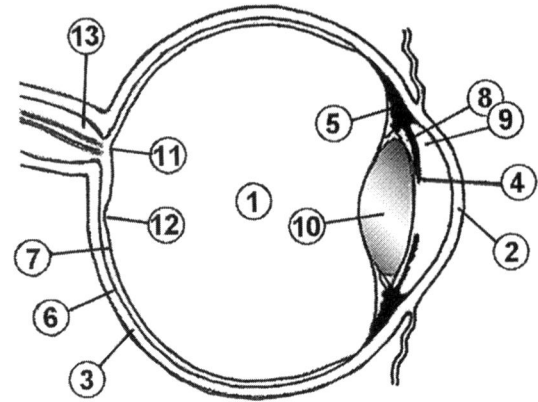

Tab. 6:
Schädigungen und
Folgen für Seh-
funktionen

Ort der Schädigung	Erkrankungs-beispiele	Ursache	Betroffene Augen- bzw. Sehfunktion
Äußere Augenhaut: *2 Hornhaut* *3 Lederhaut*	Hornhautdegeneration, Hornhautdystrophie, Keratokonus	Heredität, embryo-nale Entwicklungs-störung, Stoff-wechselstörung, Entzündung, Unfälle, Fremdkörper, Infektionen, kongenitales Glaukom	Refraktion, Blendungs-sensitivität, Visus, Kontrastsensitivität
Mittlere Augenhaut: *4 Regenbogen-haut* *5 Ziliarkörper* *6 Aderhaut*	Iriskolobom, Aniridie, Albinismus	Heredität, embryonale Entwicklungsstörung, Unfälle, Infektionen (Röteln, Toxo-plasmose), Glaukom, Fehlbildung	Blendungssensitivität, Visus, Kontrastsensitivität, Akkommodation
Innere Augen-haut: Pigmentepithel *7 Netzhaut*	Retinopathia praema-turorum (ROP), Retino-pathia pigmentosa (RP), Makuladegeneration, Diabetische Retinopathie	Heredität, Entwick-lungsstörung, degenerative Prozesse, Tumore, toxische Schädigungen Unreife der Retina, Blutungen, Ablatio (Netzhautablösung), Degenerative Netzhaut-prozesse, Stoffwechsel-störungen	Visus, Gesichtsfeld, Nachtblindheit, Blendungssensitivität, Kontrastsensitivität, Hell-Dunkel-Adaption, Farbensehen, Auge-Hand-Koordination

Ort der Schädigung	Erkrankungsbeispiele	Ursache	Betroffene Augen bzw. Sehfunktion
Innenräume, Medien des Augapfels: 8/9 Augenkammern 10 Augenlinse 1 Glaskörper	Katarakt, Glaukom	Hereditär, altersbedingte Veränderungen, Stoffwechselstörungen, Kortisonoder Bestrahlungsnebenwirkungen, Gefäßerkrankungen, Fehlbildungen des Kammerwinkels, andere Augenerkrankungen, z. B. ROP, Augenoperationen	Akkommodation, Kontrastsensitivität, Farbensehen, Visus, Blendungssensitivität, Gesichtsfeld
11 Nervus opticus (Atrophien)	Optikusatrophie	Hereditär, Entzündung, Tumore, Traumata, Periventriculäre Leukomalazie (PVL), Hydrozephalus, neuronale Muskelatrophien, Glaukom	Visus, Kontrastsensitivität, Auge-Hand-Koordination, Stereosehen, Gesichtsfeld (monokular od. binokular)
Chiasma		Tumore, Aneurysma, Traumata, Entzündungen (Meningitis)	Gesichtsfeld monokular bzw. ipsilateral, Visus, Kontrastsensitivität oder Gesichtsfeld binokular (typisch: bitemporale Hemianopsie)
Tractus opticus		Embryonale Entwicklungsstörung, Tumore, Durchblutungsstörungen (infolge Sauerstoffmangels), Schädel-Hirn-Traumata, Entzündungen (Meningitis)	Gesichtsfeld binokular (homonyme Hemianopsie), Visus, Kontrastsensitivität
Posteriorische Schädigungen			
Sehstrahlung		Durchblutungsstörungen, Infektionen, Traumata	Gesichtsfeld

Ort der Schädigung	Erkrankungs-beispiele	Ursache	Betroffene Augen- bzw. Sehfunktion
Area striata		Embryonale Entwick-lungsstörungen, Durchblutungsstörungen infolge Sauerstoffman-gels, Entzündungen, Tumore, Folgen von Operationen und invasiven neurologischen und vaskulären Unter-suchungen	Gesichtsfeld (homonyme Hemianopsie), Augenstellung (Suppression = Unter-drückung des schielenden Auges, Amblyopie), Visus, Binokularsehen
Visuell-assoziative Cortexareale Occipito-temporale Areale		Embryonale Entwick-lungsstörung, Gehirn-blutungen, Tumore, Traumata, Entzün-dungen (Enzephalitis), Schädel-Hirn-Traumata	Form- und Farb-wahrnehmung, Objekt- und Gesichterwahr-nehmung, Figur-Grund-wahrnehmung, Bewe-gungswahrnehmung
Occipito-parietale Areale Störungen der Augen- und Blickmotorik Strabismus	Strabismus, Nystagmus (Sakkaden, Folge-bewegungen)	Hereditär, Fusions-schwäche, Refraktions-anomalien, prä-, peri- und postnatale Schädi-gung, Entwicklungs-störung, Enzephalitis, Periventriculäre Leukomalazie (PVL), Tumor, Asphyxie, Visusbeeinträchtigung, motorischer Nystagmus, Hirnschädigungen	Raumwahrnehmung, visuelle Orientierung, visuelle Karte der Augen-bewegungen Binokularsehen, Visus, Lesevermögen

Dennoch hat ein Kind, das zum Beispiel mit dem dritten Le-bensjahr erblindet, unter Sehbedingungen Laufen gelernt, seine Greifmotorik mit Hilfe des Sehens entwickelt, sehr viele weitere Dinge in visuomotorischer Koordination gelernt, ja bereits auch ein Raumkonzept visuell entwickelt und verfügt damit über völ-lig andere Bedingungen als ein Kind, das all diese Fähigkeiten ohne Sehvermögen gelernt hat. Das Fehlen einer den üblichen Meilensteinen folgenden Entwicklung der visuellen Wahrneh-mung ist nicht mit der Beeinträchtigung der Sehleistung eines Menschen zu vergleichen, der bis zu dem Zeitpunkt des Auftre-tens der Schädigung eine ausgebildete visuelle Wahrnehmungs-fähigkeit hatte.

3.4 Diagnosen

Verschiedene Sehschädigungen und ihre Ursachen zu kennen, mit Klassifikationen umgehen zu können, ist ein wichtiges Element innerhalb der Blinden- und Sehbehindertenpädagogik, es basiert auf einer guten und spezifischen Diagnostik. Mit Fragen der Diagnostik wollen wir uns daher zunächst beschäftigen, bevor wir detaillierter nach den möglichen Auswirkungen einzelner Schädigungskomplexe fragen.

Diagnosen beziehen sich auf die Unterscheidungen, die Klassifikationen vorgeben, stellen jedoch primär einen Ursache-Wirkungszusammenhang eines speziellen Problems her.

Begriffsklärung

Diagnose – schon eine etymologische Perspektive zeigt wesentliche Bestandteile des heutigen Bedeutungszusammenhangs auf. Diágnosis (gr.) bedeutet: „unterscheidende Beurteilung, Erkenntnis". Das dem Begriff diágnosis zugrunde liegende Verb gi-gnoskein bedeutet: erkennen, so dass dia-gnostizieren heißt: „durch und durch erkennen". Das Verb steht etymologisch in enger Verbindung zu „können" und dem Substantiv gnomon (Kenner, Beurteiler, Richtschnur), woraus sich später das lateinische Substantiv norma (Richtschnur, Regel) nhd. „Norm" entwickelt hat (nach: Duden Etymologisches Wörterbuch).

Hieraus können wir in einem ersten Schritt folgern:

1. Diagnostik, diagnostizieren hat mit unterscheiden, erkennen zu tun.
2. Der Begriff bedeutet „durch etwas hindurch erkennen" und bedarf daher einer Könnerschaft.
3. Er hängt nicht nur inhaltlich, sondern auch etymologisch mit dem Begriff Richtschnur, Norm zusammen.

Im medizinischen Kontext wird von einer Diagnose gesprochen, wenn die folgenden Bedingungen erfüllt sind:

Medizinische
Diagnose

1. Ein Phänomen muss klassifizierbar sein, d. h. es müssen sich unterscheidbare Einheiten bilden lassen.
2. Das Phänomen oder das identifizierte Symptom sollte als Element eines Ursachengefüges bestimmbar sein.
3. Es muss Verfahrensweisen geben, die das Phänomen als ein einer Untersuchung würdiges herauspräparieren, d. h. eine Untersuchung muss möglich sein.
4. Es muss möglichst die Idee von Veränderung, d. h. die Idee von Therapie geben – d. h. es verbindet sich damit die Idee des weiteren Verlaufs. Diagnosen werden als Voraussetzung therapeutischen Handelns gesehen. Diagnose zielt auf Therapie und steht daher auch zu dieser in einer Beziehung.

Um Abweichungen oder Auffälligkeiten erkennen zu können, benötige ich ein Ordnungssystem, einen Interpretationshintergrund, der es mir erlaubt, eine lineare Beziehung zwischen Anzeichen und Zeichen herzustellen, etwas als etwas zu identifizieren, d. h. das Anzeichen als ein Phänomen zu begreifen, das gewissermaßen zwangsläufig zu dieser oder jener Krankheit, diesem oder jenem Problem wird (Engelhardt/Schipperges 1980, 109ff).

Sonder-
pädagogisch-
psychologische
Diagnose

Ein zweiter Kontext, der mit Diagnosen arbeitet, ist der sonderpädagogisch-psychologische. Auch hier gibt es Vorstellungen von Diagnostik und dem Nutzen und Zweck von Diagnosen. Die sonderpädagogische Diagnostik geht, ähnlich wie die medizinische, von zwei Prämissen aus:

1. Je früher eine Störung festgestellt wird, umso wirkungsvoller kann ihr begegnet werden.
2. Je genauer sie definiert werden kann, umso eindeutiger und zielgerichteter können auch die Fördermaßnahmen geplant und durchgeführt werden (Brack 1986; Trauzettel-Klosinski 1995).

Diagnose und
Behandlung

Dabei scheinen Diagnose und Behandlung bzw. Förderung eine sich gegenseitig bedingende Einheit zu bilden. Die genaue Diagnose bereitet die Entscheidungsgrundlage für die einzuleitenden Fördermaßnahmen. Sie ist das Instrument, um die bestmögliche Handlungsalternative zu identifizieren. Diagnosen werden damit zur notwendigen und unabdingbaren Voraussetzung für pädagogisch-therapeutisches Tun. Umgekehrt wiederum liefert die Idee, durch Behandlung im positiven Sinne verändernd wirken zu können, die Begründung für die Notwendigkeit einer genauen Diagnose. Nur wer weiß, wie es um das Störungsbild eines Kindes bestellt ist, kann effiziente Maßnahmen begründen, kann sie konkret planen und kontrollieren (Klaes/Walthes 1998).

In dieser wechselseitigen Bedingtheit von Diagnostik und Behandlung bzw. Förderung erscheinen Diagnosen als gesicherte Aussagen über die Verfassung, Zustände und Eigenschaften einer Person und schreiben den zur Veränderung eingeleiteten Behandlungen und Maßnahmen die gewünschte Wirksamkeit zu. Diese Realitätsbeschreibung liefert Aussagen über das, was ist, aber möglichst so nicht sein sollte, und über das, was nicht ist, aber möglichst sein sollte.

Die Logik von Diagnose und Behandlung beruht demnach auf drei Annahmen, die allerdings meistens nicht reflektiert werden:

1. Diagnosen bilden die Wirklichkeit des Klienten ab.
2. Es gibt eine bessere Wirklichkeit für den Klienten.
3. Durch entsprechende Einflussnahmen sind gewünschte Wirkungen produzierbar.

In der neueren Diskussion um Diagnosen im psychologischen und pädagogischen Kontext wird in den letzten Jahren eine systemische Perspektive diskutiert, die sich verkürzt folgendermaßen zusammenfassen lässt (Klaes/Walthes 1998):

1. Diagnosen sind Beschreibungen eines Beobachters über das, was er mit Hilfe seiner Brille, d. h. seiner Vorannahmen, seiner Theorien, seines Wissens und seiner Erfahrung beobachtet. Diagnosen sind somit abhängig vom jeweiligen Diagnostiker.
2. Diagnosen bilden Wirklichkeit nicht ab, sondern sie schaffen sie. Diagnosen haben Wirkung, d. h. sie gestalten Wirklichkeit (Klaes/Walthes 1998; Schiepek 1987).

Dell macht den Wirkungsaspekt von Diagnosen an folgendem Beispiel deutlich: „Sagen Sie einem Kaninchen: ‚Du bist krank‘ und warten Sie, was passiert – vermutlich nichts. Wenn Sie aber zu einem anderen Menschen sagen: ‚Dein Kaninchen ist krank‘, wird vermutlich etwas passieren. Am interessantesten ist der Fall, wo ein Mensch zu einem anderen sagt: ‚Du bist krank‘, weil diese Diagnose unweigerlich dazu führt, dass der Betroffene sein Verhalten verändert und dies wiederum ein verändertes Verhalten seines Gegenübers zur Folge hat usw." (1986, 30).

„Heute weiß ich", sagte ein befragter Vater im Rahmen eines Interviews, „wenn man Entwicklung bezweifelt, dann tritt sie auch nicht ein. Wenn man sagt, das wird nichts mehr, dann schafft man es auch, dass es nichts mehr wird" (Walthes/Klaes 1994, 148).

Mit dieser Aussage wird auf die *wirklichkeitskonstruierende Seite der Erwartung* aufmerksam gemacht und beschrieben, was von Goffman „self-fulfilling prophecy" (1975) genannt wurde. Dieser Begriff meint, dass das, was ich prophezeie, sich erfüllen wird, da ich selbst – ohne es absichtlich zu wollen – dafür Sorge trage, dass es so kommt, wie ich es befürchte.

Diagnosen sind nicht nur Sprachregelungen, die mit dem Ziel getroffen werden, Ordnung in die verwirrende Vielfalt der Wahrnehmungen zu bringen. Diagnosen haben für diejenigen, die mit dieser Diagnose leben müssen, Wirkung, vor allem dann, wenn sich mit ihr keine Aussicht auf Heilung verbindet. Mit der Diagnose Blindheit oder Sehbehinderung endet für die Ärzte meist der Interventionsprozess, wenn operative oder medikamentöse Maßnahmen ausgeschöpft sind, da sie an der Schädigung prinzipiell nichts ändern, sondern lediglich Hilfsmittel verordnen können, die das Leben mit dieser Bedingung erleichtern. Eine solche Diagnose ist daher nicht nur für die Betroffenen und deren Angehörige eine schwierige, sondern auch für die diagnostizierenden Ärzte. Dennoch können Diagnosen für alle Beteiligten plausibel und nachvollziehbar sowie hilfreich und nützlich sein, wenn sie die folgenden Bedingungen erfüllen (Klaes/Walthes 1998):

Systemisches Diagnoseverständnis

Self-fulfilling prophecy

1. Diagnosen können und sollen keine generalisierbaren Zustandsbeschreibungen sein, sondern flexible Deutungen, die auf das konkrete Problem in seinem spezifischen Kontext bezogen sind. Sie gestalten als Kommunikationsbeitrag das Problem mit und sind immer wieder neu auf Veränderung und nicht auf gleich bleibende Zustände bezogen. Die Ontologisierungen, die tendenziell in der nicht-systemischen Diagnostik vorherrschen, zeigen sich bereits im Sprachgebrauch. Das Kind ist hyperaktiv, körperbehindert, ist autistisch, verhaltensgestört, ist neurotisch, auffällig etc. Einem systemischen Verständnis zufolge ist das Kind, wie es ist. Und dieses Sein passt zu den Situationen, in denen es sein persönliches Verhalten zeigt. Dies sind nicht nur Formulierungsunterschiede, sondern hier kommen fundamental verschiedene Perspektiven zur Sprache. Hieraus folgt:

2. Diagnosen können und sollen der Komplexität der beobachteten Zusammenhänge gerecht werden. Bronfenbrenner hat in seiner „Ökologie der menschlichen Entwicklung" (1981) sehr eindrücklich deutlich gemacht, wie die Bedingungen von Testsituationen das Verhalten aller Beteiligten verändern und dies oftmals so stark, dass die Beteiligten ein der Testsituation entsprechendes Verhalten zeigen, das mit ihrem sonstigen Verhalten nichts zu tun hat. Die Fähigkeit, sich kontextabhängig zu verhalten, ist eine Fähigkeit, die Kinder in hohem Maße beherrschen. Beispielsweise regen Sehschärfeprüfungen Kinder dazu an, Ehrgeiz beim Erkennen der Sehzeichen zu entwickeln und den Test gut und richtig bestehen zu wollen. Die Anstrengung kann aber geradezu kontraproduktiv wirken, indem die Kinder beispielsweise zu sehr akkomodieren, sich der Nystagmusausschlag verstärkt und die Frustrationserlebnisse bei Nichterkennen Auswirkungen auf das Selbsterleben und Selbstbewusstsein haben können. Man sollte daher nicht das Verhalten in der Prüfungssituation generalisieren und Schlussfolgerungen auf das alltägliche Sehverhalten ziehen.

3. Diagnosen können und sollen von den Beteiligten gemeinsam entwickelt werden. Dies bedeutet nicht mehr und nicht weniger als Verzicht auf hierarchische Strukturen und Definitionsmacht der Professionellen. Stattdessen sind die Klienten Mitbeobachtende und Mitdiagnostizierende, denn sie haben das größte Wissen um ihre Situation, die meiste Erfahrung im Umgang mit sich selbst. Bezogen auf die Frühfördersituation sind dies die Eltern. Professionelle sind aus systemischer Sicht dann nützlich, wenn sie den Betroffenen ermöglichen, tragfähige Sichtweisen auf das Problem zu entwickeln (Anderson/Goolishian 1992).

„Und dann hat man es uns erklären wollen: ‚Jetzt schauen wir das rechte Auge an, dann sehen Sie überhaupt mal, wie ein gesundes Auge aussehen soll.' Und dann stellen sie per Zufall fest, dass eben das rechte Auge auch nicht stimmt – und dann kommen lauter Ärzte, ich glaube zehn sind es bald gewesen, alle mit Titel und es hat keiner was zu mir gesagt – die haben halt in ihrem Ärztelatein geredet und ich bin in der Mitte gehockt mit der Kleinen, habe überhaupt nicht gewusst, was vor sich geht (M 34)." (Walthes/Klaes 1994, 166)

4. Diagnosen können und sollen ressourcenorientiert sein. Diese Forderung basiert auf der Annahme, dass der Blick auf die produktiven Möglichkeiten zu veränderten Wahrnehmungen der Situation führen kann, die wiederum neue Handlungsspielräume eröffnen. Selbstverständlich bedeutet dies nicht, dass zum Beispiel der Blick auf das, was ein blindes Kind kann, dazu führt, dass es nun sehen könnte. Ob ich aber ein Kind unter der Perspektive betrachte, dass es beim Gehen zu 90 % nicht von sich aus und alleine geht, oder ob ich den Blick auf die 10 %ige Ausnahme richte, das macht einen erheblichen Unterschied. Frage ich z. B. nach den Ausnahmen, dann erfahre ich, dass es sich dann mit Sicherheit alleine aufmacht, wenn es irgendwo Musik hört und zu der Musikquelle hinläuft, gleichgültig, wie viele Hindernisse zwischen ihm und der Musikquelle sind. Ob dies zu Hause, bei Freunden oder in einem großen Konzertsaal ist, macht keinen Unterschied. Und genau dies eröffnet neue Fragen, neue Handlungsmöglichkeiten.

5. Diagnosen können und sollen neue Handlungsmöglichkeiten eröffnen, nicht verschließen. Nur dann sind sie nützlich.

– „Machen Sie sich mal nicht zu viel Hoffnungen, da wird nichts draus."
– „Sie müssen sich damit abfinden, Ihr Kind ist geistig behindert."
– „Ihr Kind ist blind, hängen Sie ihm ein Glöckchen an den Laufstall."

Diagnosen solcher Art eröffnen keine Handlungsmöglichkeiten, sie verhindern sie eher.

„Ich habe einmal erlebt – und das habe ich wirklich als sehr positiv erfahren – dass ein Arzt auf ganz andere Art und Weise auf uns eingegangen ist. Er sagte: ‚Es ist ja vielleicht auch spannend, ein Kind zu begleiten, was anders ist in der Entwicklung und was man dafür tun kann.' In dem Moment habe ich zwar auch geschluckt, aber es war wie so ein Auftrieb, und ich dachte, das stimmt eigentlich, man kann sich darauf einlassen.[…] ich habe mich daran immer wieder erinnert und es als sehr hilfreich und gut empfunden, zu spüren, dass er das nicht als eine völlige Katastrophe ansieht, ohne es zu beschönigen, es also realistisch zu nehmen, aber eben auch die positive Seite zu sehen" (Walthes/Klaes 1994, 172).

Diagnostische Verfahren innerhalb der Rehabilitation und Pädagogik bei Sehbehinderung können in *medizinische, augenärztliche* Diagnostik und *funktionale* Diagnostik unterteilt werden.

Augenärztliche Diagnostik

Die augenärztliche (ophthalmologische) Diagnostik bezieht sich im Wesentlichen auf die Feststellung der Art und des Ausmaßes der Sehschädigung sowie auf eine gründliche Untersuchung der so genannten äußeren Augenabschnitte und des Augenhintergrundes, leitet operative Maßnamen ein und bestimmt die Medikamentierung. Sie stellt in der Regel die Sehschärfe (Fern- und Nahvisus) fest, überprüft das Gesichtsfeld, die Augenbeweglichkeit und verordnet entsprechende optische Hilfsmittel. Ophthalmologische Diagnostik ist unverzichtbar und steht meist am Beginn eines rehabilitativen oder pädagogischen Prozesses.

Funktionale Diagnostik

Um jedoch genauer zu überprüfen, wie das Kind in welchen Situationen visuell tätig ist, wird eine so genannte funktionale Diagnostik benötigt. Funktionale Diagnostik ist im Unterschied zur medizinischen Diagnostik prozess- und alltagsorientiert, sie kann verstanden werden als eine kontextuale Diagnostik, die das individuelle Sehvermögen unter den spezifischen Bedingungen überprüft, unter denen es tatsächlich eingesetzt wird. Bei einer funktionalen Diagnostik geht es nicht um die Ermittlung absoluter Werte, es geht nicht darum, was unter optimalen Bedingungen noch gesehen werden kann. Stattdessen geht es vor allem darum, wie das Sehen in den unterschiedlichsten alltäglichen Situationen, d. h. unter optimalen, aber auch unter nicht optimalen Bedingungen eingesetzt werden kann. Ziel ist es, Erkenntnisse für Unterstützungsmaßnahmen und den Einsatz von Hilfsmitteln zu gewinnen.

Schwierigkeiten bei der Diagnose

So kann es vorkommen, dass der Augenarzt die Diagnose Blindheit stellt, obwohl bei der Beobachtung im Alltag visuelle Orientierungs- und Erkennungsleistungen des Kindes festzustellen sind. Dies kann verschiedene Ursachen haben. So bedeutet zunächst die Diagnose Blindheit nicht, dass ein Kind *amaurotisch* blind ist, d. h. *keine Lichtscheinwahrnehmung* hat. Es könnte sein, dass das Kind in der Untersuchungssituation so müde, irritiert oder in einer Verfassung war, die ihm die Mitarbeit bei der Untersuchung erschwerte. Möglich ist auch, dass es auf die üblichen standardisierten Testverfahren nicht reagiert. Es kann sein, dass das Kind bei unterschiedlichen Beleuchtungsverhältnissen je spezifische Sehleistungen zeigt, dass es bei Gegenständen, die ihm bekannt sind, anders reagiert, als bei ihm unbekannten Gegenständen. Es ist denkbar, dass das Kind mit anderen Leistungen, z. B. den Kopf gerade zu halten, so sehr gefordert ist, dass es eine Sehleistung nicht mehr zeigen kann und vieles mehr. Insbesondere bei Kindern mit einer so genannten Mehrfachbehinderung kann es schwierig sein, eine zuverlässige Diagnose zu stellen. Deshalb sollten Säuglinge und Kleinkinder in ihrer vertrauten Umgebung mehrmals beobachtet und diagnostiziert werden.

Hyvärinen schlägt vor, genau zu untersuchen, ob und wie das vorhandene Sehvermögen für Kommunikationssituationen genutzt werden kann, ob Gesichtsausdrücke, Mimik, Lippenbewegungen erkannt werden können, ob und wie das Sehvermögen für die Orientierung eingesetzt werden kann. Dies ist in einem Raum schon dann der Fall, wenn Fenster als helle Flecken erkannt werden oder wenn große Gegenstände und vor allem Bewegungen gesehen werden können. Ist das Sehvermögen ausreichend, um mit üblichem Spielzeug zu spielen, zu kochen, zu schneiden, d. h. kann es für *Aktivitäten des täglichen Lebens* genutzt werden und wenn ja, wie? Für Kinder im Schulalter, Jugendliche, Erwachsene und alte Menschen stellt sich schließlich die Frage, wie das Sehvermögen beschaffen ist, wenn es um *Aufgaben in der Nähe,* um Lesen oder Computerarbeit geht.

Aufgaben der funktionalen Diagnostik

Da die Überprüfung des Sehvermögens überwiegend auf subjektiven Testverfahren basiert und damit auf die aktive Beteiligung und möglichst auch verbale Auskunft der betroffenen Person angewiesen ist, erweist sich die Diagnostik bei Säuglingen, Kleinkindern und nichtsprechenden Menschen als kompliziert und bedarf einer genauen Kenntnis der Reaktionen des Gegenübers und der Situation sowie des Einsatzes verhaltensbasierter Überprüfungsverfahren. Um einen umfassenden Eindruck von den visuellen Fähigkeiten des Kindes zu bekommen, empfiehlt Hyvärinen (2002) Beobachtungen und Untersuchungen unter optimalen und suboptimalen Bedingungen bezüglich der Wachheit, Aufmerksamkeit des Kindes und der Umgebungsbedingungen (z. B. Helligkeit, Beleuchtung).

Vor jeglicher Überprüfung des Sehvermögens sollten die Verfassung des Kindes, seine bevorzugte Kommunikationsweise und vor allem sein visuelles Feld, d. h. der Bereich, in dem das Kind visuelle Informationen nutzen kann, ermittelt werden. Dies ist wichtig, um Anforderungen an das Kind zu vermeiden, die dieses nicht erfüllen kann und die andernfalls zu Frustrationserlebnissen führen können. Wenn eine Gesichtsfeldeinschränkung vorliegt und das Kind Sehangebote immer in diesem Bereich erhält, dann muss es jedes Mal Korrekturbewegungen machen, die mit Anstrengung verbunden sein können, um der Aufgabe gerecht zu werden.

Visuelles Feld

Insgesamt geht es bei dieser alltagsnahen Überprüfung des Sehens darum, die jeweils optimalen Bedingungen für spezifische Anforderungen zu finden, gleichgültig, ob das Anliegen darin besteht, wieder Zeitungstexte lesen zu können oder sich Informationen im räumlichen Umfeld zu beschaffen, ob Computerarbeit im Zentrum der beruflichen Tätigkeit steht oder die Nutzung von Symbolen bei der Unterstützten Kommunikation.

Testverfahren

Tabelle 7 zeigt, welche Sehfunktionen bei einer funktionalen Diagnostik überprüft werden sollten. Hierbei ist darauf zu achten, dass in den relevanten Sehentfernungen, zum Beispiel dem Greifraum oder der Leseentfernung, geprüft wird.

Tab. 7:
Testverfahren zur
Überprüfung der
Sehfunktionen
(Auswahl)

Funktion	Testverfahren
Visus:	Optotypentests für Ferne und Nähe:
– Einzelvisus	Visustafeln mit Zahlen, Buchstaben, Pflügerhaken, Snellenhaken, Landoltringen, LH-Symbolen bzw. Kinderzeichen n. Hyvärinen, Kinderzeichen n. Löhlein, C-Test n. Haase/Hohmann
– Reihenvisus	Kinderzeichen, Zahlen, Buchstaben n. Hyvärinen, Zahlen, Buchstaben, E-Haken (Snellenhaken) C-Test n. Haase/Hohmann, Bailey-Test, HVT-Test, H-Test n. Haase/Hohmann, Lithander-Test, LH-Symbole n. Hyvärinen in Textstruktur, Text n. Nieden oder Text n. Birkhäuser
Gittersehschärfe	Teller-Acuity-Cards (TAC), Preferential Looking Test n. Berkeley, Cardiff-Test, Lea Gratings (Paddles n. Hyvärinen)
Visusäquivalent	Punkteerkennungstest (PET) n. Zwick-Fertig, Objekterkennung (mittels selbstgewählten Objekten unterschiedlicher Farbe u. Größe)
Vergrößerungs-bedarf	SZB-Tests zum Messen des Vergrößerungsbedarfs, Zeiss-Nahsehproben, Zeiss-Binokulare Leseproben
Kontrast-empfindlichkeit	SZB-Low-Contrast Sensitivity Test (n. Buser), Kontrast-Empfindlichkeits-Test, Low Contrast Test n. Hyvärinen (mit LH-Kinderzeichen), Hiding Heidi n. Hyvärinen
Hell-Dunkel-Adaptation	Cone-Adaptation-Test n. Hyvärinen
Farbensehen	Farnsworth-Test, Jumbo-15-D-Farbsinntest Quantitative Color Vision Test Panel 16 n. Hyvärinen, Farbtafeln n. Ishihara
Binokularsehen	
– Simultansehen	Lichtschweiftest n. Bagolini
– Fusion	Worth-Test
– Stereosehen	Lang-Stereo-Test, Titmus-Stereo-Test, TNO-Test

Funktion	Testverfahren
Bildanalyse	
– Raum-Lage-Verständnis	PV-Mailbox n. Hyvärinen
– Gesichter Erkennen	Heidi Expressions Test n. Hyvärinen
– Größenunterschiede	PV-Rechtecke n. Hyvärinen
Gesichtsfeld	
– Kinetische Perimetrie	Halbkugelperimeter, z. B. n. Goldmann, Nef-Perimeter (funktionelles Gesichtsfeld)
– Statische Perimetrie	Computergesteuerte Perimeter, z. B. Humphrey, Oculus, Rodenstock
– Konfrontationstests	Fingerbewegungskonfrontationstest, Vice Versa Perimeter, Nef-Trichter
– Kampimetrie	Bjerrum-Schirm, Damato Kampimetrie

3.5 Sehschädigungen und visuelle Wahrnehmungsstörungen

In diesem Kapitel sollen einige der bekanntesten und häufigsten Sehschädigungen und Störungen der visuellen Wahrnehmung vorgestellt werden. Die Balance zwischen einer Einführung in pädagogische Fragestellungen, einer Pädagogik bei Blindheit und Sehbehinderung und ophthalmologischem Grundwissen ist schwer auszuloten, da für ein Verständnis einzelner Schädigungen biologisches Basiswissen über den Aufbau des Auges und Sehsystems, grundlegende Kenntnisse über Optik und Lichtbrechung und neurobiologisches Basiswissen über neuronale Prozesse erforderlich sind. Auf dieses Basiswissen kann hier nicht eingegangen werden. Zur Lektüre werden folgende Beiträge empfohlen:

Hyvärinen, L. (2002 a): Assessment of Low Vision for Educational Purposes and Early Intervention (Part I–III) (http://www.lea-test.fi/en/assessme/educearl/index.html)

Krieglstein, G., Jonescu-Cuypers, Ch. (1999): Atlas der Augenheilkunde. Berlin: Springer

Küchle, H. J., Busse, H., Küchle, M. (1998): Taschenbuch der Augenheilkunde. 4. Aufl. Bern u. a.: Hans Huber

Reim, M. (1989): Augenheilkunde. 2. Aufl. Stuttgart: Enke

Zihl, J., Priglinger, S. (2002): Sehstörungen bei Kindern. Diagnostik und Frühförderung. Wien, New York: Springer

3.5.1 Schädigungen des Auges

Im Folgenden können nur einige der vielfältigen Schädigungen kurz benannt und beschrieben werden. Die Kenntnis möglicher Schädigungen, ihrer Ursachen und der damit möglicherweise einhergehenden Probleme ist wichtig, auch wenn jeder Mensch sich mit der Bedingung, die seine Sehschädigung darstellt, anders auseinander setzt und damit anders umgehen wird. Okulare Schädigungen waren bis etwa 1980 die vorherrschenden Sehschädigungen in den Industrienationen, und sie sind es heute noch, weltweit betrachtet.

Katarakt
Katarakte (Grauer Star) stellen mit insgesamt etwa 30 % weltweit die größte Gruppe der Erblindungsursachen vor allem in den afrikanischen und asiatischen Ländern dar (Kap. 3.7). Die Ursachen für diese Linsentrübung sind vielfältig, neben den hereditären herrschen in den Industrienationen altersbedingte Katarakte und in den afrikanischen und asiatischen Ländern ernährungs- und stoffwechselbedingte Katarakte vor. Da Katarakte operativ gut zu behandeln sind, liegt es vor allem an der mangelnden medizinischen Versorgung, dass weltweit 13,8 Mio. Menschen auf Grund dieser Augenkrankheit erblinden (Tielsch 2000).

Glaukom
Das Glaukom (Grüner Star) ist ebenfalls ein häufig auftretendes Krankheitsbild. Infolge von Fehlbildungen des Kammerwinkels und der Kammerwasserzirkulation erhöht sich der Augeninnendruck, der üblicherweise zwischen 15 und 18 mm hg liegt. Hornhautschädigungen und Schädigungen der Papille sind mögliche Folgen. Glaukome können sich auch in der Folge von anderen Augenerkrankungen oder Augenoperationen entwickeln. Das Problem besteht darin, dass – sofern nicht ein sehr schmerzhafter Glaukomanfall vorliegt – die Erhöhung des Augeninnendrucks oft erst dann bemerkt wird, wenn Schädigungen bereits eingesetzt haben.

Netzhauterkrankungen, so genannte *Retinopathien,* sind eine weitere Gruppe der Schädigungen des Auges. Hier gibt es einige sehr typische Schädigungsgruppen: a) die Frühgeborenenretinopathien (Retinopathia praematurorum), b) Makulopathien und c) Retinopathia Pigmentosa.

a) Retinopathia praematurorum
Hier liegt eine Veränderung der Netzhaut durch Gefäßproliferationen mit Narbenbildung vor und daher Skotomen auf der Netzhaut, die bis zur vollständigen Ablösung der Netzhaut führen können. Als Ursachen werden vor allem zu hohe Sauerstoffgaben diskutiert, ferner aber auch der Einfluss von Licht auf das noch unentwickelte Auge und die Auswirkungen von lebensnotwendigen Medikamenten. Die Retinopathia praematurorum wird in fünf Stadien unterteilt:

Stadium 1: eine deutliche Demarkationslinie zwischen durchbluteten und nichtdurchbluteten Bereichen der Netzhaut (bildet sich meist zurück);
Stadium 2: statt einer Linie bildet sich eine Leiste (ebenfalls Rückbildung);
Stadium 3: trübende Gefäßneubildungen in den Glaskörper;
Stadium 4: nachgeburtliche Gewebestrukturen führen zur Ablösung der Netzhaut;
Stadium 5: totale Netzhautablösung und weitgehende Eintrübung des Glaskörpers, Gefahr der Entwicklung eines Sekundärglaukoms (Gruber/Hammer 2000).

Stadium 3 und 4 haben Seheinschränkungen zur Folge, Stadium 5 bedeutet Blindheit.

In der Makula ist die Sehzellendichte am größten. Der größte Anteil der Zellen (Zapfen) für helles Licht und Farben ist dort ebenfalls vorhanden. Daher betreffen Schädigungen der Makula das zentrale Sehen und führen zu Einschränkungen beim Lesen und Farbensehen.

b) Makulopathie

Am häufigsten sind Formen der altersbedingten Makuladegeneration zu finden. Es gibt jedoch auch Formen der Makuladegeneration im Kindesalter (Stagardtsche Erkrankung, Zapfendystrophie), die alle zur Einschränkung des Farbensehens, zu Visuseinschränkungen, dem Verlust von Kontrastsensitivität und zur Erhöhung der Blendungsempfindlichkeit führen.

c) Retinopathia pigmentosa

Dies ist eine degenerative Erkrankung der Retina, genauer des Pigmentepithels, deren Ursache noch nicht vollständig erforscht ist. Die Degeneration der Netzhaut beginnt im Unterschied zur Makuladegeneration in der Peripherie und schreitet in unterschiedlichem Tempo bis zur Netzhautmitte fort. Hierdurch entsteht ein immer enger werdendes Gesichtsfeld, in dem schließ-

Abb. 21:
Blick auf den
Augenhintergrund

lich nur noch ein winziger Bereich in der Netzhautmitte funktionsfähig bleibt. Diese Degeneration erfolgt schubweise, führt häufig zur funktionalen Blindheit und selten zur vollständigen (amaurotischen) Erblindung.

3.5.2 Komplexe Schädigungen

Sehschädigungen sind in hohem Maße an komplexen Schädigungen beteiligt, die auf einer Schädigung des Gehirns basieren. Insbesondere bei Zerebralparesen, Spina bifida und einer Vielzahl von genetisch bedingten Schädigungen kann das Sehvermögen betroffen sein. Im Folgenden können daher nur einige wenige Schädigungen beschrieben werden.

3.5.2.1 Zerebrale Sehschädigungen

CVI

Von zerebralen Sehschädigungen (im folgenden CVI = Cerebral Visual Impairment genannt) wird dann gesprochen, wenn eine vorliegende Sehbeeinträchtigung nicht Folge einer okularen Schädigung ist. Die von den Menschen mit CVI gezeigten Symptome wurden früher *Seelenblindheit* – weil sie auch durch traumatische psychische Situationen ausgelöst werden kann – oder, wenn man den Ort der Schädigung im Kortex vermutete, *Rindenblindheit* (kortikale Sehschädigung) genannt und etwas undifferenziert mit einer zerebralen Verarbeitungsstörung erklärt. Heute stellen zerebrale Sehschädigungen mit 20,6 % (Ferell 2000, 120) die größte Gruppe der Sehschädigungen im Kindesalter dar (Zihl/Priglinger 2001). Wenngleich es noch keine ausreichenden Forschungen über CVI im Kindesalter gibt, so weiß man heute doch, dass sehr viele unterschiedliche Formen existieren. Die Störungen können Auswirkungen auf das Gesichtsfeld, den Visus und das Farb- und Kontrastsehvermögen haben und damit den okularen Schädigungen ähneln. Sie können aber auch Raumwahrnehmung, Bewegungswahrnehmung, Blickmotorik, Form-, Objekt- und Gesichterwahrnehmung betreffen oder auch eine Einengung des visuellen Aufmerksamkeitsfeldes zur Folge haben und werden daher oftmals irrtümlicherweise als ausschließlich kognitive Einschränkung interpretiert. Selbst wenn eine Diagnostik über Magnetresonanz (MRI) oder Positronen-Emissions-Tomographie (PET) Schädigungen in bestimmten kortikalen Regionen zeigt, müssen Verhaltensbeobachtungen hinzugezogen werden, um die funktionellen Beeinträchtigungen herauszufinden.

Okulare und zerebrale Schädigungen

Die Ergebnisse der bisherigen Forschungen zu CVI im Kindesalter im Unterschied zu Verhaltensweisen bei okularen Schädigungen sind in Tabelle 8 dargestellt.

Es wird deutlich, dass es Ähnlichkeiten im Verhalten gibt, wie zum Beispiel das nahe Betrachten von Gegenständen. Dieses Verhalten hat jedoch verschiedene Gründe. Dient es bei okularen Sehschädigungen dazu, die Dinge größer zu sehen, indem ich sie nahe herannehme, so hat die gleiche Handlung bei CVI offensichtlich den Effekt, andere visuelle Informationen auszublenden.

Blindsight ist ein sehr spezifisches Phänomen bei Menschen mit zerebralen Sehschädigungen. Sie verhalten sich so, dass Außenstehende davon ausgehen müssen, dass sie sehen, indem sie sich zum Beispiel sicher durch einen Raum bewegen, nicht anstoßen und Hindernisse zielgerichtet umgehen. Dieses Phänomen wird heute mit der Existenz eines evolutionär älteren, zweiten Sehsystems erklärt. Dieses Sehsystem ist vor allem in der Lage, Bewegungen und Lokalisationen durchzuführen, verfügt jedoch über keine Bildanalyse und ist nicht bewusstseinsfähig (Weiskrantz 1986). Kinder greifen, wenn sie aufgefordert werden zu schauen, auf taktile Erkundungsstrategien zurück. Erwachsene behaupten, dass sie nichts sehen. Beiden Gruppen scheint nicht bewusst zu sein, dass sie sehen.

Blindsight

Walthes, R. (2005): Kinder mit zerebralen Sehschädigungen – eine Herausforderung an die Disziplinarität der Sonderpädagogik? In: Vierteljahresschrift für Heilpädagogik und ihre Nachbargebiete, 74/3, 207–217

3.5.2.2 Sehschädigung als Teil einer komplexen Schädigung

Schädigungen des Zentralnervensystems können neben visuellen auch Beeinträchtigungen motorischer, sprachlicher oder kognitiver Funktionen zur Folge haben. Die Ursachen dieser Mehrfachschädigungen unter Beteiligung des Sehsystems sind häufig perinatale Hirnschädigungen.

Obwohl verschiedene Untersuchungsergebnisse zeigen, dass Sehfunktionsstörungen bei etwa 80 % der Betroffenen nach perinatalen Hirnschädigungen auftreten (Fedrizzi et al. 1996; Zihl/Priglinger 2001), wird das Sehen häufig vernachlässigt. Die motorischen und kognitiven Probleme der Kinder erscheinen Ärztinnen, Psychologen, Therapeutinnen und Lehrern so gravierend, dass sich die Frage einer Sehüberprüfung zunächst einmal nicht stellt. Dies hat jedoch gravierende Folgen, da der kognitiven (Nicht-) Leistungsfähigkeit zugeschrieben wird, was ein visuelles Problem ist.

Vernachlässigung einer Diagnostik des Sehens

Bei Störungen der Motorik mag das Kind nicht in der Lage sein zu zeigen, über welche visuellen Wahrnehmungsstrategien es verfügt, da es zum Beispiel seine Greifbewegung nicht steuern

Tab. 8:
Unterschiedliche
Verhaltensweisen
bei CVI und bei
okularen Seh-
schädigungen
(Jan et al.1993;
Hyvärinen 2000;
Niedernolte 2002)

Verhaltensweise	Kinder mit CVI	Kinder mit okularen Sehschädigungen
Augendrücken	Sehr selten	Häufig
Light gazing (mit Lichtstarren zu eng übersetzt)	Ausgesprochen häufig	Nicht, ausgenommen Rubella Syndrom
Flickering fingers (Finger schnell vor den Augen hin und her bewegen)	Tritt auf	Tritt auf bei vorhandener Hell-Dunkel-Wahrnehmung
Photophobien (Blendungs-empfindlichkeit)	Bei 30 % der Kinder	Abhängig von der Sehschädigung
Farbwahrnehmung	Leuchtende Farben werden bevorzugt, insbes. gelb und rot	unterschiedl., oftmals Bevorzugung von Schwarz-weiß-Kontrasten
Objektwahrnehmung	Schwierigkeiten, Objekte (v. a. Formen) visuell zu identifizieren	Abhängig von der Art der Sehschädigung
Visuelle Aufmerksamkeit	Sehr kurz, schneller Wechsel der Aufmerksamkeit	Im Prinzip nicht eingeschränkt
Overlooking (Peripheres Sehen)	Häufig (auch bei Prosopagnosie)	Abhängig vom Gesichtsfeld und bei exzentrischer Fixation
Koordination von Sehen und Greifen	75 % der Kinder zeigen Schwierigkeiten	Prinzipiell keine Schwierigkeiten
Wahrnehmung von Bewegung	Gelingt gut, v. a. wenn die Kinder selbst in Bewegung sind	Abhängig von der Sehschädigung, bereitet eher Schwierigkeiten
Visuelles Verfolgen	Bereitet Schwierigkeiten	Abhängig von der Sehschädigung
Fortbewegung im Raum	Erstaunlich gut, kein Anstoßen an Gegenstände	Abhängig von der Sehschädigung
Nahes Betrachten von Gegenständen	Ja, crowding effect	Ja, um Vergrößerung zu erzielen
Identifikation von Objekten	Erfolgt häufig taktil	Falls visuell möglich, visuell
Identifikation von Gesichtern	Bereitet Schwierigkeiten	Abhängig von Sehschädigung

kann. Bei kognitiven Beeinträchtigungen erscheinen beispielsweise die Aufmerksamkeitsleistungen als gering, ohne dass erkannt wird, dass das Kind ein visuelles Problem hat. Einer hollän-
dischen Studie zufolge haben Kinder mit schweren kognitiven Beeinträchtigungen (geistiger Behinderung) zu mindestens 30 %
auch ein Sehproblem (Havemann et al. 1994). In Deutschland
fehlen entsprechende Untersuchungen.

Viele genetisch bedingte Syndromformen können mit einer
Beeinträchtigung des Sehens einhergehen (Trisomie 21, Spina
bifida, CHARGE, Usher …). Sehr häufig wird von schwerster
Behinderung oder Schwerstbehinderung gesprochen, wenn eine
erhebliche Sehbeeinträchtigung oder Blindheit Bestandteil einer
komplexen Schädigung ist (Fornefeld 2002, 15). Komplexe
Schädigungen haben in den letzten 30 Jahren erheblich zugenommen und betreffen nach Schätzungen verschiedener Fachleute heute etwa 60–70 % aller Kinder mit einer Sehschädigung
(Rath 2002).

3.5.2.3 Sehschädigung und chronische oder progrediente Erkrankungen

Beeinträchtigungen und Schädigungen der visuellen Wahrnehmung können bei einer großen Zahl weiterer Krankheiten wie Diabetes, Multiple Sklerose, Aids, Demenz, Neurotoxi-
kosen, Infektionen oder neuronalen Muskeldystrophien entstehen.

Eine besonders schwere und mit einem frühen Tod verbun-   NCL
dene progrediente Erkrankung ist die juvenile neuronale Ceroidlipofuszinose (NCL), eine Stoffwechselerkrankung, die autoso-
mal-rezessiv vererbt wird. Ceroidlipofuszin wird bei dieser Stoff-
wechselkrankheit nicht abgebaut und führt zur Zerstörung der
Zellkerne im ZNS. Dies hat neurologische, visuelle und psychische Störungen zur Folge und führt im Verlauf zu einem Verlust
der Fähigkeiten des Sehens, des Sprechens sowie der aktiven Bewegung und zu einer fortschreitenden Demenz (Kohlschütter,
2001). Neuronale Ceroidlipofuszinosen zählen zu den häufigsten
neurodegenerativen Erkrankungen im Kindesalter, sind aber insgesamt sehr selten (ca. 1,3:100 000 Geburten). Dennoch zeigt
sich ein häufigeres Auftreten in den skandinavischen Ländern,
ohne dass es hierfür eine Erklärung gibt (Christen/Handefeld
1994, 212).

Schlegel, H. (Hrsg.) (2001): NCL. Zur Lebenssituation von blinden Kindern und
    Heranwachsenden mit einer unheilbaren Abbauerkrankung. Beitrag aus
    Pädagogik, Therapie und Medizin. Hannover: VzFB

3.5.3 Hörsehschädigung

Hörsehschädigung kann durch etwa 70 verschiedene Ursachen (darunter z. B. Röteln oder Hirnschädigungen) entstehen, davon werden etwa 50 Syndrome genannt (Mar 1992). Die bekanntesten sind Usher-, Goldenhar-, Hurler- und Charge Syndrom. Nur etwa 6 % der Menschen mit Hörsehschädigung sind taubblind.

Diagnostik Hörsehschädigung

Bei Hörsehschädigung besteht eine große Herausforderung in einer differenzierten Diagnostik insbesondere im Säuglings- und Kleinkindalter. Blinde Kinder können über akustische und lautliche Handlungen zeigen, ob etwas bedeutsam für sie ist oder nicht, hörgeschädigte Kinder über visuelle Aufmerksamkeit und Handlungen. Bei hörsehgeschädigten Kindern besteht die Aufgabe zunächst einmal darin, die Kommunikation so zu gestalten, dass Beobachter verlässliche Zeichen beobachten können. Die basale Kommunikation zwischen Kind und Mutter oder Kind und Eltern ist im körpernahen Dialog gegeben, das Kind kommuniziert auf die ihm mögliche Weise, das Problem besteht darin, die Zeichen des Kindes zu verstehen und an diese anzuknüpfen (Pease 2000). Um bei Hörsehschädigung herauszufinden, ob Seh- oder Hörvermögen vorhanden ist, bedarf es einerseits der medizinischen Diagnostik, andererseits einer genauen Beobachtung der körpernahen Kommunikation und des kindlichen Verhaltens. Erst dann wird es möglich sein, gemeinsam mit dem Kind Situationen zu gestalten, die eine funktionale Diagnostik ermöglichen. Bei Schülerinnen und Schülern sowie Erwachsenen mit einer Hörsehschädigung sollten die bevorzugten Dolmetscher bei allen diagnostischen Prozessen anwesend sein.

Die Herausforderungen bei einer Diagnostik für Menschen mit einer Hörsehschädigung sind hervorragend dargestellt bei

Hyvärinen, L: (2002 b): Communication. Assessment of Vision of Deaf-Blind Persons

3.6 Sehschädigungen und ihre Bedeutung für Aktivitäten und Partizipation

Bedeutung von Umweltfaktoren

Welche Auswirkungen eine Sehschädigung auf die jeweiligen Aktivitäten einer Person hat, ist eine komplexe Frage, die keinesfalls auf die Art der Schädigung reduziert werden kann. Vielmehr spielen hier Umweltfaktoren, zu denen die soziale und materiale Umwelt, aber auch deren Einstellungen und Vorurteile gehören, eine große Rolle. Menschen mit identischer Schädigungsbeschreibung und gleichem Zeitpunkt des Auftretens der Schädigung können ein völlig unterschiedliches Verhalten zeigen, und zwar nicht nur emotional und sozial, sondern auch visuell oder motorisch. Es liegt auf der Hand, dass sich bei Sehschädigung von Geburt an spezifische Aufgaben für die Unterstützung der kindlichen Entwicklung ergeben. So benötigt ein Mensch mit einem Zentralskotom neue Lesestrategien, die funktionsfähige Netzhautbereiche einbeziehen (Trauzettel-Klosinski/Tornow 1996). Wird diese Unterstützung jedoch angeboten und erhalten die Personen die Chance einer ihrer individuellen Strategie angemessenen Umweltgestaltung, dann müssen keine gravierenden Aktivitätseinschränkungen entstehen.

Die Einschränkungen gehen sehr oft von mangelndem Verständnis und geringem Vorstellungsvermögen der Umwelt aus. So ist es für Sehende, denen ihre visuellen Konstruktionen selbst nicht bewusst sind, die aber gleichwohl den größten Teil der zur Verfügung stehenden Information ausmachen, unvorstellbar, wie eine Wahrnehmung, eine Auseinandersetzung mit der Umwelt mit einem völlig anderen Sehvermögen oder gar ohne dieses erfolgen kann.

Mangelndes Verständnis bei Sehenden

Die Notwendigkeit, sich die visuell strukturierte Welt über Bewegung, Akustik, Taktilität und andere Sinne anzueignen, erfordert andere Strategien, die von Sehenden häufig nicht verstanden werden. „Sichtbarkeit und Auffälligkeit der Blindheit führen dazu, dass Außenstehende blinde Menschen als total durch ihre Blindheit bestimmt erleben" (Rath 1999, 107). Dies gilt gleichermaßen auch für Sehbehinderung, sofern diese sichtbar ist. So sind es letztlich weniger die Möglichkeiten, die blinden oder sehbehinderten Menschen zur Verfügung stehen, die zu Einschränkungen der Aktivitäten führen, als vielmehr die Tatsache, dass diese Möglichkeiten durch die sehende Umwelt keine Resonanz erfahren und sich daher nicht entwickeln können. Die vielfältigen Leistungen, die einzelne blinde oder sehbehinderte Menschen in den verschiedensten Gebieten entwickelt haben, sind ein Beleg für diese These und nicht allein der besonderen Intelligenz oder der besonderen Genialität der jeweiligen Person zuzuschreiben. Möglichkeiten und Grenzen der Entfaltung der individuellen Fähigkeiten basieren immer auf dem *Individuum-Umwelt-Bezug*. Wenn daher im Folgenden besondere Bedingungen im Zusammenhang mit kindlicher Entwicklung, mit anderen Schädigungen, bei erworbener Sehschädigung, bei Sehverlust im Alter beschrieben werden, so sollte hierbei immer diese Relation – das, was die Umwelt an geeigneten Angeboten zur Verfügung stellt und das, was Individuen nutzen können – im Gedächtnis behalten werden.

3.6.1 Sehschädigung und kindliche Entwicklung

Entwicklungsdaten und -normen basieren auf den Untersuchungen und Beobachtungen von sehenden, so genannten normal entwickelten Kindern. In den folgenden Bereichen werden in der Literatur Auswirkungen von Sehschädigung auf die kindliche Entwicklung beschrieben: motorische Entwicklung, Objekt- und Raumwahrnehmung, kognitive Entwicklung, Sprachentwicklung, sozial-emotionale Entwicklung, Entwicklung des Verhaltens (Beelmann/Hecker 1998).

„Besonderheiten"   **Blindheit und kindliche Entwicklung:** Auf Besonderheiten in der Entwicklung von blinden Kindern wurde immer wieder aufmerksam gemacht. Die Tatsache, dass viele blinde Kinder das Krabbeln nicht als Vorstufe der Aufrichtung und des Gehenlernens nutzen, dass sie die Rückenlage bevorzugen, dass sie schwerer zu motivieren sind sich fortzubewegen, dass sie Bedeutungen von Worten nicht oder anders verstehen, dass sie eine egozentrische Position länger halten, dass sie spezifische Verhaltensweisen entwickeln, wurde berichtet, schon bevor kleinere Studien zur Entwicklung blinder Kinder durchgeführt wurden. Leider gibt es nur sehr wenige Studien zur Entwicklung blinder und noch geringere Erkenntnisse zur Entwicklung von Kindern mit einer Sehbehinderung.

Ältere Studien   Die meisten dieser Studien wurden in den sechziger und siebziger Jahren durchgeführt (Adelson/Fraiberg 1974; Norris et al. 1957; Hatwell 1985) und verfolgen zum Teil Fragestellungen, die heute nur noch wenig relevant sind, weil sie z. B. auf dem Verhältnis von Entwicklungsstand und chronologischem Alter beruhen. So kommen diese Studien überwiegend zu dem Ergebnis, dass die Entwicklung blinder Kinder ohne zusätzliche Behinderungen zwar verzögert stattfindet, aber doch mit der sehender Kinder vergleichbar sei. Die Problematik dieser Studien liegt in der ausgesprochen kleinen Zahl der untersuchten Kinder und in ihrer Auffassung über die Rolle von Blindheit oder Sehbehinderung für die Auseinandersetzung mit der Umwelt.

Cutsforth kennzeichnet diese Perspektive als eine mechanistische, weil sie den Menschen als ein triviales System begreift und seine Selbstorganisationsfähigkeiten unterschätzt:

"Teachers, through an erroneous psychological concept, are compelled to regard the blind pupil as the equivalent of a seeing pupil except that he does not see. They conceive of the child as structurally incomplete, like an automobile engine with one cylinder missing. Therefore education must not only be education, but must also be a remedial therapy that will supply the missing power and also make the car sound as if it were really hitting in all six cylinders. It occurs to but few that a blind child is a complete mental and physical whole, organized to function perfectly upon his level of sensory equipment." (1951, 50)

Neuere Studien orientieren sich an der Kompetenzentwicklung von Kindern mit einer Sehschädigung und den unterschiedlichen Entwicklungsaufgaben, womit die Individuum-Umwelt-Beziehung und die Abhängigkeit der kindlichen Entwicklung von den Umweltgegebenheiten und -anforderungen stärker in den Mittelpunkt rücken (Ferell 2000, 122; Warren 2000, 326). Eine methodisch sehr gründlich aufbereitete Studie und zugleich eine der wenigen jüngeren Datums ist die Bielefelder Studie zur Entwicklung blinder Kinder.

Neuere Studien

Brambring und Tröster (1994) ist es gelungen, blindheitsspezifische von blindheitsunspezifischen Aufgaben hinsichtlich der Überprüfung der motorischen Entwicklung zu trennen und auf diese Weise zu verhindern, dass die gewählten Aufgaben bei sehenden Kindern anderes überprüfen als bei blinden Kindern. Die Ergebnisse ihrer Untersuchung bestätigen im Wesentlichen die bisherigen Erkenntnisse über die motorische Entwicklung blinder Kinder, die im statomotorischen Bereich geringe, in der Lokomotion deutlichere Unterschiede in der Entwicklung feststellen (Tröster/Brambring 1992). Interpretiert werden diese unterschiedlichen Entwicklungsverläufe nicht mit einer generellen Verzögerung der muskulären oder neuromuskulären Entwicklung bei einer Sehschädigung, sondern mit einem Mangel an Gelegenheiten für die Fortbewegung (Adelson/Fraiberg 1974; Warren 1994). Als großes Problem wird in der Literatur die Erschließung des Raumes jenseits des Greifraumes gesehen (Tröster et al. 1994; Millar 1994). Da sich die akustische Lokalisationsfähigkeit später entwickelt als die visuelle, können akustische Signale nicht die Funktion optischer Signale ersetzen (Ashmead et al. 1987).

Motorische Entwicklung

Wenn ein sehendes Kind das farbige Lieblingsspielzeug auf drei Meter Entfernung erkennt und dies als Aufforderung nimmt, sich dorthin zu bewegen, ist es einem blinden Kind im gleichen Zeitraum nicht möglich, das Geräusch seines Lieblingsspielzeugs zu lokalisieren und es als Aufforderung zur Fortbewegung zu nutzen, auch wenn es über ähnliche motorische Fähigkeiten verfügt.

Heutige Erkenntnisse zur motorischen Entwicklung betonen die Differenzen gegenüber der Annahme einer homogenen Entwicklung und gehen von einer großen Bandbreite als Spektrum normaler Entwicklung aus (Michaelis 2000; Touwen 1993). Daher kann man auch hinsichtlich der Gruppe blinder und sehbehinderter Kinder davon ausgehen, dass weder die motorische noch die sprachliche noch die sozial-emotionale oder kognitive

Breites Spektrum kindlicher Entwicklung

Entwicklung beim Vorliegen einer Sehschädigung sehr gravierende Probleme darstellen, wenn entsprechende Umweltbedingungen gegeben sind (Warren 2000). Ferell weist zu Recht darauf hin, dass man Vergleichsstudien von sehenden und sehgeschädigten Kindern überdenken sollte, da die Entwicklungsverläufe auch innerhalb der einzelnen Entwicklungsbereiche in ihrer Struktur verschieden seien. Ihre umfangreiche, auf 202 Kinder mit einer Sehschädigung bezogene Längsschnittstudie zeichnet ein sehr differenziertes Bild der Entwicklung mit einer unterschiedlichen Reihenfolge des Erwerbs einzelner Kompetenzen (Ferell 1998).

Flexibilität des Gehirns

Wenn man bedenkt, dass sich die Entwicklung des Sehens im ersten Lebensjahr unglaublich rapide vollzieht und daher auch einen großen Teil der neuronalen Aktivität beansprucht, kann man gut nachvollziehen, dass das Gehirn sich aufgrund seiner Autopoiese andere Aufgaben sucht, wenn Sehen sich nicht entwickeln kann. Dies bestätigen Vergleichsuntersuchungen zum Lesen bei sehenden und geburtsblinden Menschen.

Der Versuch sah folgendermaßen aus: Die Gehirnaktivität von geburtsblinden Menschen beim Lesen bzw. Tasten der Punktschrift wurde mit der Gehirnaktivität von sehenden Menschen beim Lesen von Schwarzschrifttext und mit der Gehirnaktivität von sehenden Menschen beim Lesen von Punktschrift mit den Händen verglichen. Der letzten Gruppe wurde für diesen Versuch die Augen verbunden. Bei den Gruppen zwei und drei fand man heraus, dass unterschiedliche Areale aktiviert waren: bei den Schwarzschrift Lesenden waren Areale im visuellen Kortex aktiviert, bei den Sehenden, die sich mit Punktschrift versuchten, Areale, die der Taktilität zuzuschreiben sind. Die Ergebnisse der Gruppe der geburtsblinden Menschen war überraschend: die Gehirnaktivität zeigte dieselben Muster wie die der Sehenden beim Lesen der Schwarzschrift. Offensichtlich wurde der visuelle Kortex bei Blindheit anders genutzt (Sadato et al. 1996).

Sprache

Blindheit scheint die Sprachentwicklung weniger stark zu modifizieren als zum Beispiel die motorische Entwicklung. Vorsprachliche Lautproduktion, Sprechbeginn, lexikalische Entwicklung, Bedeutungserwerb, Gebrauch von Personalpronomen und räumlich-deiktische Bezeichnungen entwickeln sich den neueren Untersuchungen zufolge zwar anders, aber in sich stimmig, den Bedingungen des Blindseins entsprechend.

"We argue strongly that we need to reconsider the widely held belief that blind children's early language and communicative skills are deficient relative to those of sighted children. We propose that blind children's behaviours that have traditionally been viewed as 'maladaptive' may in reality provide the blind child with alternative pathways and strategies for language and communication. In this sense, future research needs to continue to consider blind children's development in its own right, needs to continue to emphasize the functional significance of particular behaviours in blind children, and needs to continue to document and examine the positive role language plays as a cognitive and social tool in the development of blind children." (Pérez-Pereira/Conti-Ramsden 1999, 150)

Sehbehinderung und Entwicklung: Das Wissen um die frühe Entwicklung des Sehens bedeutet, dass das Vorliegen einer Sehbehinderung möglichst früh erkannt werden sollte, um dem Kind entsprechende visuelle Angebote machen zu können (Carlson/Hyvärinen 1986; Carlson/Hyvärinen 1983). Da sich Sehen nur als ein subjektiver Prozess verstehen lässt, ist es nicht leicht, die Sehentwicklung zu untersuchen. Die Beschreibungen der Sehentwicklung in den ersten Lebensjahren sind daher Mischungen aus neurologischen Untersuchungsergebnissen, Ergebnissen der Pathologie und Verhaltensbeobachtungen (z. B. Analyse der Augenbewegungen) (Tabelle 9).

Sehentwicklung

Viele grundlegende Entwicklungsschritte durchläuft das visuelle System erst nach der Geburt. Die Erkenntnis, dass die visuelle Erfahrung die Vernetzung und Verschaltung der Sehbahnen steuert – eine Entdeckung der mit dem Nobelpreis ausgezeichneten Neurologen Hubel und Wiesel – ist eine der wichtigsten Erkenntnisse der letzten dreißig Jahre und hat die Erforschung des visuellen Systems und der Sehentwicklung nachhaltig beeinflusst (Hubel 1983). Hubel und Wiesel ist ebenfalls die Erkenntnis zu verdanken, dass das Gehirn visuelle Erfahrungen zu bestimmten Zeitpunkten benötigt, um die vielfältigen synaptischen Verbindungen zu sortieren. Solange sich die Synapsenbildung in der Phase der Feinabstimmung befindet, verhalten sich die neuronalen Verknüpfungen plastisch und flexibel, d. h. durch Erfahrung veränderbar. Nach dieser sensiblen Phase ist der Kortex so stabilisiert, dass er sich nicht mehr grundlegend verändert. Diese Phasen sind für die jeweiligen Sehfunktionen höchst unterschiedlich. Während sich viele grundlegende Funktionen während des ersten Lebensjahres entwickeln, setzen andere erst später ein. Insgesamt benötigt das visuelle System etwa 15 Lebensjahre, um sich in allen Teilfunktionen zu entfalten und beginnt etwa ab dem 40. Lebensjahr, seine Flexibilität in einigen Funktionen (z. B. Flexibilität der Linse) wieder zu verlieren (Eliot 2001).

Bedeutung von Erfahrung

Schädigungen des visuellen Systems, die von Geburt an zu Beeinträchtigungen in der Entwicklung der Sehfunktionen führen, haben je nach Funktionsbeeinträchtigung oder -ausfall Auswirkungen auf die kindliche Entwicklung. Diese Auswirkungen betreffen im Unterschied zur Blindheit weniger die *motorische* als möglicherweise die *feinmotorische* Entwicklung. Der Grad der Sehschädigung scheint vor allem für die Entwicklung des interaktiven Spielverhaltens ausschlaggebend zu sein (Ferell 1998), aber

Auswirkungen von Sehbehinderung

Tab. 9:
Sehentwicklung

Vor der Geburt	
~ 24. SSW	Intrauterine Reaktion auf starkes Licht (Bewegung; Erhöhung der Pulsfrequenz)
~ 32. SSW	Die dorsalen (Wo-Bahnen) Verarbeitungsbahnen sind weiter entwickelt als die ventralen (Was-Bahnen), damit ist die Bewegungswahrnehmung ausgeprägter als die Formerkennung oder Sehschärfe; Pupillenerweiterung; Blinzeln; einfache Augenbewegungen; Verfolgen eines sich langsam bewegenden Objektes (festgestellt bei Frühgeborenen)
Zeitraum Geburt	Sehschärfe im Bereich von 0.05; langsame Pupillenerweiterung; Tonische Fokussierung bei 30 cm = optimaler Abstand für Gesichterwahrnehmung; Interesse für Gesichter, okulomotorische Suchbewegungen in einem begrenzten Radius; Visuelle Neugierde; Bevorzugung von mittelstarkem Licht und hohen Kontrasten (schwarz/weiß); Präferenzen für größere Formen, Gesichter, horizontale Linien und bewegte Angebote
≥ 1. Lebensmonat	Sehschärfe nimmt zu; Zunahme der visuellen Aufmerksamkeit; schaut zu Lichtquellen; dreht Augen und Kopf gemeinsam; langsame, ruckartige Folgebewegungen (horizontal)
≥ 3. Lebensmonat	Entwicklungsbeginn der Stereopsis; Stabilisierung der Augenkonvergenz; Zunahme der Akkomodationsdistanz; Kontrastempfindlichkeit verbessert sich; Augenfolgebewegungen werden glatter; vertikale Folgebewegungen; Intensiver Augenkontakt; Interesse an Lippenbewegungen; Interesse an Mobiles; Betrachten der eigenen Hand
≥ 6. Lebensmonat	Gesichtsfeld vollständig; Auge-Hand-Koordination; beginnende Abkoppelung von Auge- und Kopfbewegung; glatte Augenfolgebewegung: Binokularsehen etabliert; Visuelles Abtasten der Umgebung in ca. 40–50 % der Wachzeit; Greifen nach bewegten Objekten; Abwehrreaktion bei Objekten, die sich auf einem Kollisionskurs nähern; Beobachten des Fallens und Wegrollens von Objekten; visuelles Erkennen einzelner Objekte und Personen
≥ 10. Lebensmonat	Weiterer Anstieg der Sehschärfe; Größenkonstanz etabliert; Erkennen von kleinen Objekten; Interesse an Bildern; Greifen nach statischen Objekten; Augenkontakt zu Erwachsenen über mehrere Meter Distanz; Wiedererkennen naher Bezugspersonen

≥ 12. Lebensmonat	Gute visuelle Orientierung in vertrauter Umgebung; effiziente visuelle Kommunikation; visuelles Wiedererkennen von Bildern; Farbpräferenzen
≥ 18. Lebensmonat	Räumliche Wahrnehmung und Auge-Hand-Koordination entwickeln sich; visuelle Kommunikation mit anderen Kindern; Bild-Objekt-Verständnis; Sehschärfe als Nahsehschärfe messbar mit einzelnen Symbolen
≥ 2 Jahre	Sehschärfe mit einzelnen Symbolen messbar: ~ 0.4; funktionale Sehschärfe besser als gemessene; kurze Aufmerksamkeitsspannen bei Testaufgaben; genaue Auge-Hand-Koordination; gutes visuelles Gedächtnis (Bilderbücher)
≥ 3 Jahre	Sehschärfe mit Reihentest messbar 0.4 – 1.0, monokulare Messungen möglich; Farbensehen und visuelle Adaptation ausgebildet
≥ 4 Jahre	Sehschärfe mit Reihentest zwischen 0.5 – 1.25, Fähigkeit Figur-Grund-Wahrnehmung; Minimum separabile, d. h. Fähigkeit, Einzelheiten getrennt voneinander zu sehen, visuell so weit ausgeprägt, Okulomotorik (Sakkaden) so weit entwickelt, dass Lesen visuell möglich wäre
≥ 7 Jahre	Sehschärfe mit Reihentest 0.8 – 1.6 (Vollkontrast), bei 2.5 % Kontrast 0.3 – 0.8; visuell-sensorische und visuell-motorische Funktionen wie bei Erwachsenen

auch hier stellt sich wiederum die Frage nach einem für die spezifischen Sehbedingungen adäquaten Angebot. Die Sehstrategien mancher Kinder mögen zu besonderen Kopfhaltungen oder zu einem sehr nahen Kontakt zu Gegenständen führen, Objekte, die bei guter Beleuchtung erkannt werden, können unter schlechteren Lichtbedingungen nicht mehr gesehen werden, Blendungsempfindlichkeit erschwert das Sehen bei hellem Tageslicht, Kontrastsensitivität kann zu Schwierigkeiten in der Gesichtererkennung führen. Ist zentrales Sehvermögen vorhanden, kann Sehen in der Nähe gut gelingen, für eine Orientierung in der Ferne oder Orientierung bei Bewegung ist dagegen Erfahrung erforderlich. Ist umgekehrt das zentrale Sehen eingeschränkt, Sehen in der Peripherie jedoch möglich, sind Sehstrategien erforderlich, die eine exzentrische Fixation möglich machen. Die Auswirkungen verschiedener Funktionseinschränkungen sind ausgesprochen vielfältig und lassen sich nicht vereinheitlichen.

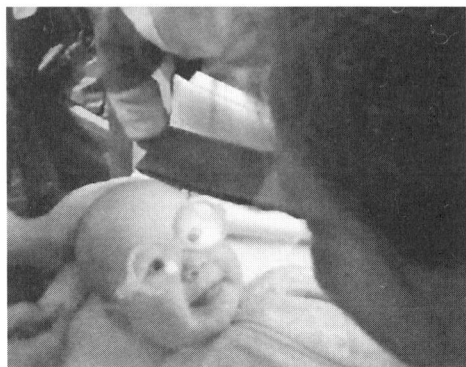

Abb. 22, 23: Auffällige Verhaltensweisen, die durch veränderte Sehbedingungen verursacht werden, können zu Fehldiagnosen (hier: frühkindlicher Autismus) führen. (Hyvärinen 2002 c; Videostandbilder)

Bei diesem vier Monate alten Mädchen wurde ein frühkindlicher Autismus diagnostiziert, da das Kind den Blickkontakt vermied und den Kopf bei Annäherung wegdrehte. Auf Grund der interdisziplinären Zusammenarbeit mit einer Ophthalmologin konnte das Problem des Kindes als ein Akkomodationsproblem identifiziert werden (das Kind war nicht in der Lage, ein scharfes Bild in der Nähe zu erzeugen) und mit einer Lesebrille sofort behoben werden (Hyvärinen 2002).

An diesem Beispiel wird deutlich, dass Sehen so selbstverständlich ist, dass das beobachtete Verhalten, wie in diesem Fall, oft nicht unter der Perspektive der Sehbedingungen betrachtet, sondern als Verhaltensauffälligkeit gedeutet wird. Das Kind hat aus seiner Perspektive sinnvoll gehandelt.

3.6.2 Komplexe Schädigungen und Sehen

Bei Vorliegen komplexer Schädigungen wird das Verhalten nichtsprechender Kinder, Jugendlicher oder Erwachsener oft vorschnell im Sinne einer schweren kognitiven Beeinträchtigung interpretiert, eine differenzierte Analyse des Sehvermögens unterbleibt leider immer noch zu oft.

Zerebrale Schädigungen

Zerebrale Schädigungen betreffen sehr häufig das Seh- und Wahrnehmungssystem mit funktionalen Auswirkungen – sowohl den Bereich der basalen Sehfunktionen (Amblyopie, Gesichtsfeld, Kontrast) als auch den der so genannten höheren Wahrnehmungsfunktionen (Form-, Bewegungs- und Farbwahrnehmung, Gesichtererkennung, Figur-Grund-Wahrnehmung). Das Zusammenwirken von visueller Störung, Aufmerksamkeit, Neugierde, Gedächtnis und (visueller) Erfahrung ist ein interdependenter Prozess mit keiner eindeutigen Ursachenzuschreibung, der zudem durch Medikamentierung (Antiepileptika, Sedativa) entscheidend beeinflusst werden kann. Ein eher diffuses und verschwommenes Bild wird die visuelle Neugier nicht fördern, die geringen visuellen Erfahrungen, die ein Kind aufgrund fehlender visueller Neugier und eines ungeeigneten Angebotes machen wird, haben wiederum Auswirkungen auf das visuelle Gedächtnis und die Fähigkeit, Dinge und Zusammenhänge wieder zu erkennen.

Aufgrund einer zerebralen Bewegungsstörung und antizipierter Anfallsneigung wurde ein zu diesem Zeitpunkt als blind diagnostizierter Junge medikamentös eingestellt und erhielt Antiepileptika, obwohl er nie einen Anfall zeigte. Nach dem Absetzen der Medikamente im fünften Lebensjahr zeigte sich, dass der Junge seine Wahrnehmungen neu organisieren musste. Geräusche waren lauter und bedrohlicher, seine visuellen Wahrnehmungen verwirrten ihn und es dauerte etwa ein Jahr, bis er sich visuell neu organisiert hatte. Im gleichen Zeitraum verbesserte sich seine Farbwahrnehmung und Kontrastwahrnehmung.

Ein Junge mit zerebraler Sehschädigung hat sein Sehvermögen seit seinem zweiten Lebensjahr in den Bereichen Farbwahrnehmung, Bewegungswahrnehmung und Orientierung verbessert. Er ist in der Lage, das Kinderbuch von Janosch „Oh wie schön ist Panama" wortgenau auswendig nachzuerzählen und im richtigen Moment die Seiten umzublättern, obwohl er nicht lesen kann. Für Personen scheint er sich nicht sehr zu interessieren und auch an den altersgemäßen Spielen mit anderen Kindern zeigt er kein Interesse. Er exploriert Objekte, indem er ihre Farbe benennt und sie visuell und taktil erkundet. Er zeigt sich nur an bestimmten Themen und Zusammenhängen interessiert und wiederholt diese mit großer Intensität, hat jedoch offensichtlich Schwierigkeiten, sich auf neue Zusammenhänge einzulassen. Er wird als zusätzlich geistig behindert diagnostiziert und in eine Schule für Geistigbehinderte eingeschult. Im Alter von acht Jahren wird festgestellt, dass er über keine visuelle Formwahrnehmung verfügt und daher auf Farben und Taktilität angewiesen ist, um seine Welt zu konstruieren.

Es ist nur schwer vorstellbar, was es bedeutet, keine Formen wahrzunehmen und das Bild der Welt über Farbe und Bewegung aufzubauen, denn im Sehen von Erwachsenen dominiert die Formwahrnehmung. Dennoch kann eine solche Umweltauseinandersetzung erleichtert und unterstützt werden. Wenn Farben oder auch Bewegung zuverlässig mit spezifischen Formen kombiniert werden, kann eine visuell-taktile Formwahrnehmung langsam aufgebaut und möglicherweise sogar lesen gelernt werden. Wenn aber eine differenzialdiagnostische Abklärung unterbleibt, weil das Verhalten im Sinne der geistigen Behinderung interpretiert wird, hat dies zur Folge, dass dem Kind die Auseinanderset-

Auswirkungen von Diagnosen

Abb. 24:
Rahmenbedingungen
und Einflussfaktoren
für die Entwicklung
des Sehens
(modifiziert nach
Hyvärinen 2002)

zungsmöglichkeiten nicht angeboten werden, in denen Lernen
möglich wäre. Im Grunde werden damit erst Behinderungen geschaffen, das Kind wird daran gehindert, seine Lernmöglichkei-
ten zu entfalten.

National wie international (Warren 2000) fehlt es leider an differenzierter Forschung (Walthes 2000). Die wechselseitige Bedingtheit von Motorik und visueller Wahrnehmung, visueller und
akustischer Wahrnehmung für die kindliche Entwicklung wird bei
komplexen Schädigungen deutlich. Sehen lernen zu können erfordert eine Vielzahl von Faktoren, die in Abbildung 24 zusammengefasst sind.

Motorische
Einflussfaktoren

So ist ein ausreichender Muskeltonus nicht nur erforderlich,
um Kopfkontrolle zu entwickeln, sitzen oder sich drehen zu lernen. Die Kopfkontrolle ist auch Voraussetzung, um fixieren und
visuell verfolgen zu können. Umgekehrt kann visuelles Interesse
auch zur Entwicklung von Kopfkontrolle beitragen, indem ein erhöhter Grad visueller Aufmerksamkeit eine Tonusverbesserung
und damit die Aufrichtung möglich werden lässt.

Spasmen können neben den großen Muskelgruppen auch die
Augenmuskeln betreffen und die Akkomodation, also die Anpassung des Auges auf Distanzen (Nähe – Ferne) erschweren. Die
Auge-Hand-Koordination und damit auch die Entwicklung des
räumlichen Sehens kann bei zerebralen Bewegungsstörungen betroffen sein.

Sensorische
Einflussfaktoren

Kinder zeigen bei visuellen Angeboten, die mit Tönen verbunden sind, eine höhere und längere Aufmerksamkeit (Fischer
1995), ebenso wie sie umgekehrt akustische Kompetenzen in

Abb. 25, 26: Sehen und Kopfkontrolle beeinflussen sich gegenseitig (Hyvärinen 1998, Videostandbilder)

Verbindung mit Sehen leichter entwickeln können. Aufgrund des synästhetischen Charakters der Wahrnehmung sind die Auswirkungen für die kindliche Entwicklung so vielschichtig und miteinander verwoben, dass Ursache und Wirkung nicht eindeutig zu bestimmen sind. Hierzu fehlen entsprechende Studien und vor allem Entwicklungsmodelle, die dieser Komplexität und den Anforderungen gerecht werden können (Warren 2000, 334).

Einem sechsjährigen türkischen Mädchen mit einer Zerebralparese (Tetraplegie) wird der Antrag auf Blindengeld abgelehnt, da der zuständige Augenarzt eine schwere zerebrale Störung diagnostiziert, in der Blindheit als eine zu vernachlässigende Schädigung angesehen werden müsse. Eine alltagsnahe, differenzierte Diagnostik zeigt, dass das Mädchen eindeutig auf Licht antwortet, ja sogar motiviert ist, trotz ihrer Bewegungsbeeinträchtigung nach einem leuchtenden Stab zu greifen. Solche Entscheidungen beinhalten den Verzicht auf blinden- oder sehbehindertenpädagogische Unterstützung und sind nicht zu akzeptieren. Auf Grund der Wechselwirkung von Motorik und Sehen, Wahrnehmung und Bewegung ist die Entwicklung dieses Mädchens bei einer adäquaten Unterstützung nicht zu prognostizieren.

Kinder mit Hörsehschädigung: Bei Vorliegen einer Hörsehschädigung stehen für Kommunikation und Umweltaneignung die so genannten Nahsinne zur Verfügung. Die Umwelt ist hier in besonderem Maße aufgefordert, Konzepte der Interaktion und Kommunikation und des körpernahen Dialogs zu entwickeln (Rowland et al. 1999; Hyvärinen 2002b). Da nur in seltenen Fällen heute noch von einer kompletten Taubblindheit ausgegangen werden muss, können akustische oder visuelle Mittel entwickelt und eingesetzt werden (Pittroff 2000).

Bedeutung von Eigenaktivität

Hier wie auch bei komplexen Schädigungen erhält Bewegung im Sinne des Be-greifens wie der großräumigen handelnden Auseinandersetzung mit der Umwelt eine zentrale Bedeutung. Entscheidend scheint es in diesem Zusammenhang zu sein, dass es gelingt, über koordinierte Bewegungen – zum Beispiel gemeinsames Schaukeln – Bedeutung zu erzeugen, indem das Kind Anfang und Ende bestimmen kann. Nur durch die Eigenaktivität kann das Kind die Erfahrung machen, dass seine Aktivität bedeutsam ist, dass sie Wirkung hat. Das Anknüpfen an und Aufgreifen von natürlichen Gesten und die gleichmäßige und verlässliche gemeinsame Erzeugung von Bedeutung sind wichtige Schritte hin zur Entwicklung von Unterschieden (Walthes 1991; Klaes/Walthes 1996; Lee/Mac William 1994; Nafstad/Rodbroe 1999).

Individuelle Bedingungen und Identität

Für Kinder, die ihre jeweiligen Seh- und Hörbedingungen nicht im Laufe der Kindheit erworben haben, sondern mit diesen von Geburt leben, sind sie so, wie sie sind. Sie haben ihre Entwicklung mit diesen Bedingungen gestaltet. Das, was sie sehen oder hören oder fühlen, die Art und Weise, wie sie sich bewegen können, ist das, was sie haben, und das, was sie kennen. Diese individuellen Bedingungen sind zugleich auch das, was mit vielen anderen Faktoren ihre Identität ausmacht. Auswirkungen auf die psychische Entwicklung, auf Selbstkonzept und Identitätsentwicklung sind daher immer unter der Perspektive der Umweltreaktionen und Umweltangebote zu sehen.

Eine als ein wenig verträumt und introvertiert geltende Schülerin der zweiten Klasse an einer Körperbehindertenschule, die sich aktiv am Unterricht beteiligte, wurde wegen schneller Ermüdbarkeit einer Fachkollegin für Low Vision vorgestellt. Die Schülerin trug eine Brille, die die unterschiedlichen Augenstellungen (ein Auge wich nach oben ab) nicht korrigierte. Nach Verordnung einer Prismenausgleichsbrille für die Ferne zeigte sich das Kind völlig erstaunt darüber, dass die Bezeichnungen über den Geschäften nicht mehr doppelt, sondern nur einfach geschrieben standen. Vorher fühlte sich das Mädchen dadurch nicht gestört, ihre Welt war so, wie sie war. Erst durch die Brille wurden ihr Unterschiede im Vergleich zu vorher deutlich.

3.6.3 Erworbene Sehschädigungen im Lebenslauf

Visuell erworbene Konzepte bleiben erhalten

Bei späterblindeten Menschen ist davon auszugehen, dass Repräsentationen wie z. B. Raumkonzepte oder Farbvorstellungen in ihrer Grundstruktur erhalten bleiben, auch wenn die Betroffenen oftmals berichten, dass die visuellen Vorstellungen und inneren Bilder verblassen und zunehmend durch akustisch-taktile Muster überlagert werden.

Sehverluste im Erwachsenenalter erfordern häufig eine radikale Umstellung der Betroffenen und sind als kritische Lebensereignisse zu begreifen, deren Bewältigung von einer Vielzahl von Faktoren abhängig ist. Ein wesentlicher Faktor betrifft die Frage, ob die bisherige berufliche Tätigkeit unter modifizierten Bedingungen weitergeführt werden kann oder nicht und wie das familiäre und soziale Umfeld mit dem Sehverlust umgeht. Es ist davon auszugehen, dass bei einer Erblindung im Erwachsenenalter trotz der oben genannten Umorganisation die akustischen bzw. taktilen Differenzierungsleistungen von geburtsblinden Menschen nicht erreicht werden können (z. B. taktile oder akustische Diskrimination), dass jedoch das Vorhandensein visueller Vorstellungen für Orientierung und Handlungen im Alltag sehr hilfreich sein kann (Wahl/Schulze 2001).

Kritisches Lebensereignis

Erworbene Sehbehinderungen werden, wenn sie sich langsam entwickeln, nur schwer wahrgenommen. Da Sehen ein konstruktiver, erfahrungsabhängiger Prozess ist, ergänzt das Gehirn Bilder und subjektiv wird lange keine Veränderung wahrgenommen. Oft bemerken Menschen mit Retinopathia pigmentosa den Sehverlust erst, wenn das Gesichtsfeld schon deutlich eingeschränkt ist.

Erworbene Sehbehinderungen

Bei degenerativen Prozessen der Makula wird zwar eine Reduzierung der Lesefähigkeit bemerkt, bei Kindern kann jedoch unbewusst eine Umfixierung erfolgen, d. h. weil die Bildauflösung im Zentrum unzureichend ist, übernimmt eine neue Netzhautstelle die Geradeausrichtung, obwohl sie nicht in der optischen Mittelachse des Auges liegt. So wird das Sehobjekt auf einer neuen, funktionierenden Netzhautstelle abgebildet. Für einen Beobachter sieht es so aus, als würde sein Gegenüber an ihm vorbeischauen. Dies kann insbesondere bei Blickkontakt und in der zwischenmenschlichen Kommunikation zu Missverständnissen führen.

Exzentrische Fixation

„Guck die Leute richtig an, wenn du mit ihnen sprichst", musste ein Mädchen wieder und wieder von Lehrern und Erwachsenen hören und wurde damit aufgefordert, an ihnen vorbeizuschauen, weil sie die Augen nach unten richten musste, um ein peripheres Netzhautareal nutzen zu können.

Die überwiegend visuelle Organisation unserer Welt erschwert Menschen mit einer Sehschädigung sowohl die Orientierung als auch eine adäquate Handlungsfähigkeit in diesem komplexen System. Die oftmals unzureichenden Informationen, die Menschen mit einer Sehschädigung zur Verfügung stehen, erfordern zusätzliche Anstrengungen und erhöhtes Engagement, um sich Zusammenhänge zu sichern, die für Sehende völlig unproblematisch zu erlangen sind. Das beginnt bei Informatio-

Erhöhte Anforderungen im Alltag

nen über anwesende Personen in einem Raum oder auf der anderen Straßenseite, geht über Verbalisierung nur visuell nachvollziehbarer Handlungen und reicht bis zu der enormen Fülle des ausschließlich oder überwiegend visuell zur Verfügung stehenden Materials (grafische Benutzeroberflächen, Bilder, Medien). Einschränkungen der Aktivität basieren in allen Fällen erworbener Sehschädigung auf dem Verhältnis von individueller Strategie (unter Einsatz von Hilfsmitteln) und Umweltangebot.

3.6.4 Sehverlust im Alter

Umgang mit
dem Sehverlust

Am deutlichsten erscheinen Aktivitätseinschränkungen bei Sehschädigungen im Alter. Nicht mehr Zeitung lesen zu können, auf der Straße niemanden mehr zu erkennen, das Fernsehbild nur mit Anstrengung oder nicht mehr sehen zu können, wird im Alter als ein entscheidender Verlust von Lebensqualität erlebt, zumal viele alte Menschen glauben, die Aneignung von alternativen Strategien nicht mehr bewältigen zu können. Die herrschenden Vorstellungen von Blindheit als der schlimmsten Behinderung erweisen sich hier als kontraproduktiv für die Entwicklung von Copingstrategien. Wahl und Oswald gehen davon aus, „dass die Erfahrung einer Sehbeeinträchtigung im höheren Lebensalter eher als ‚ontime‘ erlebt werden dürfte […], d. h. man rechnet als älterer Mensch eher mit gesundheitlichen Einschränkungen, mag sie als ‚Alterserscheinung‘ attribuieren und nimmt sie deshalb möglicherweise auch mit größerer Gelassenheit hin als in jungen Jahren" (1996, 130). Die Kehrseite dieser Gelassenheit könnte man jedoch im Verzicht auf mögliche Diagnostikmaßnahmen, Hilfsmittel und Inanspruchnahme von Unterstützung sehen. In jedem Fall erfordert die Auseinandersetzung mit der Sehbeeinträchtigung oder dem Sehverlust im Alter eine Neuregulierung der Person-Umwelt-Beziehungen, die auf der Personseite Bewältigungsprozesse sowohl bezüglich des Selbsterlebens, des Verhaltens, der Alltagsorganisation notwendig machen, auf der Umweltseite jedoch die Bereitstellung sowohl einer differenziellen Diagnostik als auch entsprechender, den Erfahrungen und Strategien alter Menschen sensibel begegnenden Rehabilitationsmaßnahmen einfordert (Rath/Gaekel 1998). Bezüglich der Personseite gibt es in Deutschland nur wenige Untersuchungen, insbesondere von Wahl (1997), auf der Umweltseite fehlen entsprechende Rehabilitations- und Begleitungskonzepte und -maßnahmen fast vollständig.

3.7 Epidemiologische Daten

Zuverlässige Daten bezüglich der Auftretenshäufigkeit von Störungen der visuellen Wahrnehmung gibt es zurzeit nicht, und das hat verschiedene Gründe. Wie in Kapitel 3.1 bereits dargestellt, besteht das Problem darin, dass keine einheitliche Klassifikation existiert. Es gibt nicht nur unterschiedliche Begriffe und Einteilungen in den verschiedenen Ländern, sondern die Messmethoden sind ebenfalls oft nicht bekannt. Zwar orientieren sich nahezu alle medizinischen Dokumentationen am Visus, jedoch wird aus den vorliegenden Zahlen nicht immer deutlich, um welche Sehschärfe es sich dabei handelt. Visusmessungen bezüglich des Auflösungsvermögens, der Gittersehschärfe oder der Formsehschärfe unterscheiden sich in ihren Ergebnissen und ziehen daher andere Zuordnungen nach sich (Tielsch 2000, 6). Möglicherweise gelingt es mit dem neuesten Klassifikationsvorschlag der WHO, der International Classification of Functioning, zuverlässigere Daten zu ermitteln (WHO 2001).

Die World Health Organization hat verschiedene Studien zusammengefasst und geht von weltweit insgesamt 148 Millionen Menschen mit einer Sehschädigung aus, davon gelten 8 Mio. Menschen als blind ohne Lichtscheinwahrnehmung (Amaurose), 30 Mio. Menschen als (gesetzlich) blind (mit Hell-Dunkel-Wahrnehmung, Visus > 0.02), 140 Mio. Menschen als sehbehindert bzw. hochgradig sehbehindert (WHO 1996, 3). Bei ca. 100 Millionen Menschen beruht das Sehproblem auf Katarakt oder Refraktionsfehlern und wäre mit geringem Aufwand zu lösen, wenn eine entsprechende medizinische Versorgung gewährleistet wäre. Tabelle 10 zeigt – ausgehend von der Bevölkerungszahl ausgewählter Regionen – die Prävalenz von Blindheit, die prozentuale Häufigkeit und den Anteil der Kataraktkrankungen.

Daten zur Verbreitung von Sehschädigung in Deutschland basieren im Wesentlichen auf den Angaben des Statistischen Bundesamtes, damit sind nur diejenigen Personen erfasst, die einen Schwerbehindertenausweis beantragt haben. Die Dunkelziffer wird bei Blindheit wegen der bisherigen staatlichen Unterstützung eher gering, die bei Sehbehinderung wesentlich höher eingeschätzt. Bei Sehbehinderung geht das Bundesministerium für Gesundheit davon aus, dass die Zahl der registrierten Menschen mit einer Sehbehinderung mit dem Faktor 3 multipliziert werden muss, um die tatsächliche Gesamtzahl zu erhalten (Pfau et al. 2000, 25). Das Statistische Bundesamt hat für das Jahr 2001 330.753 Menschen mit einer Sehbehinderung erfasst, das bedeutet, die tatsächliche Zahl liegt bei etwa 1 Mio. Menschen. Bezogen auf Sehschädigung im Kindesalter haben Schäfer et al. (1983) auf der Basis

Verbreitung von Sehschädigung in Deutschland

Region	Population (x 10⁶)	Prevalence of Blindness (%)	Number Blind Persons (x 10³)	Attributable to Cataract (%)
Established market economies	797,788	0.3	2,400	3.5
Former socialist economies (Europe)	346,237	0.3	1,100	8.3
Latin America and the Carribean	444,297	0.5	2,300	57.6
China	1,133,698	0.6	6,700	32.4
Middle Eastern crescent	503,075	0.7	3,600	45.2
Other Asia and Pacific Islands	682,533	0.8	5,800	39.8
India	849,515	1.0	8,900	51.2
Sub-Saharan Africa	510,271	1.4	7,100	43.6

Tab. 10: Prävalenz von Blindheit, anteilige Katarakt-erkrankungen (Thylefors et al. 1995, zit. nach Tielsch 2000)

einer Reihenuntersuchung eine Prävalenz von 0.222 % ermittelt. Komplexe Schädigungen werden in der Schwerbehindertenstatistik entsprechend ihrer schwersten Behinderung erfasst. Da bei Vorliegen einer komplexen Schädigung mit geistiger und/oder körperlicher Behinderung eine Sehschädigung entweder nicht diagnostiziert oder vernachlässigt wird, wird diese Gruppe unter dem Aspekt der Sehschädigung nicht dokumentiert (Pfau et al. 2000, 30). Die Angaben bei Sehschädigungen im Kindesalter sind ebenfalls ungenau, da vielfach Sehbehinderungen erst während der Schulzeit diagnostiziert werden.

Prävalenz nach Alter: Eine erhebliche Steigerung der Prävalenz ist bei der Altersgruppe der 55-Jährigen und älter zu verzeichnen. Hier finden sich übereinstimmende Tendenzen der internationalen und der deutschen Studien (Tab. 11).

Die häufigsten Sehschädigungen im Kindesalter sind bezogen auf die Gruppe blinder Kinder nach der Studie von Ferell (2000, 120): Zerebrale Sehschädigungen (CVI): 20.6 %, Retinopathia praematurorum (ROP): 19.1 %, Optikushypoplasie: 16.6 % und Strukturveränderungen des Auges: 11.1 %.

Sehverlust im Alter zählt neben Arthritis und Herzschädigungen zu den drei am häufigsten genannten Schädigungen und Krankheiten, die Unterstützungsleistungen erforderlich machen. Studien hinsichtlich der Ursachen von Sehschädigung sehen in altersbezogenem Katarakt und altersbezogener Makuladegeneration die häufigsten Ursachen von Blindheit und Sehbehinderung, wobei die Baltimore-Studie nach Ethnien differenziert und

Im Alter von … bis unter … Jahre	Blinde und Sehbehinderte				
	Blindheit oder Verlust beider Augen (1)	hochgradige Sehbehinderung (2)	Blindheit und hochgradige Sehbehinderung (1)+(2)	sonstige Sehbehinderung (3)	Gesamt (1)+(2)+(3)
<4	1,2	0,5	1,7	1,0	2,7
4–25	2,0	0,7	2,7	2,8	5,5
25–55	3,7	1,5	5,2	9,6	14,8
55–60	7,4	3,5	10,9	34,0	44,9
60–65	10,1	5,5	15,6	45,7	61,3
65–70	14,0	7,9	21,9	54,7	76,6
70–75	22,5	13,8	36,3	76,3	112,6
75+	67,6	48,9	116,5	157,8	274,3

Tab. 11: Prävalenz von Sehschädigungen nach Alter (StaBa, Schwerbehinderte, Gesundheitswesen Fachserie 13, Reihe 5.1, 1997, eigene Berechnungen, Zahlen per 100.000)

Unterschiede zwischen weißen und schwarzen Einwohnern feststellt. Während Katarakt und Glaukom bei schwarzen Einwohnern die häufigsten Ursachen für eine Sehschädigung darstellen und in wesentlich jüngeren Jahren auftreten, sind für die weißen Einwohner Katarakt und altersbezogene Makuladegeneration im höheren Alter die meistgenannten Augenerkrankungen (Tielsch et al. 1991; Tielsch 2000). Eine Reihe demografischer und epidemiologischer Studien hat einen Zusammenhang von Sehschädigung und sozioökonomischem Status herausgearbeitet. Insbesondere im Bereich der Sehbeeinträchtigung und Sehbehinderung haben Studien aus den USA einen Zusammenhang von Armut und unzureichender Versorgung mit optischen Hilfsmitteln ermittelt (Tielsch et al. 1991).

Die Angaben hinsichtlich der Geschlechterverteilung zeigen in der Kindheit und im Erwachsenenalter bis zum 45. Lebensjahr ein prozentuales Übergewicht bei der männlichen Bevölkerung (Adams/Marano 1995) von 2.95 zu 1.29 (per 100), während mit zunehmendem Alter auf Grund der höheren Lebenserwartung der Anteil der Frauen zunimmt (Pfau et al. 2000).

Die zunehmende Lebenserwartung der Bevölkerung lässt insgesamt einen Anstieg der altersbezogenen Sehschädigungen erwarten. Pfau et al. gehen in ihrer Prognose von einem Rückgang der Zahl blinder und hochgradig Sehbehinderter in der Altersgruppe unter 55 Jahren und einer deutlichen Zunahme in der Altersgruppe der über 55-Jährigen aus. Den stärksten Anstieg erwarten sie mit 48.9 % in der Altersgruppe der über 75-Jährigen (2000).

Bateson, G. (1981): Ökologie des Geistes. Frankfurt a. M.: Suhrkamp

Brambring, M., Tröster, H. (1994): The validity problem and the instruction problem in the assessment of cognitive development in blind infants and preschoolers. In: Journal of Visual Impairment and Blindness, 88, 9 – 18

Hyvärinen, L. (2002 a): Assessment of Low Vision for Educational Purposes and Early Intervention (Part I – III). http://www.lea-test.fi/en/assessme/educearl/index.html (08.03.02)

Hyvärinen, L. (2002 c): Das funktionale Sehen in der Frühbetreuung und im Spezialunterricht der sehgeschädigten Kinder. http://www.lea-test.fi/de/sehuberp/waldkirc.html

Lee, M., Mac William, L. (1994): Movement, gesture and sign. London: Royal National Institute for the Blind

Lee, M., Mac William, L. (2002): Learning together. A creative approach to learning for children with multiple disabilities and a visual impairment. London: Royal National Institute for the Blind

Nafstad, A., Rodbroe, I. (1999): Co-creating communication. Perspectives on diagnostic education for individuals who are congenitally deafblind and individuals whose impairments may have similar effects. Dronninglund: Forl. Nord-Press

Palmowski, W., Heuwinkel, M. (2000): Normal bin ich nicht behindert! Wirklichkeitskonstruktionen bei Menschen, die behindert werden. Unterschiede, die Welten machen. Dortmund: Borgmann

Wahl, H.-W., Schulze, H. E. (Hrsg.) (2001): On the special needs of blind and low vision seniors. Research and practice concepts. Amsterdam: IOS-Press

3.8 Übungsaufgaben zu Kapitel 3

Aufgabe 5   Was unterscheidet ein relationales Behinderungsverständnis von einem eigenschaftsorientierten Verständnis?

Aufgabe 6   Welches Problem besteht bei Klassifikationen von Sehschädigung?

Aufgabe 7   Wann spricht man von anteriorischen, wann von posteriorischen Sehschädigungen?

Aufgabe 8   Welche Kriterien der systemischen Diagnostik haben Sie am meisten irritiert?

Aufgabe 9   Welche Verhaltensweisen zeigen Kinder mit einer zerebralen Sehschädigung, die Kinder mit okularen Schädigungen nicht zeigen?

Aufgabe 10   Welche Rolle spielt Motorik (zum Beispiel Kopfkontrolle) für das Sehen?

4 Das System einer Pädagogik bei Blindheit und Sehbehinderung

Das Gesamtsystem aller Institutionen und Organisationen, Ziele und Inhalte, Methoden und Verfahren, die die Beschäftigung mit den Themen Blindheit und Sehbehinderung ausmachen, ist groß, und es fällt nicht leicht, pädagogische von nicht-pädagogischen Aufgabenfeldern zu unterscheiden. Daher soll zunächst versucht werden, handlungsleitende Prinzipien zu entwickeln, bevor das Organisationssystem dargestellt und auf die im klassischen Sinne pädagogischen Elemente näher eingegangen wird.

4.1 Grundprinzipien pädagogischen Handelns

Aus der Tatsache der Schädigung allein lassen sich keine Handlungsoptionen für eine Pädagogik ableiten, eher schon aus den Erkenntnissen der Wahrnehmungsforschung und den Erkenntnissen über die Reaktionen des sozialen und gesellschaftlichen Umfeldes. Grundprinzipien pädagogischen Handelns müssen ausgehend von der theoretischen Bestimmung des Individuum-Umwelt-Verhältnisses und der Ziele pädagogischen Handelns Prinzipien entwickeln, die die Sinnstruktur des konkreten Tuns transparent machen, gewissermaßen den roten Faden darstellen, an dem sich die einzelnen Ziele, Maßnahmen und Methoden orientieren.

Das primäre Ziel aller Minderheitenbewegungen, zu denen auch Menschen mit einer Sehschädigung zu zählen sind, ist kein pädagogisches, sondern ein sozialpolitisches: Die gleichberechtigte und chancengleiche Partizipation an allen gesellschaftlichen Prozessen. Pädagogisch gewendet würde das Ziel lauten, Menschen für diese Partizipation zu befähigen. Erziehung wäre damit, das hat Bernfeld bereits 1925 gesagt, „die Summe der Reaktionen einer Gesellschaft auf die Entwicklungstatsache" (1967, 51), wobei man nicht nur Kinder und Jugendliche, sondern durchaus auch Erwachsene mit einbeziehen kann. Traditionelle Behinderten-, Heil- und Sonderpädagogik sah bei dem Vorliegen einer Schädigung im Kindes- und Jugendalter den Tatbestand einer be-

Partizipation

sonderen Erziehungssituation gegeben (Bleidick 1983, aber auch Boldt 1966 und Hudelmayer 1975). Dies wird zum Beispiel daran deutlich, dass die Integrationsfähigkeit des einzelnen Kindes oder Jugendlichen mit einer Sehschädigung als eine Aufgabe vor allem der Person und des entsprechenden pädagogischen Angebotes gesehen wird. Behinderung wurde als Eigenschaft einer Person begriffen, und demzufolge mussten alle erzieherischen Bemühungen an dieser Person ansetzen. Da die Person als eine besondere angesehen wurde, waren auch die Erziehungsbemühungen besondere. Das heutige relationale Verständnis von Behinderung kann der traditionellen Argumentationslogik nicht mehr folgen. Es sieht vielmehr in der Individuum-Umwelt-Interaktion seine Anknüpfungspunkte (Metzler/Wacker 2001a). Erziehung kann in diesem Zusammenhang nicht in der *absichtsvollen Veränderung* des Kindes oder Jugendlichen bestehen, sondern ist als *absichtsvolle Kontextgestaltung* zu begreifen (Walthes 1998). Das Ziel besteht nicht mehr in der Befähigung des Einzelnen zur Partizipation, sondern in der *Anerkennung der Differenz* und dem Umgang mit Verschiedenheit. Die Entwicklung pädagogischer Handlungsprinzipien kann hier nicht in aller Ausführlichkeit dargelegt werden. Ausgehend von einigen Thesen zum Individuum-Umwelt-Verhältnis und Menschenbild sollen handlungsleitende Prinzipien zu einigen wenigen Aspekten beispielhaft entwickelt werden.

Voraussetzungen für pädagogisches Handeln

Ein pädagogisches Konzept, das einerseits die Spezifik der Bedingungen (Sehschädigung in einer visuell dominierten Welt) betont, andererseits das Ziel der Partizipation aller verfolgt, muss meines Erachtens von folgenden Voraussetzungen ausgehen:

1. Anerkennung differenter Existenz- und Lebensformen als überlebensnotwendig für die menschliche Spezies.
2. Achtung vor der Könnerschaft jedes Menschen; Achtung vor dem Anderen als „legitimen Anderen" (Maturana 1997; Speck 1996; Varela 1994).
3. Ein relationales Behinderungsverständnis (Kap. 3).
4. Wahrnehmung, Lernen, Erleben, Erfahrung als autopoietische Prozesse, das heißt Prozesse der Selbstorganisation, die nicht direkt beeinflusst werden können (Kap. 2.3).
5. Das sonder- oder behindertenpädagogische System basiert auf absichtsvollem Handeln, ohne Ursache-Wirkungs-Zusammenhänge annehmen und daher Wirkungen planen zu können. Unbeabsichtigte Wirkungen können daher größer sein als beabsichtigte. Aussagen über Wirkungen und Effekte sind ebenso beobachterabhängig wie Diagnosen (Luhmann 1992a, 119; Kap. 3).

Jede Theorie, jedes Konzept basiert auf einem Satz impliziter Annahmen über das Verhältnis von Mensch und Umwelt. Diese

Grundannahmen liefern die Kriterien für die Auswahl von Theorien, sie wirken in die Praxis hinein und stellen den Hintergrund für pädagogisches Handeln dar. Die oben genannten Annahmen können daher nicht als allgemein gültige, sondern müssen als die von der Autorin entwickelten gesehen werden.

Sie basieren auf einem Bild vom Menschen, das diesen als ein *produktiv-realitätsverarbeitendes* und *potenziell reflexives Subjekt* begreift (Hurrelmann 2001). Jedes Individuum wird als *aktiv gestaltende, erlebende Person* verstanden, die in *permanenter kreativer, konstruktiver Auseinandersetzung mit der Welt und mit sich selbst* begriffen ist und diese Prozesse mitgestaltet.

Die genannten Grundannahmen legen Bezugstheorien nahe, die ein Vertrauen in Selbstregulationskräfte beinhalten. Ohne dies hier weiter ausführen zu können, sollen einige dieser Bezugstheorien genannt werden. Es sind dies phänomenologische Theorien (Husserl, Merleau-Ponty, Palágyi, Varela), konstruktivistische (Wahrnehmungs-) Theorien (Maturana, Varela, Roth, Singer), öko- und gemeindepsychologische Theorien (Bronfenbrenner, Rappaport) und Systemtheorie (Luhmann). Sie alle bieten eine geeignete Grundlage für eine auf Verstehen ausgerichtete Pädagogik. Bezugstheorien

Phänomenologisch-konstruktivistische Theorien gehen von dem so genannten „Subjekt a priori" jeglicher Wahrnehmung aus, Realität ist diesen Theorien zufolge immer beobachtete Realität. Die Beobachtung entdeckt nicht vorhandene Phänomene, sondern erzeugt sie durch Beobachtung, durch Unterscheidung. Beobachtung
1. und 2. Ordnung

„Ein Beobachter konzentriert sich auf das, was er betrachtet. Er vernachlässigt dabei zumeist das, wovon er das Beobachtete unterscheidet oder setzt dies gänzlich unbestimmt als ‚alles andere voraus'. Er sieht das nicht, was er nicht sieht (und warum sollte er auch?)" (Luhmann 1992, 95).

Stellen Sie sich folgende Situation vor: Ein Kind spielt mit einer Katze, es beobachtet sie, rollt ein Wollknäuel vor ihr hin und her. Dies wird Beobachtung erster Ordnung genannt. Der Vater des Kindes sitzt ein wenig abseits und beobachtet das Kind, wie es mit der Katze spielt (Beobachtung zweiter Ordnung). Der Vater trifft andere Unterscheidungen als das Kind. Die Beobachtungseinheit des Kindes könnte die Katze und das Wollknäuel sein, die des Vaters Kind, Katze und Wollknäuel. Beide beobachten das, was sie beobachten und können das nicht sehen, was sie nicht sehen.

„Erst auf der Ebene der Beobachtungen zweiter Ordnung, der Beobachtung der Beobachtung fällt auf, dass Sachverhalte immer nur Sachverhalte für einen Beobachter sind [...]" sagt Baecker (1993, 17) und bringt damit auf den Punkt, worum es hier gehen soll.

4.1.1 Sinnhaftigkeit des Tuns

Da Wahrnehmung von Subjekten gemacht wird und Subjekte sehr verschiedene Erfahrungen, Aufmerksamkeiten, Werte- und Bedeutungskonzepte haben, können auch deren Wahrnehmungen lediglich subjektive Konstruktionen sein. Sie sind, was sie sind und können von Außenstehenden streng genommen nicht beurteilt werden. Dies gilt für alle so genannten psychischen Prozesse wie lernen, erleben, erfahren, fühlen, empfinden, aber auch für Bewegung. Aus der Erstpersonperspektive sind sie so, wie sie sind, nicht richtig, nicht falsch, nicht gut, nicht schlecht, sondern die zum gegenwärtigen Zeitpunkt mögliche und passende Antwort auf innere oder äußere Bedingungen. Vor diesem Hintergrund wird der folgende Satz verständlich:

Alles was ein Mensch tut, macht für ihn Sinn, sonst würde er es nicht tun oder sonst würde er etwas anderes tun.

Jede Bewegung des Säuglings, jedes Gähnen beim Fernsehkrimi, jedes Verschlafen bei einem wichtigen Termin, jede schnelle Reaktion bei einem drohenden Zusammenstoß, jedes Gameboy-Spielen unter der Schulbank, ja sogar jeder Bankraub machen aus der Sicht der handelnden Personen Sinn, denn sie konstruieren ihre jeweilige Wirklichkeit. Dass etwas für den betreffenden Menschen Sinn macht, hat nichts damit zu tun, dass er oder dass andere es auch für sinnvoll im moralischen Sinne halten, vielmehr ist es das, was von ihm (bewusst oder unbewusst) unter den gegebenen Bedingungen als Lösung gewählt wurde. In pädagogischen, rehabilitativen oder therapeutischen Zusammenhängen bedeutet dieses Postulat den Auftrag, das Sinnmachende für die jeweilige Person herauszufinden, um daran anschließen zu können. Was dies konkret bedeuten kann, möchte ich an einem Beispiel verdeutlichen:

Ein blinder Junge, 8 bis 9 Jahre alt, zeigte ein ungewöhnliches Bewegungsverhalten, das darin bestand, auf der Stelle zu laufen und dabei einen Gegenstand, den er in der rechten Hand hielt – er bevorzugte alle Arten von Schlüsselbund – in die linke Handfläche zu schlagen. Die Eltern machten sich Sorgen, weil er dieses Verhalten häufig zeigte und von diesem Tun nicht abzubringen war. Hinzugezogene Fachleute sprachen von einem stereotypen Bewegungsverhalten. Therapeutische Interventionen bestanden in einer so genannten Verhaltensmodifikation. Der Junge wurde mit Eis belohnt, wenn er das Verhalten nicht zeigte und mit Eisentzug bestraft, wenn er das unerwünschte Verhalten zeigte.

Therapeutische Intervention setzt hier an dem Verhalten des Jungen direkt an. Es geht weniger darum, das Verhalten zu verstehen, als es zu beenden.

Was glauben Sie, würde der so behandelte Junge später einmal mögen oder nicht mögen: seine Bewegungen, Eis oder den Therapeuten? Oder spielen solche Fragen keine Rolle, wenn es um Therapie geht?

Diese Geschichte, die sich tatsächlich zugetragen hat, hat noch eine andere Variante. In einem eher systemtheoretisch-pädagogischen Zusammenhang wurde das Verhalten des Jungen ebenfalls diskutiert und es wurden zunächst einmal die Zusammenhänge angeschaut, in denen dieses Verhalten auftrat. Es wurde deutlich, dass er, sobald er von der Schule nach Hause kam, etwa eine halbe Stunde mit dieser Bewegung beschäftigt war. In dieser Zeit war er kaum ansprechbar, danach durchgeschwitzt, aber auch gelassener und nicht mehr so angestrengt. Das Bewegungsverhalten trat aber auch auf, sobald er sich nach eigener Aussage langweilte. In der Schule oder in anderen Situationen mit vielen Menschen zeigte er diese Bewegungen offensichtlich dann, wenn die Situation zu unklar, zu diffus oder zu chaotisch wurde. Diese Beobachtung beruhte nicht auf einer Selbstaussage, sondern war Interpretation der Beobachter (Lehrerin, Eltern). Die Bewegungen selbst sahen, wenn man sie mit Musik unterlegte, wie ein Tanz aus. Unter dieser Persektive betrachtet, macht das gezeigte Verhalten Sinn, es dient dem Stressabbau oder es bedeutet Suche nach Aktivität. Demzufolge sieht das Angebot an den Jungen anders aus. Seine Strategie, Stress abzubauen, wurde ihm nicht weggenommen, sondern hierfür wurde sogar Zeit eingeräumt: „Das ist jetzt deine halbe Stunde nach der Schule, da kannst du tanzen." Um das Bewegungsrepertoire zu erweitern, gab es ein bewegungs- und tanzpädagogisches Angebot, in dem er lernen konnte, welche Bewegungsmöglichkeiten er ausgehend von seinem Bewegungsmuster noch entwickeln konnte.

Stereotypie als individuelle Lösungsstrategie

In diesem Zusammenhang wird das Verhalten des Jungen nicht als ein sinnloses, stereotypes Verhalten abgewertet, sondern als eine für den Jungen sinnmachende Aktivität gesehen. Seine Lösungsstrategie erhält Raum, sie wird wertgeschätzt als *eine* Möglichkeit. Vor diesem Hintergrund werden ihm andere Alternativen angeboten, sein Handlungsrepertoire zu erweitern. In dem einen Fall, der Verhaltensmodifikation, wird das gezeigte Verhalten selbst als das Problem angesehen und soll beseitigt werden. In dem anderen wird das gezeigte Verhalten als eine Lösung angesehen und es werden Angebote gemacht mit dem Ziel, dem Jungen ein Spektrum von Möglichkeiten zu eröffnen, in der Hoffnung, dass er die Wahl hat, welche davon er aufgreifen wird.

4.1.2 Nichtwissen und Neugier

Die Handlungen einer anderen Person verstehen wollen bedeutet, keine vorschnellen Erklärungen zuzulassen. Erklärungen – dies wurde in dem fiktiven Metalog über Behinderung deutlich (Kap. 3) – sind Ursache-Wirkungs-Zusammenhänge, deren Gül-

Verstehen wollen und Erklären

tigkeit nicht mehr hinterfragt wird. Wenn zum Beispiel das etwas ungewöhnliche Verhalten eines Kindes mit *Wahrnehmungsstörung* bezeichnet wird, dann ist dies eine Erklärung, mit der sich viele zufrieden geben mögen, aber was ist damit gesagt? Wahrnehmungen spielen sich im Gehirn, im Kopf ab. Außergewöhnliche Wahrnehmungen eines anderen können wir nicht beobachten, was wir sehen, sind Handlungen, Bewegungen, Verhaltensweisen. Wahrnehmungsstörung wäre somit ein Erklärungsprinzip ohne nachprüfbare Basis. Eigentlich findet mit dem Begriff Wahrnehmungsstörung die pathologisierende Bewertung eines Phänomens statt. Nicht das Phänomen Wahrnehmung hat die Eigenschaft gestört, sondern diejenigen, die Verhalten so wahrnehmen, dass sie es für gestört halten. Das ist im Übrigen gut so, denn dadurch fühlen sie sich aufgefordert zu handeln und das wahrgenommene Problem zu lösen (Klaes/Walthes 2002).

Dialog   „Erklärungsprinzipien", sagt Bateson, „werden dort eingesetzt, wo man mit dem Fragen aufgehört hat" (1981, 73–95). Verstehen wollen bedeutet hingegen nicht Wissen, nicht Erklären, aber Wissen wollen. Zum Verstehen wollen gehört die Neugier, über den anderen, seine Strategie, seine Denkweise etwas kennen lernen zu wollen, zum Verstehen gehört der *Dialog*. Gehe ich von der Annahme des Sinnmachenden jeder Handlung aus, dann begreife ich die Äußerungen des anderen Menschen als den Vorschlag, den er zur Gestaltung der Situation einbringt. Dieser Vorschlag kann zum Beispiel bezogen auf Kinder oder Menschen mit komplexen Schädigungen Abwendung oder Hinwendung sein, er kann auf einer Spannungsveränderung beruhen oder in einer erhöhten Atemfrequenz, in minimalen Bewegungen wie in einer intensiven und lautstarken Äußerung. Was sich aus diesem Vorschlag ergibt, hängt davon ab, mit welchem Gegenvorschlag ich antworte. Mein Gegenvorschlag ist der Versuch zu verstehen. Mit ihm stelle ich mich genauso zur Disposition wie der andere.

Vorschlag und *Gegenvorschlag* sind ein Begriffspaar, das der italienische Neuropädiater Milani-Comparetti eingeführt hat, um die dialogische Grundstruktur jedes Kontaktes zu kennzeichnen (1997).

4.1.3 Kontexte sehen

Eine zweite Annäherung, die Handlungen eines anderen Menschen zu verstehen, ist eine kontextuelle und bezieht sich auf die Frage: Was muss ich alles zueinander in Beziehung setzen, um die Handlungen, die Äußerungen eines anderen verstehen zu können?

Ein ganz wichtiger, auch in anderen Zusammenhängen bedeutsamer Kontext ist *Zeit*. Ich kann Äußerungen, Handlungen anders verstehen, wenn ich sie in einen anderen zeitlichen Rahmen stelle. Dann kann ich z. B. Äußerungen als Antworten wahrnehmen, die mir ansonsten als nicht einzuordnende erscheinen.

Zeit

In der Zusammenarbeit mit einem Mädchen, das aufgrund eines Hirntumors eine Halbseitenlähmung hatte, über keine Lautsprache mehr verfügte und bei dem viele basale Steuerungsfunktionen modifiziert waren, brauchte ich geraume Zeit, um festzustellen, dass meine an sie gerichteten Fragen durchaus beantwortet wurden. Anfangs hatte ich nicht darauf geachtet, dass sie den Mund in einer bestimmten Weise geöffnet hielt, als bejahende Antwort auf meine Frage. Denn diese Antwort erfolgte etwa 1 – 2 Minuten, nachdem ich die Frage gestellt hatte. Nachdem ich gelernt hatte, ihre Antwort zu verstehen, konnten wir zuverlässiger und besser miteinander kommunizieren.

Beobachten Sie sich im Umgang mit Kindern oder Menschen, die Ihnen langsamer oder schneller in ihren Reaktionen erscheinen, als Sie es erwarten. Wie gehen Sie damit um? Wie lange können Sie warten?

Ein zweiter Kontext ist *Raum*, verstanden als räumliche Umwelt im Sinne der Wahrnehmbarkeit von Umgebungsbedingungen (mit bestimmten klanglichen Qualitäten, Kühle, Wärme etc.); Raum, der mir für meine eigenen Handlungen, für meine Äußerungen zur Verfügung steht. Sind z. B. Handlungen besser zu verstehen, wenn sie großräumig sein können? Wie verstehe ich eine Bewegung, wenn ich sie von der gemachten Bewegung aus gedanklich vergrößere bzw. verkleinere? Und schließlich Raum, verstanden als Setting mit unterschiedlichen Materialqualitäten. Wird eine Äußerung verständlicher, wenn ich sie in Abhängigkeit zur Unterlage (Teppich, Steinfußboden, glattes Parkett etc.) betrachte?

Raum

Eine Familie, die ich im Rahmen eines frühpädagogischen Projektes betreute, bat mich, sie bei einer Untersuchung in einer entwicklungsneurologischen Abteilung zu begleiten. Der Junge, zu diesem Zeitpunkt 14 Monate, liebte es, lange und kräftig so zu strampeln, dass seine Fersen kräftig auf dem Boden aufschlugen. Dieses Verhalten wiederum bereitete dem zuständigen Frühförderer Sorgen, weshalb er eine Überprüfung des Entwicklungsstandes des Kindes vorschlug. Die Untersuchung in der Klinik verlief zunächst ausgesprochen positiv. Der zuständige Arzt betonte seine Wertschätzung der elterlichen Kompetenz und der Junge machte alles mit. Der behandelnde Arzt nahm ihn vom Untersuchungstisch und stellte ihn auf den Boden, mit der Bemerkung: „So, jetzt wollen wir uns anschauen, wie schön du stehen kannst", aber der Junge blieb nicht stehen, klammerte sich an den Arm des Arztes. Die Eltern waren überrascht, hatten sie doch gerade dem Arzt geschildert, dass ihr Sohn schon sicher stehen könne und wohl demnächst im Begriff sei, laufen zu lernen. Alle Versuche von Arzt und Eltern, alles Zureden nützte nicht, im

Gegenteil, die Situation wurde schwieriger und schwieriger, da der Junge nun anfing zu weinen. Ich beobachtete, dass er bei allen Stehversuchen immer nur auf einem Bein stand, das andere hochhob und sich mit seinem ganzen Körper gegen die Person lehnte, die ihn gerade festhielt. Wir alle wussten nicht, was zu tun sei, eine gewisse Ratlosigkeit stellte sich ein und eine Änderung der Atmosphäre. Irgendwann hatte ich die Idee, dass das Verhalten des Jungen etwas mit dem Boden zu tun haben könnte, auf dem er stand: Fliesen. Ich glaubte mich zu erinnern, dass die Wohnung der Familie Holz-, vor allem aber Teppichfußböden enthielt und fragte die Eltern danach. Es stellte sich heraus, dass er kalte Fliesen nicht kannte. Ein Teppichläufer wurde daraufhin besorgt, der Junge darauf gestellt und er stand alleine, kein Problem für ihn.

Umgangs- und Handlungskultur
Als dritten Kontext möchte ich die beteiligten Personen mit ihren Beziehungen und Vorstellungen sowie die bestehende Umgangs- und Handlungskultur benennen und setze damit insbesondere an der Differenz von Blindheit und Sicht an. Setze ich die Äußerungen des Kindes zu dieser Kultur in Bezug, komme ich möglicherweise zu anderen Verstehensweisen. In einer Umgangskultur, die überwiegend auf rationalen Auseinandersetzungen beruht, sind die Handlungsanlässe und Aufforderungen möglicherweise andere als in einem Kontext, der unmittelbar körpernahe Interaktionen bereitstellt. Wie schwierig es für Sehende ist, die bestehende visuozentristische Handlungskultur zu hinterfragen, verdeutlicht Spittler-Masolle:

„Eine Studentin berichtete […] von folgender Situation, die sich zwischen einem Blinden und seinem Mobilitättrainer abgespielt habe: Der Blinde habe wiederholt den Wunsch geäußert, Fußball zu spielen. So ging der Mobilitätstrainer mit ihm auf einen Fußballplatz. Sie stellten sich gegenüber und begannen, einen Ball hin und her zu spielen. Nach einer Weile fühlte sich der Trainer aufgerufen, den Blinden – ich nenne ihn hier aus Gründen, die sich Ihnen gleich erschließen werden, Torsten – auf das Tor aufmerksam zu machen und sprach: ‚Was hältst du davon, wenn wir jetzt einmal Torschüsse probieren?' Torsten stimmte zu. Der Trainer merkte an: ‚Dazu musst du dich aber in das Tor stellen.' Der Blinde antwortete: ‚Dort stehe ich doch.' Der Trainer lächelte etwas verlegen und sprach: ‚Du irrst dich, du stehst vor einem Pfosten, das Tor ist zwischen diesen Pfosten.' Ich verfolge diesen Dialog hier nicht weiter und möchte folgende Differenz festhalten […]: Der Sehende hat die Vorstellung, ein Tor sei ein Raum, der durch zwei Pfosten (und eine Latte) begrenzt ist. Der blinde Torsten steht vor dem einen Pfosten und ist der Meinung, dies sei das Tor. Wenn wir uns darauf einlassen, von der üblichen und zugegebenermaßen weit verbreiteten Meinung abzusehen, dass das Verständnis des Trainers richtig zu sein scheint, wird hier deutlich, dass die Tordefinition von Torsten exakt seinen Möglichkeiten entspricht. Spielt ein Sehender den Ball auf ein Tor in üblicher Weise, so wird ein blinder Torsteher (Tor-sten) kaum eine Chance haben, den Ball zu halten. Wenn wir weiter davon ausgehen, dass das Geräusch des Schusses und des Balles nicht genügend Hinweise gibt, um sich der bei dieser Übung entstehenden Geschwindigkeit des Balles blind angemessen zu verhalten, dann ist die Wahrscheinlichkeit, den Ball zu halten, dort am größten, wo der Torwart steht. Konsequenterweise ist es auch in einem blinden System am günstigsten, mit dem eigenen Körper das Tor weitestgehend abzudecken. Und dies ist bei einem Pfosten gegeben, wenn der Pfosten zum Tor erklärt wird. Zudem berücksichtigt diese konnotative Besetzung des Begriffs Tor von Torsten die Bedingungen, unter denen das Spiel erfolgt: Ein Blinder soll einen Ball halten, der von einem Sehenden geschossen wird." (1998, 207f)

Kommt Ihnen dieses Beispiel etwas merkwürdig vor? Haben Sie eine Vorstellung, weshalb?

Ein Umgang mit der Vorstellungs- und Handlungswelt von Torsten, der darin besteht, seine Konstruktionsweise als falsch und korrekturbedürftig zu erklären, wäre fatal, berücksichtigt er doch die Relativität der eigenen Vorstellung nicht und setzt das eigene Verständnis absolut.

Ein vierter, im Zusammenhang mit komplexen Schädigungen und progredienten Erkrankungen nicht zu unterschätzender Kontext ist die *Medikation*. Diese, insbesondere wenn es sich um Neuroleptika handelt, ist ein ganz entscheidender, allerdings erschwerender Faktor im Hinblick auf das Verstehen des Kindes, Jugendlichen oder Erwachsenen.

Medikation

Die genannten sind mögliche, nicht regelhaft vorzufindende Kontexte, die das Verstehen mitbedingen und deren Beachtung möglicherweise ein Verstehen erleichtern kann.

4.1.4 Selbstbestimmung akzeptieren und Selbstständigkeit ermöglichen

Selbstständigkeit kann man als *das* Schlagwort in der Blinden- und Sehbehindertenpädagogik bezeichnen. Kein pädagogischer Beitrag, der nicht darauf abzielt, die Notwendigkeit von Selbstständigkeit zu betonen, die Überwindung des auf Hilfe Angewiesenseins als Ziel zu formulieren, die Entwicklung von mehr Selbstständigkeit einzufordern. Selbstständigkeit wird verbunden mit Selbermachen, erwachsen und unabhängig sein und impliziert die Vermittlung und Aneignung konkreter Fertigkeiten. Ein Beispiel aus dem Orientierungs- und Mobilitätstraining:

Selbstständigkeit

Der Lehrer berichtet verzweifelt, dass seine Schülerin, eine junge Frau von 18 Jahren, es einfach nicht schaffe, alleine über eine ampelgeregelte Kreuzung zu gehen. Ohne diese Fertigkeit werde sie sich aber niemals selbstständig im Straßenverkehr bewegen können. Auf meine Frage, was sie denn tue, antwortet er: „Kaum steht sie an einer Ampel, kommt immer jemand und fragt sie, ob er ihr helfen kann. Sie sieht einfach so aus, dass jeder sich bemüßigt fühlt, sie anzusprechen".

Abgesehen davon, dass der letzte Satz lediglich die Wahrnehmung und Annahme des Lehrers beschreibt, stellt sich die Frage nach dem Selbstständigkeitsbegriff, der hier zugrunde liegt. Die beschriebene Frau und die Menschen, die sie ansprechen, bilden ein höchst selbstständiges soziales System, das über wesentlich mehr Aspekte und Fähigkeiten verfügt, als die Fertigkeit der Ampelüberquerung jemals erzeugen kann. Kein anderer als der Lehrer zeigt in dieser sozialen Situation offensichtlich kein Vertrauen in die Handlungsweise seiner Schülerin.

„Wenn das grundsätzliche Vertrauen nicht vorhanden ist, werden Lösungswege vorgegeben, Entscheidungen stellvertretend getroffen und Aufgaben abgenommen. Dieser professionelle Aktionismus wird häufig als fürsorgliche Belagerung beschrieben, die vermeintlich dem Wohl und Schutz der Betroffenen dienen soll." (Lenz 2002)

Wird Selbstständigkeit ausschließlich im Sinne der Unabhängigkeit und des Selber-Machens gesehen und werden damit Forderungen an Menschen mit Behinderung verbunden, die man an Menschen ohne Behinderung nicht richten würde, dann gerät Selbstständigkeit zum Gegenbegriff von Selbstbestimmung. Diese Tendenz ist innerhalb der Blinden- und Sehbehindertenpädagogik heute nur noch selten zu finden. Vielmehr hat sich die Erkenntnis durchgesetzt, dass Fertigkeiten und Fähigkeiten in Relation zum sozialen Kontext gesehen werden müssen (Klee 1998).

Selbst-
bestimmung

Der Begriff Selbstbestimmung im Bedeutungszusammenhang der *Selbstbestimmt-Leben-Bewegung* ist zunächst einmal ein sozialpolitischer, emanzipatorischer Begriff, wendet sich gegen Fremdbestimmung, Diskriminierung und Aussonderung und zielt darauf, die Regelungs- und Handlungskompetenzen den Menschen mit Behinderung selbst zu überlassen. Drolshagen und Rothenberg nennen in Anlehnung an Miles-Paul (1992) sechs Grundsätze der Selbstbestimmt-Leben-Bewegung:

„1. Forderung nach der Verabschiedung von umfassenden und einklagbaren Gleichstellungs- und Antidiskriminierungsgesetzen für behinderte Menschen (inzwischen teilweise eingelöst, R. W.).
2. Bestreben der Entmedizinisierung von Behinderung.
3. Das Prinzip der Nichtaussonderung und größtmöglichen Integration in das Leben der Gemeinde.
4. Forderung nach größtmöglicher Kontrolle über die eigenen Organisationsformen durch Behinderte.
5. Forderung der größtmöglichen Kontrolle über die Dienstleistungen für Behinderte durch Behinderte.
6. Selbstverpflichtung der Mitglieder der Selbstbestimmt-Leben-Bewegung zu Peer Counseling und Peer Support (Beratung und Unterstützung von Behinderten durch Behinderte) als Schlüssel zur Ermächtigung Behinderter." (1998, 251)

Selbstbestimmung wird hier als Gegenbegriff zu einer institutionellen, normativen und strukturellen Fremdbestimmung verstanden. Fremdbestimmung findet häufig statt über Ordnungen und Bestimmungen z. B. in Heimen und Werkstätten (Wacker et al. 1998), über Erwartungen an Menschen mit Schädigungen, dies oder jenes alleine machen zu können, über Sachzwänge – „Wenn Sie diesen Saal mit dem Rollstuhl erreichen wollen, dann müssen Sie sich tragen lassen" –, strukturelle Zwänge wie z. B. das geringe Spektrum an Berufsmöglichkeiten für blinde oder sehbehinderte Menschen. Fremd
bestimmung

Für Pädagogik und Rehabilitation ist Fremdbestimmung v. a. unter der Perspektive der Fremdbestimmung durch Expertentum und Hilfe zu betrachten. Wenn Betreuerinnen und Betreuer glauben, besser zu wissen, was für die betreute Person richtig ist – wenn das Ablehnen eines optischen Hilfsmittels, weil das Sehen dadurch anstrengender sei, als Ausrede ignoriert wird, wenn für die Pflege Standardmaterialien verwendet werden, obwohl sie der zu pflegenden Person unangenehm sind, dann findet Fremdbestimmung statt, die auf der anderen Seite Gefühle von Abhängigkeit und Ohnmacht erzeugen kann. Hierzu gehören viele pflegerische und Versorgungsmaßnahmen, die erfolgen, weil man glaubt, die zu betreuende Person bekomme das doch nicht richtig mit.

Selbstbestimmung durch persönliche Assistenz ist innerhalb der Behindertenbewegung ein wichtiges Konzept, um Fremdbestimmung zu begegnen. „Mit Hilfe von Assistenz werden aus hilfebedürftigen Behinderten ‚selbstbestimmte behinderte Arbeitgeber und Arbeitgeberinnen‘, die die benötigten Hilfen organisieren und koordinieren, und aus wohl wollenden Helfern und Helferinnen ‚persönliche Assistenten und Assistentinnen‘, die von ihren ArbeitgeberInnen entsprechend beschäftigt und bezahlt werden, aber auch entlassen werden können" (Drolshagen/Rothenberg 1998, 254). Persönliche
Assistenz

Selbstbestimmung bedeutet aus pädagogischer Perspektive die Unterstützung von Selbstwertgefühl und Selbstvertrauen. Die Entwicklung von Selbstvertrauen basiert im Säuglingsalter auf Bewegung, sie ist die bevorzugte Äußerungsmöglichkeit. Was mag es für Säuglinge und Kleinkinder, was für Kinder und Jugendliche bedeuten, wenn sie in diesem elementaren Bereich ständig Korrekturen erleben? Eltern und Fachleute versprechen sich von einer frühzeitigen und konsequenten Korrektur bestimmter Bewegungen und Verhaltensweisen, dass sich die Gefahr von Folgeproblemen verringert. Für das Kind – und gerade für einen Säugling, der seine Bewegungsäußerungen, damit aber auch seine Wahrnehmungs-, Handlungs- und Kommunikationsmöglichkeiten noch nicht in aller Vielfalt erproben und entwickeln konnte – kann eine permanente Korrektur seiner Bewegungen ande Bewegung und
Selbstvertrauen re als die erwarteten Auswirkungen haben. Zum Beispiel könnte das Kind mit den Korrekturen folgende Botschaft verbinden: „Das, was ich von mir aus tue, findet keine Resonanz; ich mache alles falsch; ich kann von mir aus nichts alleine tun; ich brauche immer jemanden, der mich korrigiert; ich mache andere traurig mit dem, was ich tue …" und vieles mehr.

Auch wenn solche Erlebnisse und Erfahrungen nicht verbalisierbar sind, so können sie doch dazu führen, dass das Kind sich immer mehr dem fügt, was mit ihm getan wird und damit die Grundlage für die eigene Aktivität und die Aneignung von Umwelt zu verlieren droht: das Zutrauen in die eigenen Bewegungen, zur eigenen Handlungs- und Kommunikationsfähigkeit und damit zu sich selbst. Dieses Beispiel würde missverstehen, wer nun glaubt, damit würden Krankengymnastik und Therapien kritisiert.

Anforderungen an Fachleute

Vielmehr soll aufgezeigt werden, dass es zwei Seiten gibt, die Fachlichkeit der Professionellen, die einen Handlungsbedarf sehen, und die Seite des Selbsterlebens. Wird diese andere Seite von den Professionellen nicht berücksichtigt und ständig übergangen, dann findet Fremdbestimmung bereits hier statt. Es sind oftmals die kleinen Verhaltensweisen, an denen deutlich wird, ob eine respektvolle Haltung gegenüber der Seinsweise einer anderen Person eingenommen wird oder nicht. Selbstbestimmung erfordert von den Professionellen ein prinzipielles Anerkennen und Vertrauen in die Selbstregulationsfähigkeiten jedes Einzelnen; wenn man die pädagogische Fachliteratur daraufhin kritisch überprüft, dann besteht hier ein großer Nachholbedarf. Der einzelnen Person Selbstbestimmung zuzugestehen und sie als Expertin in eigener Sache zu begreifen, kann konkret bedeuten:

• den Entschluss einer Person, auf ein Hilfsmittel zu verzichten, zu akzeptieren;
• die Entscheidung gegen eine Operation mitzutragen;
• die Entscheidung eines Kindes, nicht zu schlucken, trotz aller Bemühungen von außen, zu akzeptieren;
• die Entscheidung eines Kindes, nicht auf visuelle Stimulation zu reagieren, zu akzeptieren;
• die Entscheidung einer Familie, diese Therapiemaßnahme zu beenden, zu akzeptieren, wenn sie aus der professionellen Perspektive auch nicht immer zu verstehen ist.

Gerade im Umgang mit Kindern, deren Selbstbestimmungsmöglichkeiten und auch -fähigkeiten in der Entwicklung begriffen sind, ist eine solche Haltung manchmal eine Gratwanderung und erfordert daher einerseits ein hohes Maß an kritischer Selbstreflexion, andererseits viel Kommunikation sowohl mit den Klienten als auch im Team oder durch Supervision.

4.2 Organisationen und Institutionen

Selbsthilfe, Pädagogik, Rehabilitation, Missionsarbeit/Entwick-
lungshilfe und Ökonomie kennzeichnen das Gesamtsystem, das
sich um die Themen Blindheit und Sehbehinderung im Laufe
von mehr als 200 Jahren entwickelt hat. Hierbei ist die Trennlinie zwischen diesen Bereichen nicht eindeutig zu ziehen, da es
häufig zu Überschneidungen kommt.

Struktur des Gesamtsystems

Der Deutsche Blinden- und Sehbehindertenverband (DBSV) hat einen eigenen
Bildungsausschuss und nimmt über diesen Einfluss auf pädagogische Belange. Der spanische Blindenverband ONCE (Organización Nacional de Ciegos
Españoles) ist Träger aller Blindenschulen in Spanien und unter anderem Be-
sitzer eines der erfolgreichsten Unternehmen im Radrennsport. Der Verein zur
Förderung der Blindenbildung (VzFB) entwickelt und vertreibt Hilfsmittel für
blinde und sehbehinderte Menschen, ist jedoch auch Mitglied im Verband der
Blinden- und Sehbehindertenpädagogen und -pädagoginnen – beide sind wiederum korrespondierende Mitglieder des DBSV. Es handelt sich also um ein
sehr enges Geflecht mit vielfältigen Interessensüberschneidungen.

Diese Struktur ist historisch gewachsen. Sie war in der Spezifik
der Anforderungen begründet. Der Nachweis der bürgerlichen
oder gesellschaftlichen Brauchbarkeit blinder Menschen durch
Bildung hatte eine parallele Entwicklung des schulischen und beruflichen Systems zur Folge gehabt (Rath 1985). Die anfangs für
und mit blinden Menschen entwickelten Berufe wie Bürstenbinder, Korbflechter oder Klavierstimmer haben ein spezielles beruf-
liches System erzeugt: eigene Werkstätten, meist in der Nähe der
Schulen. Auf diese Weise wurde auch die Entwicklung von Selbst-
hilfeorganisationen in Verbindung mit den großen Blindenbildungsanstalten unterstützt. Die großen Blindenbildungsanstalten
des 19. Jahrhunderts waren für das Leben blinder Menschen von
der Schule bis zum Lebensende zuständig, ja manchmal von der
Wiege bis zur Bahre, wie es in einigen der älteren Schriften steht
(Pielasch/Jaedicke 1971). Diese Situation hat eng aufeinander
bezogene und miteinander verwobene Organisationen zur Folge
gehabt, Verflechtungen, die nicht nur national, sondern auch international zu finden sind. Dies hat vor allem drei Gründe:

Historische Entwicklung

a) die Zahl der Menschen mit einer Sehschädigung war in den
   Industrieländern relativ gering und beanspruchte einen Son-
   derstatus,
b) bei der Entwicklung von Know-how für diese Gruppe konnte
   man nicht nur auf eine kleine nationale Gruppe bauen und
c) die große Zahl blinder Menschen in den Ländern der Dritten
   Welt erforderte starke und finanzkräftige Hilfsorganisationen
   von internationalem Zuschnitt.

Nationale und
internationale
Verflechtung

So ist heute zum Beispiel der Verband der Blinden- und Sehbehindertenpädagogen und -pädagoginnen Mitglied sowohl der europäischen Sektion als auch des Weltverbandes des *International Council for Education of People with Visual Impairment (ICEVI),* kooptiertes Mitglied der *European Blind Union (EBU)* und der *World Blind Union (WBU).* Diese internationalen Organisationen arbeiten wiederum in enger Kooperation mit den für die Entwicklungsunterstützung zuständigen Missionen und Organisationen wie *Christoffel Blindenmission (CBM), American Foundation for the Blind (AFB)* oder *Royal National Institute for the Blind (RNIB),* um nur einige der großen weltweit operierenden Organisationen zu nennen. Ausdruck dieser gemeinsamen Anstrengungen ist das Projekt „Vision 2020", ein Projekt der UNESCO und aller Organisationen des so genannten *Blindness-Systems* (http://www.v2020.org). Aufgabe dieses Projektes ist es, Blindheit in den Ländern der Dritten Welt zu reduzieren und eine medizinische Grundversorgung zu gewährleisten. Dieses Ziel, die Lebenssituation von Menschen mit einer Sehschädigung zu verbessern und auf den unterschiedlichen Ebenen für deren Rechte einzutreten, eint die zahlreichen Aktivitäten der verschiedenen Organisationen.

Folgende Organisationen sind in der Bundesrepublik Teil des Systems:

– Selbsthilfe: DBSV (Deutscher Blinden- und Sehbehinderten-Verband), DVBS (Deutscher Verein der Blinden und Sehbehinderten in Studium und Beruf), BFS (Bund zur Förderung Sehbehinderter), Bund der Kriegsblinden, Elternorganisationen, Vereine
– Pädagogik: Schulen aller Schulformen (staatliche, konfessionelle, in freier Trägerschaft), Schulen für hörsehgeschädigte Schülerinnen und Schüler, Frühfördereinrichtungen, Sonderkindergärten, Einrichtungen für berufliche Bildung, Internate
– Rehabilitation: RES (Rehabilitationseinrichtung für Sehgeschädigte, Marburg), IRIS (Institut zur Rehabilitation und Integration Sehgeschädigter, Hamburg), Berufsbildungswerke (BBWs – Chemnitz, Soest, Stuttgart), Berufsförderungswerke (BFWs – Düren, Halle, Veitshöchheim), Altersheime für Menschen mit einer Sehschädigung, Berufsvereinigung der Orientierungs- und Mobilitätslehrer/innen für Blinde und Sehbehinderte e.V. (BOMBS), Berufsverband der Rehabilitationslehrer/innen für Blinde und Sehbehinderte; DBBW (Deutsches Blindenbildungswerk)
– Hilfsmittel: VzfB (Verein zur Förderung der Blindenbildung), Firmen für elektronische und optische Hilfsmittel, Blindenhörbüchereien, Punktschriftbibliotheken, Medienzentren, Punktschriftverlage
– Entwicklungshilfe/Missionsarbeit: Christoffel Blindenmission, Hildesheimer Blindenmission, Deutsches Blindenhilfswerk, Deutsches katholisches Blindenwerk, Stiftungen, die sich ausdrücklich der Unterstützung von Menschen mit einer Sehschädigung annehmen.

Die Tendenz, an einem Mikrokosmos des Blinden- und Sehbehindertenwesens weiterzuwirken und die Vernetzung mit anderen Sozialsystemen zu vernachlässigen, war früher wesentlich ausgeprägter als heute.

Walter Thimm, Soziologe an der Universität Oldenburg und kritischer Beobachter der Entwicklungen dieses Systems, hat das von ihm so gekennzeichnete „Blindness-System" der 60er-Jahre wie folgt beschrieben:

„Bewerber um Aufnahme in den Stand der Blindenlehrerschaft sahen sich einer Welt gegenüber mit ehrwürdigen Traditionen, mit klaren Organisationsstrukturen und Hierarchien, einer pädagogischen Provinz mit eigenständiger Praxis und dazugehörigem Überbau. Äußerlich auch dadurch gekennzeichnet, daß Blindenanstalten zumeist neben der Schule einen (fast) alles umfassenden Lebensraum für Zöglinge wie für Personal, nicht selten auch für ältere blinde Menschen, darstellten. Durch eine Pforte mit Pförtner betrat man einen großen Komplex mit Internatseinrichtungen, Personalwohnungen, Schule, Vorschule, Ausbildungswerkstätten, zentralen Versorgungseinrichtungen, Sportstätten, Gärtnerei usw. Als Kandidat wurde man probeweise in diese Welt aufgenommen und nach einem Jahr wurde entschieden, ob der Kandidat zur nächst höheren Weihe zugelassen wurde, dem Aufbaustudiengang zum Blindenlehrer. Nach erfolgreicher Absolvierung gehörte man zum Kreis der ‚Blindenfreunde'. Man lernte allmählich, von den offiziellen Vertretern der Blindenorganisation als ‚Weiser durch Profession' (Goffman) akzeptiert zu werden, insofern man als Vertreter der Blindenlehrerschaft grundlegende Selbstverständlichkeiten der sogenannten ‚Blindenschaft' teilte, deren Vertreter zum Teil selbst aus dem Blindenbildungswesen hervorgegangen waren. Das ‚Ehrenstigma' (Goffman) ‚Blindenoberlehrer' verlieh einem ganzen Stand ein relativ hohes Prestige (einschließlich hervorgehobener Bezahlung). Deutlich abgesetzt z. B. vom Status des Hilfsschullehrers." (Thimm 1990, 62)

Bevor die verschiedenen pädagogischen Einrichtungen vorgestellt werden, gilt es die Frage zu klären, welche dieser Einrichtungen denn pädagogisch, welche andragogisch (Erwachsenenbildung) oder geragogisch (auf Altenbildung bezogen) und welche rehabilitativ genannt werden können. Auch greift auf Grund der Komplexität der Einrichtungen so vieles ineinander, dass jede Trennlinie künstlich gezogen scheint.

Nehmen wir eine fiktive Einrichtung als Beispiel. Auf einem großen Gelände, das der Kirche gehört, befinden sich eine Schule für Blinde und Sehbehinderte mit einer Frühförderstelle, eine Werkstatt für blinde und sehbehinderte Menschen und ein Altersheim für Menschen mit einer Sehschädigung, das von der Kirche in Kooperation mit einem Landesverband des Deutschen Blinden- und Sehbehindertenverbandes geführt wird. Alte Menschen erhalten dort nicht nur die in Altersheimen übliche Unterstützung, sondern bei Alterserblindung auch, wie alle anderen Klienten dieses Systems, Unterricht oder Training in Orientierung und Mobilität sowie in lebenspraktischen Fähigkeiten. Sie lernen, wie sie bei Blindheit mit amtlichen Dokumenten umgehen, ihr Bankkonto weiterführen können etc. Gegebenenfalls erhalten sie bei Späterblindung auch psychologische Unterstützung für die Bewältigung dieses kritischen Lebensereignisses.

Geflecht der einzelnen Institutionen

Abb. 27:
Wege im System
der Pädagogik bei
Blindheit und
Sehbehinderung
(weiß = allgemein,
grau = Sondersystem)

Es handelt sich hierbei zwar nicht um ureigenst pädagogische, jedoch um andragogische Aufgaben mit einem hohen Anspruch an Professionalität. Sie gehören nicht in den Zuständigkeitsbereich von Lehrerinnen und Lehrern, aber in den von Pädagoginnen und Pädagogen (Diplom-, Heil-, Rehabilitations- oder Sozialpädagogik) und sind daher dem weiteren pädagogischen Feld zuzurechnen. Professionalität beschränkt sich in diesem Bereich nicht auf Lehrerinnen und Lehrer, Frühförderinnen und Werkstattmeister, sondern umfasst ein weites Spektrum (sozial-)pädagogisch, rehabilitativ und therapeutisch orientierter Berufsgruppen.

Orientiert am Lebenslauf von Menschen mit einer Sehschädigung finden wir streng genommen den besonderen Weg über die Sondereinrichtungen und den Weg der Inklusion und Integration. Der individuelle Lebensweg eines Individuums mag zwischen diesen beiden Möglichkeiten hin und her oszillieren und ein ganz eigenes Webmuster erzeugen. Die Tatsache, dass es diese Möglichkeiten gibt, ist gut, denn sie erlaubt das Finden individueller Lösungen.

Frühförderung

Von den 63 Frühfördereinrichtungen für Kinder mit einer Sehschädigung sind 59 an den Schulen für Blinde und Sehbehinderte angesiedelt, nur vier arbeiten in schulunabhängiger Trägerschaft. Da Frühförderung ein Unterstützungsangebot für Familien mit einem Kind mit Behinderung darstellt, steht es den Eltern frei, sich für eine allgemeine Frühförderung (örtlicher Träger, interdisziplinäre Frühförderstelle) oder für die sonderpädagogische Frühförderung zu entscheiden bzw. beide Angebote in Anspruch zu nehmen. Mit der Aufnahme des Kindes in den Kindergarten endet häufig die allgemeine Frühförderung, die sonderpädago-

gische steht für eine weitere Begleitung von Kind und Familie
auch während der Kindergartenzeit zur Verfügung.

Die Kulturhoheit der Länder hat ein je spezifisches, wenn auch
in den Grundzügen ähnlich gegliedertes Schulsystem zur Folge.
Diese allgemeinen Schulen stehen blinden und sehbehinderten
Schülerinnen und Schülern im Prinzip offen (Kap. 4.3.3) und
werden von diesen auch zunehmend besucht. 1999 gingen laut
der Statistik der Kultusministerkonferenz der Länder 27,9 % aller erfassten Schülerinnen und Schüler mit einer Sehschädigung
in eine allgemeine Schule (Rumpler 2001, 478). Von den ursprünglich neun Sonderschultypen sind vier in ihrer Eigenständigkeit bedroht: die Schulen für Schwerhörige, für Gehörlose,
für Sehbehinderte und für Blinde haben zu wenige Schülerinnen
und Schüler, um eigenständig existieren zu können. Daher finden sich insbesondere im Feld der Sinnesschädigungen Neurege-
lungen und Umstrukturierungen, die allerdings von Bundesland zu Bundesland verschieden sind. In diesem System existieren gegenwärtig folgende Schulformen: Schulen für Blinde,
Schulen für Sehbehinderte, Schulen für Blinde und Sehbehinderte, Schulen für mehrfachbehinderte Kinder und Jugendliche
mit einer Sehschädigung, Schulen, die sich für sehende Schülerinnen und Schüler geöffnet haben sowie Zentren, die ausschließlich Beratung und Unterstützung für blinde und sehbehinderte
Kinder an allgemeinen Schulen und anderen Sonderschulen an-
bieten, so genannte Förderzentren. Von der Grundschule bis zu
zwei Gymnasien für Blinde und Sehbehinderte, verschiedenen
Berufsschulen und Berufskollegs finden sich alle Schultypen auch
innerhalb dieses Sondersystems.

Schulsystem

Auch im Berufsbildungs- und -förderungsbereich hat sich neben dem allgemeinen ein Sondersystem etabliert. Es existieren
zurzeit drei Berufsbildungs- und drei Berufsförderungswerke, die
spezielle Angebote für Menschen mit einer Sehschädigung machen. In diesen können Jugendliche staatlich anerkannte Ausbildungsberufe absolvieren bzw. Spätsehgeschädigte umgeschult
werden. Das Angebot der Berufsförderungswerke richtet sich an
Menschen über 18 Jahre, wohingegen die Berufsbildungswerke
ihren Schwerpunkt bei der Erstausbildung Jugendlicher haben.

**Berufliche
Bildung**

Da der allgemeine Arbeitsmarkt trotz der Verpflichtung, in einem gewissen Umfang schwer behinderte Menschen zu beschäftigen, zu wenige Arbeitsplätze zur Verfügung stellt, hat sich als
weiterer Arbeitsmarkt derjenige der Werkstätten für Behinderte
entwickelt. Eigene Werkstätten für Blinde und Sehbehinderte
existieren bereits seit mehr als 150 Jahren.

Arbeit

Orientiert am Lebenslauf muss noch auf ein Sondersystem hin-
gewiesen werden: Altersheime für Menschen mit einer Sehschä-

Altersheime

digung. Diese Altersheime wurden ursprünglich vor allem von den Landesverbänden des Deutschen Blinden- und Sehbehindertenverbandes für blinde und hochgradig sehbehinderte Mitglieder oder von den großen Blindenanstalten für deren alte Mitarbeiter eingerichtet. Heute existieren lediglich noch 28 Altersheime für blinde und sehbehinderte Menschen.

Aktuelle Fragen

Das Gesamtsystem Blindheit und Sehbehinderung ist historisch im Zuge der Ausdifferenzierung des Rehabilitations- und Sonder-, Heil- oder Behindertenpädagogiksystems entstanden. Heute, da die Zahl von Kindern und Jugendlichen mit einer Sehschädigung weiter zurückgeht, Mehrfachbehinderungen und Wahrnehmungsstörungen zunehmen sowie die Zahl alter Menschen mit einer Sehschädigung steigt, stellen sich folgende Fragen und Aufgaben:

Wird sich das System weiterhin durch innere Ausdifferenzierung erhalten können – dies wird gegenwärtig insbesondere durch die Schaffung sehgeschädigtenspezifischer Ausbildungen versucht – oder wird es sich öffnen? Gegenwärtig liegt in der Loslösung von überkommenen Strukturen einer traditionellen Blindenbildung und der Erschließung neuer Aufgabenfelder durch Interdisziplinarität und Internationalität eine außerordentliche Herausforderung des gesamten „Blindness-Systems".

4.3 Aufgabenfelder

Überblickt man den 200-jährigen Zeitraum institutionalisierter Blindenpädagogik, kann man feststellen, dass es immer wiederkehrende Aufgabenfelder gibt, dass sich aber auch die Aufgaben einer Pädagogik bei Blindheit und Sehbehinderung mit den gesellschaftlichen Strukturen und Anforderungen gewandelt haben. Zu den Aufgaben, die in diesem Zeitraum relativ stabil geblieben sind, gehören die schulische Bildung und berufliche Ausbildung sowie das Eintreten für die Rechte von blinden und sehbehinderten Menschen. Frühförderung, Hilfen im Alter und vor allem Zusammenarbeit mit Eltern, Angehörigen und Bezugspersonen haben sich hingegen erst im Laufe der Zeit entwickelt.

Auf die gesellschaftlich bedingten Veränderungen pädagogischer Aufgaben kann nur kurz eingegangen werden. Sie bestanden z. B. für das beginnende 19. Jahrhundert darin, die Bildungsfähigkeit blinder Menschen zu beweisen. In der Zeit des NS-Regimes galt es, blinde, sehbehinderte und mehrfachbehinderte Menschen vor Euthanasie und Sterilisation zu schützen. Heute könnte die pädagogische Aufgabe mit dem Begriff *Inklusion*, d. h. einer Teilhabe am gesellschaftlichen und sozialen Leben mit allen Rechten und Pflichten von Anfang an umschrieben werden. Die Beispiele machen deutlich, dass Aufgabenfelder einem permanenten Wandel unterworfen sind und daher einen ständigen Abgleich von Systemforderungen und pädagogischer Antwort benötigen.

4.3.1 Kooperation und Zusammenarbeit

Eine Pädagogik, die sich ausschließlich auf den pädagogischen Bezug zwischen Pädagoginnen und Heranwachsenden stützt, die im Wissen um die Gesetzmäßigkeiten kindlichen Wachstums Kinder von schädigenden Einflüssen fern halten will, braucht sich keine Gedanken um Kooperation zu machen. Sie konzentriert sich auf die heranwachsende Person und setzt die Machbarkeit und Wirksamkeit von Erziehung voraus. Die Zusammenarbeit mit Bezugspersonen (Eltern, Angehörige) und die Kooperation mit allen im jeweiligen System arbeitenden Pädagoginnen und Therapeutinnen als eine der wichtigsten Aufgaben einer Pädagogik bei Blindheit und Sehbehinderung zu begreifen, ordnet pädagogisches Handeln in soziale Kontexte ein, geht davon aus, dass der *Text* (hier das *Kind*) nicht ohne den *Kontext (soziales Umfeld)* zu verstehen ist. Ein Verständnis von Behinderung, das diese als nicht gelungenen Umgang mit Verschiedenheit versteht, verortet Veränderungsbemühungen nicht in der Person, sondern im Umgang und damit in den Kontexten, in denen eine Person lebt.

Blinden- und Sehbehindertenpädagogik in diesem Sinne begreift sich als *absichtsvolle Kontextgestaltung* und als *subsidiär,* d. h. einer allgemeinen Pädagogik, einer allgemeinen Sozialisation nachgeordnet. Sie hat dort und nur dort ihren Auftrag, wo im Zusammenleben und gemeinsamen Lernen Unterstützungsbedarf besteht.

Zusammenarbeit mit Eltern, Angehörigen und Bezugspersonen:
Die Zusammenarbeit mit Eltern, Angehörigen und Bezugspersonen wird heute als eine der wichtigsten Aufgaben der Blinden- und Sehbehindertenpädagogik begriffen. Es ist zugleich jedoch auch dasjenige Feld, das noch ausbaufähig und für Profilierung offen ist. Die größten Erfahrungen existieren verständlicherweise im Bereich der Frühförderung, da hier ein sehr unmittelbares Angewiesensein auf Zusammenarbeit deutlich wird. Schule und berufliche Bildung, Therapie und Rehabilitation haben das Thema Zusammenarbeit in all seinen Facetten nur zum Teil ausgestaltet, vielfach herrscht hier noch das veraltete Bild eines einseitigen Expertentums (auf der Seite der Fachleute) vor. Eine Zusammenarbeit mit den Eltern, Angehörigen und nahen Bezugspersonen hat heute von folgenden Fragestellungen und Prämissen auszugehen:

Pädagogisches Handeln im sozialen Kontext

Prämissen der
Zusammenarbeit

Frage: Wie werden Eltern, Angehörige gesehen?

Prämisse: Eltern, Angehörige und langjährige Bezugspersonen sind diejenigen, die mit dem Kind bzw. Jugendlichen mit einer Sehschädigung leben und in der Lage sind, gemeinsam Kommunikationsmuster und -strukturen aufzubauen, die den Alltag gestalten und die vielfach Adressaten des (Un-) Verständnisses der sozialen Umwelt sind. Sie werden als Expertinnen und Experten für ihr Kind gesehen, wie auch das Kind, der Jugendliche als Experte in eigener Sache gesehen wird.

Frage: Wie sollte eine Zusammenarbeit aussehen?

Prämisse: Zusammenarbeit kann gelingen, wenn Zuständigkeiten geklärt, Kommunikationsformen gefunden werden und wechselseitige Akzeptanz vorhanden ist. Eltern müssen Eltern bleiben dürfen und nicht veranlasst werden, die Rolle von Ko-Therapeuten, Ko-Lehrerinnen oder Ko-Technologen zu übernehmen. Ohne eine Klärung der Erwartungen der Eltern kann deren Unterstützung nicht gelingen.

Frage: Welche Erwartungen haben Eltern an Fachleute?

Als Ergebnis einer Untersuchung zur Situation von Familien mit einem blinden, mehrfachbehinderten oder sehbehinderten Kind (Walthes/Klaes 1994) können wir folgende von Eltern geäußerte Erwartungen zusammenfassen:

Erwartungen
von Eltern

1. „Eltern erwarten von den Fachleuten nicht, daß diese ihre Probleme lösen. Ebensowenig gehen sie davon aus, daß ihnen Entscheidungen in Bezug auf ihr Kind abgenommen werden. Sie wünschen sich vielmehr eine Unterstützung im Umgang mit ihrem Kind und Orientierungshilfen im Prozeß der vielfältigen Entscheidungen, die sie zu treffen haben" (Walthes/Klaes 1994, 361). Sie erwarten Verständnis für ihre Fragen, Anliegen und Probleme sowie einen respektvollen Umgang mit ihnen und ihrem Kind.

2. „Eltern versprechen sich von Fachleuten spezifische Kompetenzen, die diese für einen förderlichen Umgang mit ihrem Kind zur Verfügung stellen und erhoffen sich ebenso fachkompetente Antworten auf spezifische Fragen. Sie wünschen sich Interpretations- und Deutungshilfen, die ihnen einen verständnisvollen Umgang mit ihrem Kind in Alltagssituationen erleichtern." (362)

3. „Eltern gehen davon aus, daß sie selbstverständlich von den Fachleuten mit wichtigen Informationen wie z. B. über Hilfe anbietende Einrichtungen oder rechtliche Belange usw. ausgestattet werden. Zudem wünschen sie sich eine Kommunikationssituation, die durch ein hohes Maß an Transparenz und Offenheit gekennzeichnet ist." (363)

4. „Eltern erhoffen sich in der Zusammenarbeit mit unterschiedlichen Fachleuten ein gewisses Maß an Übereinstimmung der fachspezifischen Beiträge." (363)

5. „Eltern erwarten, daß ihr Wissen und ihre Erfahrungen im Zusammenleben mit ihrem Kind von Fachleuten geschätzt und auch in den Überlegungen zu geeigneten Maßnahmen und Behandlungen genutzt wird." (364)

Diesen hier von Eltern in Interviews geäußerten Erwartungen können sich Jugendliche, Erwachsene und alte Menschen mit einer Sehschädigung/Mehrfachbehinderung mit Sicherheit anschließen, wenn sie gefragt werden. Solche Befragungen gibt es zu wenige, hier besteht weiterer Forschungsbedarf.

Kooperation, Interdisziplinärität, Transdisziplinarität: Jede im Feld der Pädagogik und Rehabilitation bei Sehschädigung arbeitende Fachperson kommt nicht umhin, mit anderen Fachleuten zu kooperieren. Diese Kooperation beginnt beim Augenarzt, geht über die Kolleginnen und Kollegen des Frühförderteams oder des schulischen Kollegiums der allgemeinen Schule oder der Sonderschule, die Fachleute für Orientierung und Mobilität oder für Lebenspraktische Fertigkeiten, die zuständigen Erzieherinnen, Sozialarbeiterinnen, Zivildienstleistenden, bis zu den Fachleuten der psychologischen Dienste sowie den Therapeutinnen und Sachbearbeitern im Sozialamt. So sehr sich Blinden- und Sehbehindertenpädagogik immer wieder in ihrer Spezifität und Besonderheit darstellt, die Lebenswirklichkeit zeigt, dass sie ohne solche Kooperationen nicht auskommt.

Interdisziplinarität, die in anderen Einrichtungen vorhanden ist, wie z. B. an der Körperbehindertenschule, an Schulen für Mehrfachbehinderte (Krankengymnasten, Ergotherapeuten, Lehrerinnen) oder in interdisziplinären Frühförderteams, muss in den Institutionen der Blinden- und Sehbehindertenpädagogik durch externe Kooperation hergestellt werden. Hierdurch geht diesen Institutionen oft die Möglichkeit zu einer echten transdisziplinären Arbeit verloren, in der zum Beispiel das gemeinsame Tun mit einem Kind, die wechselseitige Beobachtung, der Austausch der handlungsleitenden Prinzipien oder eine Einigung über die weitere Vorgehensweise zu einem intensiven Diskurs und wechselseitigen Verständnis führen können. Findet trans- oder interdisziplinäres Arbeiten nicht statt, kann es vorkommen, dass zum Beispiel von einem Kind in unterschiedlichen Situationen miteinander unvereinbare Verhaltens- und Handlungsweisen gefordert werden und das Kind oder die Familie die Aufgabe hat, diese Unterschiede zu integrieren. Kooperation, Zusammenarbeit mit Eltern und Fachleuten erfordert Kompetenzen, die man keinesfalls mitbringt, wenn man es gut meint oder nur „das Beste" für Kind und Eltern will. Interaktions- und Kommunikationsprozesse erfordern eine hohe Aufmerksamkeit und großes Know-how und bedürfen einer spezifischen Schulung und Ausbildung im Bereich von Beratung, Teamarbeit, Zusammenarbeit mit Familien.

4.3.2 Frühförderung

Frühförderung als eine Aufgabe der Pädagogik zieht sich durch die Geschichte der Blinden- und Sehbehindertenpädagogik seit ihren ersten Anfängen. Frühförderung als institutionalisiertes Angebot existiert jedoch erst seit etwa 50 Jahren. Wenn man davon ausgeht, dass die Welt überwiegend visuell wahrgenommen und begriffen wird, dann folgt daraus eigentlich zwangsläufig, dass diese Welt blinden und sehbehinderten Kindern gezeigt und erklärt werden muss. Je früher einem blinden Kind Welt vermittelt werde, desto besser sei dies für seine Entwicklung, so könnte man annehmen. Daher kann man in der 200-jährigen Geschichte der Blinden- und Sehbehindertenpädagogik Bemühungen einer frühen Förderung von Kindern finden.

Frühförderung in der Geschichte

Vordringlich geht es dabei um die Schulfähigkeit blinder Kinder und um Maßnahmen gegen deren Verwahrlosung. Viele der Kinder, die im Alter von durchschnittlich zwölf Jahren in die wenigen Blindenschulen aufgenommen wurden, zeigten – nach den Aussagen der damaligen Blindenpädagogen (z. B. Klein, Pablasek, Knie oder Georgi) – Anzeichen von Verwahrlosung oder Überbehütung. Die häufige Kombination von Blindheit und Armut auf der einen Seite und die Überbehütung blinder Kinder in bürgerlichen oder adeligen Familien auf der anderen Seite hatten offensichtlich vergleichbare Effekte, nämlich Unselbstständigkeit im Alltag, ungepflegtes Aussehen, körperliche Probleme und ungewöhnliche Verhaltensweisen. Diese Erscheinungsweisen wurden in der damaligen Zeit meist als unmittelbare Konsequenz der Blindheit gesehen und unterstützten das bestehende Vorurteil von der Bildungsunfähigkeit blinder Kinder. Es lag daher im Interesse der Blindenpädagogen, diese Zustände zu ändern, um damit die Voraussetzungen für den Nachweis der Bildungs- und Arbeitsfähigkeit von Menschen mit einer Sehschädigung unter Beweis zu stellen (Moldenhawer 1873, 42).

Frühförderung meint daher zu dieser Zeit Förderung vor Beginn des Schuleintritts und umfasst eher den Zeitraum zwischen dem sechsten und dem zehnten Lebensjahr. Frühförderung bedeutete damals nicht die konkrete Zusammenarbeit zwischen einem Blindenpädagogen und einem Kind und seiner Familie, sondern eher eine indirekte Zusammenarbeit über Elternschriften und Bücher. So wurden bereits im 19. Jahrhundert kleinere Schriften in Umlauf gebracht, die den Eltern einerseits die Besonderheiten der Entwicklung ihres blinden Kindes erklären und andererseits Ratschläge zur Förderung vermitteln sollten.

Die damaligen Vorschläge zur Förderung blinder Kinder haben sich ausgesprochen lange gehalten, ja sind zum Teil auch
heute noch Gegenstand der Frühförderung im Kleinkindalter.
Sie sollen daher kurz mit Originalbeispielen veranschaulicht
werden.

Historische Konzepte

1. Übungen des Tastsinns

„Von selbst lernt es [das Kind] keinen Handgriff und bleibt lebenslänglich in
der kindischsten Ungeschicklichkeit und Abhängigkeit ohne die nötige An-
weisung" (Georgi 1857, 15). Daher müssten dem Kind unbedingt die verschiedensten Gegenstände zur Anregung und Selbstbeschäftigung nahe gebracht werden. Georgi schlägt vor, ein so genanntes „Allerlei" anzulegen. Was
ist ein solches, sympathisch klingendes „Allerlei"?

„Zu diesem Behufe nimmt man einen Kasten mit vielen Fächern, oder auch
eine Anzahl kleiner Schachteln oder Pappkästchen, worin die Gegenstände
des Allerlei gesondert aufbewahrt werden. Kein Gegenstand darf größer sein,
als daß ihn das Kind in einer, höchstens in beiden Händen fassen kann. Um
den Unterschied der Form anschaulich zu machen, wähle man Dinge von einerlei
Stoff (Oberflächenmaterial, R. W.) aber verschiedener Gestalt, für die zweite
Übung Körper von einerlei Gestalt aber verschiedenen Stoffen, also z. B. Kugeln
und Würfel von Holz, Glas, Horn, Metall und Thon […]. Von denselben Stoffen oder von Blech, Pappe, Tuch, Leinwand sc. Hierbei lasse man das Kind sorg-
fältig darauf achten, welche von den Dingen rund, eckig, drei-, vier- oder viel-
eckig, welche flach, erhaben, glatt oder rau, hart, weich, schwer, leicht sind.
Tausend Dinge werden sich im Hause, Hofe und Garten finden, welche tast-
bar und tragbar sind und wenigstens eine zeitlang und bis sie ihren Zweck erreicht haben, dem Allerlei einverleibt werden können. Mischt man von Zeit zu
Zeit neue, dem Kind noch unbekannte Sachen darunter, so erhält sich hierdurch der Reiz des Neuen." (Georgi 1857, 27)

2. Übungen für den Geruchs- und Geschmackssinn

Das Kind müsse folgende Lebensmittel unterscheiden lernen: „Wie riechen
Bohnen, Gurken, Spargel, Kartoffeln, Kohl, Möhren, Petersilie, Kümmel, im
frischen und gekochten Zustande? Wie unterscheiden sich Honig, Syrup, Oel,
Essig, Wein, Branntwein, Bier sc. Durch den Geruch? Welches ist Nelke, Zimmt,
Müskatnuß, Pfeffer, Ingwer, Kalmus, Pfefferminze, Anis, Fenchel? Unter-
scheide durch den Geruch Rose, Nelke, Veilchen, Lindenblüthe, Orange, Sal-
bei, Vanille, Spick, Reseda, Basilikum?" (Georgi 1857, 24)

Wer probiert hat, diese Lebensmittel nur durch Riechen und Schmecken
und nicht gleichzeitig auch durch die anderen Sinne zu unterscheiden, der
weiß, welch immens hohe Anforderungen Georgi hier stellt.

Probieren Sie dies einmal mit ihrer Partnerin, ihrem Partner aus, und zwar,
indem sie über längere Zeit eine Schlafbrille oder Augenbinde aufsetzen, so
dass Sie sich nicht jedes Mal visuell vergewissern können. Weitere konkrete
Vorschläge Georgis beziehen sich auf

3. Geh- und Orientierungsübungen,
4. Übungen des Gehörs und der übrigen Sinne,
5. Erlangen von Selbstständigkeit in alltäglichen Verrichtungen und Situationen,
6. Stereotypien und Benimmregeln,
7. Übungen zur Entwicklung der geistigen Fähigkeiten.

Die spezifischen Inhalte der frühen Förderung von Kindern mit einer Sehschädigung wurden bis zur Mitte des 20. Jahrhunderts beibehalten, auch wenn sich die institutionellen Rahmenbedingungen in diesen 100 Jahren deutlich wandelten. Nach dem Naziregime und dem Zweiten Weltkrieg und mithin nach einer Zeit, in der die Infragestellung des Lebensrechtes von Kindern mit Behinderung jede inhaltliche Auseinandersetzung im Keim erstickte, waren es Blinden- und Hörgeschädigtenpädagogen, die Ende der 50er-Jahre mit Elternschriften an die Tradition der frühen Förderung sinnesgeschädigter Kinder anschlossen.

Wurzeln des heutigen Systems **Das System früher Hilfen und die Frühförderung von Kindern mit einer Sehschädigung:** Das heutige System der Frühförderung von Kindern mit einer Sehschädigung hat mindestens zwei Wurzeln. Die bereits benannte frühe, d. h. vorschulische Förderung zunächst blinder, später dann auch sehbehinderter Kinder wurde von den Lehrern der Blindenschule Düren, namentlich Theodor Düren, Hugo Schauerte und Wolfgang Strehle seit Mitte der 50er-Jahre initiiert und durch Gründung einer Arbeitsgemeinschaft Frühförderung von Kindern mit einer Sehschädigung institutionalisiert (Düren 1986).

Die zweite Wurzel stellen die Empfehlungen des Deutschen Bildungsrates „Zur pädagogischen Förderung behinderter und von Behinderung bedrohter Kinder und Jugendlicher" von 1973 dar (Thurmair 1998). Auf der Basis dieser Empfehlungen wurde es möglich, ein dichtes Netz interdisziplinärer Frühförderung insbesondere auch für mehrfachbehinderte Kinder zu knüpfen (Fuchs/Zeschitz 1998). Diese beiden Wurzeln prägen auch heute noch das Gesicht der Frühförderung von Kindern mit einer Sehschädigung und unterscheiden diese von der allgemeinen, interdisziplinären Frühförderung.

Enge Verknüpfung mit Schulen Die Frühförderung von Kindern mit einer Sehschädigung hat sich als ein eigenständiges Angebot innerhalb des Gesamtsystems der frühen Hilfen behauptet und wird in allen Bundesländern entweder direkt von den Schulen für Blinde und Sehbehinderte durchgeführt oder erfolgt in organisatorisch und inhaltlich enger Kooperation mit diesen. Bundesweit insgesamt 63 Einrichtungen sehen ihre Aufgabe in einer spezifischen Förderung von Kindern mit einer Sehschädigung oder Mehrfachbehinderung. In vielen dieser Einrichtungen arbeiten ausschließlich Lehrerinnen und Lehrer und setzen damit die Tradition der Blinden- und Sehbehindertenpädagogik fort, in anderen Einrichtungen versucht ein interdisziplinäres Team, den komplexen Anforderungen zu begegnen. Die Ursachen für diese Unterschiede sind weniger inhaltlich als vielmehr sozial- und bildungspolitisch begründet und liegen in der Verantwortung der einzelnen Bundesländer.

Frühförderung hörsehgeschädigter Kinder geht in der Bundesrepublik von drei Institutionen aus: dem Taubblindenwerk Hannover, dem Oberlin-Haus in Potsdam und der Blindeninstitutsstiftung Würzburg (Schule für Hörsehgeschädigte). Sie besteht nur in seltenen Fällen in direkter Zusammenarbeit mit den Familien, dann nämlich, wenn eine Familie im Einzugsgebiet der jeweiligen Einrichtungen lebt. In allen anderen Fällen besteht sie in regelmäßiger Beratung der Frühfördereinrichtungen vor Ort, die mit der Familie zusammenarbeiten.

Frühförderung richtet sich an behinderte und von Behinderung bedrohte Kinder und deren Eltern bzw. Bezugspersonen und versteht sich als Unterstützungsangebot, nicht als obligatorische Maßnahme. Die Frühförderung von Kindern mit einer Sehschädigung reicht von der Geburt eines Kindes mit Sehschädigung bis zu seiner Einschulung in die Grundschule. Je nach der persönlichen Situation des Kindes und der Familie findet die Frühförderung als so genannte *Hausfrühförderung* oder *mobile Frühförderung* im Elternhaus statt oder begleitet das Kind, wenn es älter ist, in den Kindergarten und die vorschulische Einrichtung.

Um einen Überblick über dieses doch recht komplexe Gebiet der Frühförderung wenigstens annähernd geben zu können, ist die Betrachtung folgender Grundprinzipien und Ziele der Frühförderung erforderlich:

* Die Früherkennung von Sehschädigung
* Die Organisation der Frühförderung
* Die Inhalte der Frühförderung
* Das Verhältnis von sehgeschädigtenspezifischer und allgemeiner Frühförderung.

Die Früherkennung von Sehschädigung: Vergleicht man die inzwischen vielfach verwendeten statistischen Werte für das Auftreten von Blindheit (0.021 %), Sehbehinderung (0.247 %) und Sehschädigung in Verbindung mit Mehrfachbehinderung (0.067 %) mit den durch die 63 Frühfördereinrichtungen in der Bundesrepublik betreuten Kindern, dann muss man eine höchst unterschiedliche Betreuungsdichte feststellen. Diese Unterschiede haben sehr viel mit dem Problem der *Früherkennung* zu tun. Während bei Blindheit alle Kinder im Kontakt mit einer sehgeschädigtenspezifischen Frühfördereinrichtung stehen, sind es bei einer Mehrfachbehinderung in Kombination mit einer Sehschädigung durchschnittlich 67 % und bei einer Sehbehinderung nur durchschnittlich 20 % der Kinder. Wenn man zudem berücksichtigt, dass bei Kindern mit einer geistigen Behinderung in 30 %

Margin notes:
Hörsehschädigung

Formen der Frühförderung

Betreuungsdichte

der Fälle ebenfalls eine Sehschädigung festgestellt wurde und Reihenuntersuchungen in Schleswig-Holstein wie auch in den Niederlanden zu dem Ergebnis kommen, dass bei vielen der untersuchten Personen (zwischen 5 und 10 %) die Sehschädigung bis zum Untersuchungszeitpunkt nicht diagnostiziert war, wenn man Aussagen von Ärzten und Entwicklungsneurologen wie Castillo-Morales Glauben schenken darf, dass bei cerebralen motorischen Beeinträchtigungen immer auch ein visuelles Wahrnehmungsproblem vorhanden sei, dann muss man davon ausgehen, dass Sehschädigungen in weit höherem Maße auftreten, als bisher angenommen wurde (Castillo-Morales 2000).

Probleme der Früherkennung

Wie bereits in Kapitel 2 ausführlich dargelegt, sind Sehen und visuelle Wahrnehmung Prozesse, die von außen nicht direkt beobachtbar sind. Zwar gelingt es mit den verschiedenen ophthalmologischen und neuroophthalmologischen Methoden, Schädigungen des Auges sowie auch der vorderen Sehbahnen zu erkennen und auch visuelle Potenziale in der Sehrinde abzuleiten, diese Methoden sind aber lediglich in der Lage zu sagen, ob ein Sehvermögen vorhanden ist, aber nicht genau, unter welchen Bedingungen der Mensch was und wie sieht. Noch schwieriger ist die Diagnose bei Kindern, da deren Sehsystem sich auch nach der Geburt noch weiterentwickelt.

Inzwischen gibt es eine Fülle von Tests und Beobachtungsverfahren, um auch bei Säuglingen und Kleinkindern differenziert die verschiedenen Sehfunktionen zu überprüfen, doch bis diese Untersuchungen tatsächlich durchgeführt werden, vergeht in der Regel viel Zeit.

Zeitpunkt der Diagnose

Wie verschiedene Untersuchungen zeigen (Walthes/Klaes 1994; Zeschitz 1998), wird Blindheit innerhalb des ersten Lebensjahres diagnostiziert, doch dauert es hier auch oftmals mehrere Monate, bis aus der Unsicherheit über das Verhalten des Kindes die Gewissheit einer Blindheit wird. Sehbehinderung wird sehr unterschiedlich früh diagnostiziert. Die Zahlen, die von den einzelnen Frühförderstellen vorliegen, weisen sehr große Schwankungen auf, mit Schwerpunkten im dritten und sechsten Lebensjahr. Das hängt damit zusammen, dass jeder Mensch das sieht, was er sieht, und Unterschiede nur bei Vergleichen deutlich werden. Für jedes Kind ist das, was es visuell wahrnimmt, in sich vollständig und alles, was es zur Verfügung hat. Da es zudem bei den meisten Überprüfungsverfahren erforderlich ist, dass die Personen Auskunft geben müssen, was sie wie sehen, ist es bei Kleinkindern nur schwer möglich, das Sehvermögen differenziert zu überprüfen.

Die meisten Testverfahren, die heute zur Überprüfung des Sehvermögens bei Kindern eingesetzt werden, wurden von der finnischen Ophthalmologin Lea Hyvärinen entwickelt und werden weltweit angewandt. Folgende der in Kapitel 3.4 besprochenen Verfahren sind für Kinder besonders geeignet: Visustafeln mit Lea Symbolen; Lea Gratings zum Bestimmen der Gittersehschärfe, Low Contrast Test Hiding Heidi, Cone Adaptation Test (Hell-Dunkel-Adaption); Quantitativer Farbsehtest (PV 16), PV-Mail-Box für das Raum-Lage-Verständnis, Heidi Expressions für Gesichterkennen (Abb. 29).

Für eine erste Gesichtsfeldüberprüfung wurde von der Schweizer Low-Vision-Spezialistin Rosemarie Nef-Landolt der nach ihr benannte Nef-Trichter entwickelt, mit dem eine spielerische Überprüfung des Gesichtsfeldes stattfinden kann (Abb. 28).

Leider werden diese Testverfahren sowie eine genaue Beobachtung des funktionalen Sehvermögens nicht immer von den Augenärzten selbst durchgeführt. Es ist daher häufig erforderlich, dass die Diagnose des Augenarztes durch eine Low-Vision-Spezialistin (auch Orthoptistin oder Optiker mit Spezialausbildung) hinsichtlich aller Aspekte des funktionalen Sehens erweitert wird. Eine genaue Verhaltensbeobachtung des Kindes in den unterschiedlichen Alltagssituationen ist hierfür Voraussetzung.

Die Organisation der Frühförderung: Die Frühförderung von Kindern mit einer Sehschädigung unterscheidet sich in einigen wesentlichen Punkten von der allgemeinen Frühförderung. Diese Differenzen beziehen sich im Wesentlichen auf die Klientel, die beteiligten Berufsgruppen, die Struktur des Angebotes und auf die Inhalte (Tab. 12).

Der Zugang zum Angebot „Frühförderung für Kinder mit einer Sehschädigung" ist nicht geregelt. Daher sind die Wege, wie Eltern eines Kindes mit Sehschädigung in Kontakt zu einer Frühförderstelle gelangen, vielfältig und verschlungen. Die schrecklichen Erfahrungen mit den Auswirkungen einer Meldepflicht für

Kontaktaufnahme

Abb. 28:
Überprüfung des Gesichtsfeldes mit dem Nef-Trichter (Hyvärinen 2002a)

1

2

3

4

5

6

Abb. 29: Testverfahren
1 Hiding Heidi, Low Contrast Face Test (PV)
2 SZB-Test (incl. Low Contrast Test)
3 Einzelsymbole – Single Symbol Book (Lea Symbols) (PV)
4 Paddles zur Fixation und zum Messen der Gittersehschärfe (Lea Gratings) (PV)
5 Visustafel für die Nähe (Lea-Symbols, gruppiert) (PV)
6 Test zum Messen des Vergrößerungsbedarfs (Zeiss)

7 Stereosehtest (Titmus-Test)
8 Farbsehtest (PV 16)
9 PV-Mailbox (Möglichkeit zum Testen der Raum-Lage-Wahrnehmung)
10 Lea Puzzle (PV)
11 Cone Adaptation Test (Hell-Dunkel-Adaptation)
12 Visustafel für die Ferne (Lea-Numbers, Reihentest)
13 Kontrastsehtest

Menschen mit Behinderung in der Zeit des NS-Regimes haben zu dem Verbot einer personenbezogenen Meldepflicht in der Bundesrepublik geführt. Dieses verständliche Verbot hat zur Folge, dass Informationen nicht weitergeleitet werden dürfen. Daher kann eine Frühförderstelle nur von den Eltern selbst oder von einer durch die Eltern beauftragten Person Kenntnis über ein Kind erhalten. Da jedoch diejenigen, die über diese Informationen verfügen müssten, nämlich die Ärzte und insbesondere Augenärzte, sie aus unterschiedlichen Gründen nicht haben oder oft nicht weiterleiten, sind Eltern eines Kindes mit Sehschädigung auf Zufall oder viel Eigeninitiative angewiesen, wollen sie Zugang zur Frühförderung haben.

Tab. 12:
Unterschiede zwischen allgemeiner und sehgeschädigtenspezifischer Frühförderung

	Allgemeine Frühförderung	**Sehgeschädigtenspezifische Frühförderung**
Klientel	Alter 0 – 3 Jahre	Alter 0 – 6 Jahre bzw. Schuleintritt
Berufsgruppen	Interdisziplinäres Team oder: Ärzte, Psychologinnen, Krankengymnastinnen, Ergotherapeuten, Sonderpädagoginnen, Heilpädagogen (Sozialpädagoginnen)	Sonderschullehrerinnen und -lehrer mit den Fachrichtungen Blindenpädagogik bzw. Sehbehindertenpädagogik
Struktur des Angebotes	*Ambulant,* d. h. die Frühförderung findet in der Frühförderstelle z. B. des Landkreises statt, nur in seltenen Fällen mobil	*Mobil,* d. h. die Frühförderin fährt in die Wohnung des Kindes und die Frühförderung findet zu Hause statt, nur in seltenen Fällen ambulante Frühförderung
Inhalte	Entwicklungsförderung	Unterstützung der Aneignung einer visuell dominierten Welt, Schulvorbereitung
Häufigkeit	ein- bis mehrmals wöchentlich	im Durchschnitt alle zwei Wochen, in den Ferien keine Frühförderung
Finanzierung	Mischfinanzierung Krankenkassen und BSHG	in den meisten Bundesländern ein kostenloses Angebot der Kultusministerien

Inhalte der Frühförderung: In Kapitel 3.6 wurde dargelegt, dass kindliche Entwicklung wesentlich auf der Qualität der Individuum-Umwelt-Auseinandersetzung basiert und bei Vorliegen einer Sehschädigung häufig nicht die geeigneten Umweltangebote zur Verfügung stehen. Daher besteht die Aufgabe der Frühförderung darin, Unterstützung dort anzubieten, wo diese Auseinandersetzung unzureichend ist oder ungeeignete Angebote zur Verfügung gestellt werden. Inhalte der Frühförderung beziehen sich daher auf das Kind, die Familie und das soziale Umfeld.

Entwicklungsunterstützung des Kindes bedeutet zunächst einmal eine gründliche Analyse der Stärken und Probleme des Kindes. Für diese Analyse stehen Beobachtungs- und Analyseverfahren zur Verfügung, die Fragestellungen in der individuellen Situation leiten können. Zu nennen sind im deutschsprachigen Raum die Bielefelder Entwicklungsbögen für blinde Kinder (Brambring 1999), die Entwicklungs- und Förderdiagnostik des Sehens (Kern 1996, 1998), aber indirekt auch der Fiela-Förderplan für mehrfachbehinderte sehgeschädigte Kinder (Nielsen 2000). Daneben existieren eine Fülle an Beobachtungsbögen und selbstentwickelten Test- und Überprüfungsverfahren an einzelnen Einrichtungen. Das Skills Inventory des *Oregon project for visually impaired and blind Preschool Children* (Anderson et al. 1991), das Reach-Book des Projektes *Reach out and Teach* (Ferell 1985) oder die drei Bände *Assessment of Low Vision for educational purposes and early intervention* (Hyvärinen 2002a) werden international häufig verwendet. In jüngster Zeit wurden die CD-Rom von van Dijk (2001) und Co-Creating Communication (Nafstad/Rodbroe 1999) insbesondere für mehrfachbehinderte und hörsehgeschädigte Kinder entwickelt.

Kindbezogene Angebote

Die konkreten Inhalte der Frühförderung blinder, mehrfachbehinderter und sehbehinderter Kinder sind individuell abzustimmen, können jedoch folgende Themen beinhalten:

Konkrete Inhalte

– Unterstützung der Kopfkontrolle und Aufrichtung durch visuelle Angebote (bei vorhandenem Sehvermögen) oder Krankengymnastik,
– Unterstützung des Greifens und der Exploration durch farbige, deutlich konturierte (bei vorhandenem Sehvermögen) oder deutlich texturierte oder klingende (bei Blindheit), auf jeden Fall das Kind interessierende Objekte in Reichweite (das Allerlei von Georgi),
– Unterstützung der Fortbewegung durch vielfältige gemeinsame Bewegungsaktionen (gemeinsames Rollen, gemeinsames Rangeln, gemeinsames Krabbeln und vieles mehr) in Verbindung mit akustischen (bei Blindheit) oder deutlich wahrnehmbaren visuellen Angeboten außerhalb der Reichweite,
– Unterstützung der Sehentwicklung durch Low-Vision-Förderung (s. Kapitel 4.3.1),

- Unterstützung der Sprachentwicklung einerseits durch begleitendes Sprechen, d. h. die Dinge oder Aktivitäten nicht nur beschreiben, sondern sprechend begleiten, was gerade gemeinsam getan wird, andererseits durch Benennen von Gegenständen und Zusammenhängen,
- Aufbau eines Kommunikationssytems bei nichtsprechenden oder hörsehgeschädigten Kindern durch gemeinsame Bewegung, das Aufgreifen natürlicher Gesten und die Entwicklung eines gemeinsamen Zeichensystems.

Das Spielverhalten von Kindern mit einer Sehschädigung unterscheidet sich deutlich von dem sehender Kinder, da darin Akustik, Taktilität, Gerüche eine größere Rolle spielen als die visuelle Nachahmung. Geeignete Spiele zu finden und sich auf die Spielpräferenzen der Kinder einzulassen, ist eine noch nicht befriedigend gelöste Aufgabe der Pädagogik bei Blindheit und Sehbehinderung. Kinder sind neugierig, wenn sie das Material erhalten, das ihre Neugier unterstützt. Auch hier gibt es Weiterentwicklungsbedarf innerhalb der Frühförderung blinder und sehbehinderter Kinder, da viele Angebote letztlich doch zu sehr von der Visualität der Erwachsenen bestimmt sind. Eine individuelle Anpassung der Inhalte der Frühförderung bedeutet nicht, dass es in der Frühförderung von Kindern mit einer Sehschädigung keine Konzepte, Programme oder Methoden gäbe und auch nicht, dass nicht Inhalte der allgemeinen Frühförderung, krankengymnastische oder ergotherapeutische Unterstützung der motorischen Entwicklung oder Sprachtherapie auch Gegenstand der Frühförderung von Kindern mit einer Sehschädigung sind. Die Vielfalt der von den Eltern wahrgenommenen Angebote und Therapien ist groß, verschiedene Untersuchungen belegen, dass Eltern im Durchschnitt 3,5 Angebote parallel konsultieren.

Familienbezogene Angebote

Die Zusammenarbeit mit Familien respektive mit den Eltern ist von Beginn einer institutionalisierten Frühförderung an Thema in der Blinden- und Sehbehindertenpädagogik. Mit Elternbriefen und schriftlichen Ratschlägen wurde schon im 19. Jahrhundert, aber auch in den 50er- und 60er-Jahren des 20. Jahrhunderts versucht, den Eltern Anleitung für den Umgang mit ihrem blinden Kind zu geben. Wenn man die Inhalte dieser Briefe gründlicher betrachtet, kann man zweierlei feststellen:

1. Es ist nahezu kein Erziehungsthema ausgelassen. Das bedeutet, dass den Eltern in der Erziehung ihres blinden Kindes wenig zugetraut wurde.
2. Die Ratschläge dienten vor allem einem Zweck, nämlich die Kinder auf ein Leben im Internat der Blindenschule vorzubereiten. Eltern wurden in dieser Zeit als Laien betrachtet, denen die Experten zu sagen hatten, was zu tun war. Das elterliche Wissen und deren Kompetenz wurden wenig beachtet.

Im Unterschied zur allgemeinen Frühförderung, wo wir eine Entwicklung in der Zusammenarbeit mit den Eltern vom Laien- über das Ko-Therapeuten- zum Kooperationsmodell feststellen können (Speck/Warnke 1983), kann eine solche Entwicklung innerhalb der Frühförderung blinder und sehbehinderter Kinder nicht so deutlich festgestellt werden.

Verschiedene Modelle

Auf Grund der Tatsache, dass auch heute noch eine Frühförderin eine Familie (außerhalb der Schulferien) etwa alle zwei Wochen besuchen kann, beschränkt sich deren Rolle im Wesentlichen auf Beratung und ist weniger auf das konkrete Tun mit dem Kind ausgerichtet (Pretis 1999, Walthes/Klaes 1994). Eltern werden daher sehr häufig in den Prozess der Förderung ihres Kindes einbezogen. Familienbezogenes Arbeiten in dem Sinne, dass tatsächlich die ganze Familie einbezogen ist und teilnimmt, findet sich innerhalb des Systems nur an wenigen Stellen. Eltern-Kind-Tage sind nicht in der Lage, Themen, die die ganze Familie betreffen, zu bearbeiten. Hier bedarf es entweder einer kontinuierlichen Einrichtung von familienbezogenen Arbeitsformen, wie sie zum Beispiel in Eltern-Kind-Kursen (Klaes/Walthes 1996) oder Eltern-Kind-Seminaren angeboten werden, oder eines stationären Angebotes für die ganze Familie, das allerdings in Deutschland nicht existiert und in der Praxis oftmals ohne Väter stattfindet (Goergen 1995).

Name	Charakterisierung	Kritik
Laienmodell	Fachleute sind Experten in allen Belangen, Eltern haben den Anweisungen der Fachleute zu folgen.	
Ko-therapeuten-modell	Fachleute sind Experten, die Eltern anleiten können, Experten für bestimmte Programme zu werden, z. B. für kranken-gymnastische Übungen, Sehförderung.	
Kooperations-modell	Eltern sind Experten für ihr Kind, Fachleute für ihre jeweilige Profession. Nur in der Kooperation kann Sinnvolles für das Kind erreicht werden.	

Tab. 13: Verschiedene Modelle der allgemeinen Frühförderung

Aufgabe: Schreiben Sie mögliche Kritik-punkte an den Modellen in die freie Spalte

4.3.3 Schule

Rechtliche
und politische
Rahmen-
bedingungen

Der Schulbesuch eines blinden, mehrfachbehinderten oder sehbehinderten Kindes ist durch viele, zum Teil sehr unterschiedliche Vorgaben geregelt und durch gesellschaftliche Prozesse indirekt mitbestimmt. Es geht hierbei um folgende Ebenen:

1. Rechtliche Rahmenbedingungen durch das Grundgesetz
2. Gesellschaftliche und politische Entwicklungen, die sich in Empfehlungen
   auf europäischer oder nationaler Ebene niederschlagen (Salamanca-Erklärung, Empfehlungen der Kultusministerkonferenz der Länder)
3. Schulgesetzgebung und Richtlinien der einzelnen Bundesländer.

Artikel 3, Absatz 3 des Grundgesetzes besagt: „Niemand darf wegen seiner Behinderung benachteiligt werden." Das Gesetz zur
Gleichstellung behinderter Menschen von 2002 lautet:

„Ziel dieses Gesetzes ist es, die Benachteiligung von behinderten Menschen
zu beseitigen und zu verhindern sowie die gleichberechtigte Teilhabe von behinderten Menschen am Leben in der Gesellschaft zu gewährleisten und ihnen eine selbstbestimmte Lebensführung zu ermöglichen. Dabei wird besonderen Bedürfnissen Rechnung getragen." (Behindertengleichstellungsgesetz –
BGG 2002)

Diese gesetzlichen Regelungen bereiten prinzipiell den Boden für
ein anderes Verständnis und einen anderen Umgang mit Behinderung. Gleiches gilt für die verschiedenen Erklärungen zu Bildung und Erziehung. Die UNESCO hatte bereits 1994 eine Erklärung verabschiedet, die den verstärkten Bemühungen um Integration Ausdruck und Unterstützung verleihen sollte. In diesen als
Salamanca-Erklärung bekannt gewordenen Empfehlungen heißt es:

Salamanca-
Erklärung

„Wir glauben und erklären,
- dass jedes Kind ein grundsätzliches Recht auf Bildung hat und dass ihm die
  Möglichkeit gegeben werden muss, ein akzeptables Lernniveau zu erreichen und zu erhalten,
- dass jedes Kind einmalige Eigenschaften, Interessen, Fähigkeiten und Lern-
  bedürfnisse hat,
- dass Schulprogramme entworfen und Lernprogramme eingerichtet werden sollen, die dieser Vielfalt an Eigenschaften und Bedürfnissen Rechnung
  tragen,
- dass jene mit besonderen Bedürfnissen Zugang zu regulären Schulen haben müssen, die sie mit einer kindorientierten Pädagogik, die ihren Bedürfnissen gerecht werden kann, aufnehmen sollen,
- dass Regelschulen mit dieser integrativen Orientierung das beste Mittel sind,
  um diskriminierende Haltungen zu bekämpfen, um Gemeinschaften zu
  schaffen, die alle willkommen heißen, um eine integrierende Gesellschaft
  aufzubauen und um Bildung für Alle zu erreichen; darüber hinaus gewährleisten integrative Schulen eine effektive Bildung für den Großteil

aller Kinder und erhöhen die Effizienz sowie schließlich das Kosten-Nutzen-Verhältnis des gesamten Schulsystems. (Österreichische UNESCO Kommission 1994, 9)

Unter dem Motto „children who learn together learn to live together" wird in den angelsächsischen Ländern die Forderung nach einer inklusiven Pädagogik unterstützt.

Inclusive education means that all students in a school, regardless of their strengths or weaknesses in any area, become part of the school community. They are included in the feeling of belonging among other students, teachers, and support staff. The federal Individuals with Disabilities Education Act (IDEA) and its 1997 amendments make it clear that schools have a duty to educate children with disabilities in general education classrooms. (Inclusion 2002)

Inklusive Pädagogik

Wie sieht die Situation in Deutschland aus? Hier sind die Kultusministerien der jeweiligen Länder für die Bildungspolitik zuständig. Jedes Bundesland hat Instrumente entwickelt, die eigene Bildungspolitik zu steuern und für sich selbst zu sichern, dass an den Schulen das gelehrt wird, was für erforderlich gehalten wird. Diese Instrumente heißen Richtlinien und Lehrpläne oder Curricula. Mit ihrer Hilfe soll ein Minimalkonsens innerhalb eines Landes erreicht werden.

Um jedoch über die Landesgrenzen hinaus eine Vergleichbarkeit der Abschlüsse und damit verbunden der Lehrinhalte herzustellen, wurde eine Instanz geschaffen, die ständige Konferenz der Kultusminister (KMK). Diese Institution gibt Empfehlungen zu allen Schulformen heraus. Innerhalb der Sonderpädagogik gibt es Empfehlungen zur sonderpädagogischen Förderung an den verschiedenen Sonderschulformen von 1963 und 1972 und zum Gemeinsamen Unterricht von 1983 und 1994. Die Empfehlungen wurden von den einzelnen Bundesländern als Rahmenvorgabe begriffen, innerhalb derer eigene Richtlinien entwickelt wurden.

KMK

Auch in Deutschland hat die Kultusministerkonferenz der Länder auf diese gesellschaftlichen und bildungspolitischen Veränderungen – wie sie in der Salamanca-Erklärung und den verschiedenen empfehlenden Maßnahmen zur Inklusion deutlich werden – reagiert und mit den 1994 herausgegebenen Empfehlungen zur sonderpädagogischen Förderung eine Trendwende vollzogen (Drave et al. 2000). Mit den KMK-Empfehlungen von 1994 lässt sich ein grundsätzlicher Wandel in der Betrachtung der sonderpädagogischen Förderung feststellen.

Grundsätzlicher Wandel

Diese Veränderungen lassen sich im Wesentlichen an drei Aspekten festmachen:

1. Von der Defizitorientierung zur Ressourcenorientierung
2. Von der Rehabilitation zur Selbstbestimmung
3. Vom Institutionenbezug zum Individuum-Umwelt-Bezug

Alle drei Aspekte sind Ergebnis eines veränderten Verständnisses von Behinderung sowie eines gewandelten Menschenbildes, das die Selbstbestimmung und das Können jedes Menschen in den Vordergrund stellt. Nicht mehr das Kind mit seinen Defiziten und einem entsprechend darauf aufgebauten (Re-) Habilitationsprogramm steht im Zentrum der Bemühungen, sondern die Kompetenz und das Selbstbestimmungsrecht jedes Menschen. Diese Schwerpunktsetzung erfordert wiederum eine Pädagogik, die sich auf die Bedürfnisse und Bedingungen der Kinder und Jugendlichen einstellt (special needs) und nicht von den Bedingungen der Institutionen, hier der Schule, ausgeht.

Auswirkungen auf das Schulsystem

Die Hauptaufgabe des deutschen Schulsystems als einem gegliederten und selektierenden Schulsystem bestand und besteht zum großen Teil auch heute noch darin zu überlegen, welches Kind in welche Schulform gehört, d. h. ob ein bestimmtes Kind auf ein Gymnasium, eine Realschule, Hauptschule, Schule für Lernbehinderte oder Schule für Geistigbehinderte gehen sollte. Fünf Schulformen mit unterschiedlichen kognitiven Anforderungen sind zum großen Teil damit beschäftigt, die Kinder auszusortieren, die nicht den Anforderungen der Institution entsprechen. Die von der KMK geforderte Umkehrung vom Institutionenbezug zum Individualbezug bedeutet, dass die Schülerin/der Schüler im Zentrum steht und die spezifische Unterstützung, die diese Schülerin/dieser Schüler benötigt, zur Verfügung gestellt wird, unabhängig davon, an welcher Schule sich die Schülerin/der Schüler gerade befindet. Der Sonderpädagogik kommt in diesem Zusammenhang eine subsidiäre Funktion zu, das bedeutet, dass zunächst einmal davon ausgegangen werden sollte, dass jedes Kind die wohnortnahe Schule besuchen kann.

Die Trendwende, die die Kultusministerkonferenz der Länder vollzogen hat, könnte als erster und wichtiger Schritt hin zu einer Schule für alle, hin zur Inklusion begriffen werden, wenn ihr nicht zwei Sachverhalte entgegenstünden. Dies ist zum einen die Tatsache, dass die Kultusministerkonferenz lediglich Empfehlungen herausgeben darf, die nur dann verbindlich werden, wenn sie von den einzelnen Bundesländern in der Form eigener Richtlinien, Curricula oder Lehrpläne ratifiziert werden. Diesen Prozess haben acht Jahre später nur wenige Bundesländer vollzogen. Zum anderen haben die Empfehlungen zur sonderpädagogischen Förderung einen internen Vorbehalt geschaffen, der in der Lage ist, alle Bemühungen um Inklusion zunichte zu machen. Dieser Vorbehalt lautet: „(…) wenn die personellen, sachlichen und organisatorischen Bedingungen erfüllt sind (…)" und bedeutet in der schulischen Wirklichkeit oftmals das Aus aller integrativen Bemühungen.

Dennoch markieren diese Empfehlungen und die ihr nachfolgenden zu den so genannten Förderschwerpunkten einen wichtigen Schritt. Der in den 70er-Jahren übliche Automatismus, dass eine bestimmte Schädigung den Besuch des entsprechenden Sonderschultyps erfordere, ist damit endgültig aufgehoben. Ob sonderpädagogischer Förderbedarf im Unterricht eines Kindes entsteht oder nicht, ist nicht nur abhängig von den Lernbedingungen des Kindes, sondern gleichermaßen von den Angeboten der Schule, den zur Verfügung stehenden Hilfsmitteln, der Einstellung und dem Engagement der Lehrerinnen und Lehrer. Aufgabe von Schule ist es seither, an jedem Förderort (allgemeine Schule, Schule für Blinde oder Sehbehinderte, andere Sonderschule) eines Kindes oder Jugendlichen diejenigen Bedingungen herzustellen, die ein möglichst optimales schulisches Lernen ermöglichen.

„Sonderpädagogischer Förderbedarf entsteht dort, wo zwischen den individuellen Voraussetzungen und Bedingungen und den Ansprüchen und Möglichkeiten der allgemeinen Schule langandauernde, umfassende und erhebliche Diskrepanzen bestehen." (Walthes 2000, 212; Drave et al. 2000)

Sonderpädagogischer Förderbedarf

Die so genannte „Feststellung des sonderpädagogischen Förderbedarfs" ist daher in zweierlei Hinsicht zu ermitteln. In der Feststellung der *individuellen Voraussetzungen* durch eine umfassende Kind-Umfeld-Diagnostik und in der Feststellung der *institionellen Voraussetzungen* durch eine Analyse des Potenzials des schulischen Systems (Einstellungen des Kollegiums, materielle Ausstattung, Unterstützungskapazitäten [Integrationshelfer]). In den einzelnen Bundesländern sind die Verfahren zur Feststellung des Förderbedarfs unterschiedlich. In der Regel gehört dazu ein medizinisches Gutachten und ein pädagogisches Gutachten, das ebenfalls in der Regel unter Beteiligung einer Blinden- oder Sehbehindertenpädagogin und unter Mitwirkung der Eltern erstellt wird. Das Gutachten soll nicht nur die gegenwärtige Situation des Kindes beurteilen, sondern auch Auskunft darüber geben, welche Unterstützungsmaßnahmen und -materialien erforderlich sind. Für die Feststellung der individuellen Voraussetzungen bezüglich des Sehens ist das Gutachten des Augenarztes die Grundlage. Es muss jedoch gegebenenfalls durch eine Analyse des funktionalen Sehens ergänzt werden, um Anhaltspunkte für den Unterricht zur Verfügung zu haben, beispielsweise hinsichtlich der Arbeitsplatzausstattung, des Vergrößerungsbedarfs, der Beleuchtungssituation, der erforderlichen optischen und elektronischen Hilfsmittel. Folgende Bereiche beziehen die Richtlinien für Nordrhein-Westfalen und für Schleswig-Holstein in die Feststellung des Sonderpädagogischen Förderbedarfs mit ein:

– Das Bewegungsverhalten des Kindes bezogen auf seine Taststrategien und im Hinblick auf großräumige Bewegung und Orientierung;
– die akustische Wahrnehmung und Orientierung;
– die sprachliche Kommunikationsfähigkeit und das kognitive Verständnis im Hinblick auf Begriffsbildung und Strukturierungsfähigkeit;
– die nonverbale Kommunikation und Interaktion;
– das Explorationsverhalten, vor allem die dabei verwendeten Seh- und Handlungsstrategien;
– Kenntnisse, Fähigkeiten und Fertigkeiten in alltagspraktischen Zusammenhängen.

In anderen sonderpädagogischen Bereichen zur Feststellung des sonderpädagogischen Förderbedarfs oder Entwicklungstandes von Schülerinnen und Schülern steht eine Fülle von Test- und Überprüfungsmaterialien zur Verfügung, aber diese sind nur in seltenen Fällen für blinde und sehbehinderte Schülerinnen und Schüler geeignet. Hier besteht ein großer Entwicklungsbedarf in der Blinden- und Sehbehindertenpädagogik.

Fördermaßnahmen Sonderpädagogische Förderung hat die Aufgabe, schulische Umwelten so zu gestalten, dass sie Kindern und Jugendlichen mit einer Sehschädigung ein weitgehend eigenaktives und selbstbestimmtes Lernen ermöglicht. Wie in der Frühförderung sind diese Fördermaßnahmen auch in der Schule auf unterschiedlichen Ebenen anzusiedeln. So sprechen zum Beispiel die Richtlinien zum Förderschwerpunkt Sehen des Landes Nordrhein-Westfalen von drei Ebenen: *Gestaltung von Voraussetzungen, Inhalte* und *Methoden*. Degenhardt erweitert diese auf fünf Ebenen, indem er *Didaktik, Verfahren und Techniken, Rahmenbedingungen, pädagogisches Personal* und *gesellschaftliche Außenwirkung* als relevante Ebenen eines mehrschichtigen Interventionsprozesses bezeichnet (Degenhardt 2003).

Rahmenbedingungen oder Gestaltung von Voraussetzungen: Die hier zu nennenden Rahmenbedingungen gelten im Prinzip für jeden Lernort, sei es eine Schule für alle, integrativer Unterricht, Unterricht an einer Schule für Blinde und/oder Sehbehinderte oder an einer anderen Sonderschule. Sie beziehen sich auf eine den individuellen Bedingungen entsprechende Gestaltung des Arbeitsplatzes, der Räume und des Geländes sowie eine angemessene mediale Ausstattung. Die folgende Aufzählung von Gestaltungsmöglichkeiten ist der Versuch, die Aufmerksamkeit auf die jeweils möglichen Bereiche zu richten. Welche der Rahmenbedingungen jeweils geschaffen werden sollte, ist abhängig von einer möglichst guten Passung von individuellen Bedürfnissen und Anforderungen einerseits und Umweltgegebenheiten andererseits:

- *Lagerungsmöglichkeiten* (Keile, Lagerungskissen, Stühle) und Hilfsmittel (z. B. Lifter, Sitzhose, Stehständer), um zunächst einmal gute Aufmerksamkeits- und Wahrnehmungsbedingungen zu schaffen;
- Hilfreich für alle Kinder ist eine *Gestaltung von Räumen und eine Strukturierung des Schulgeländes,* die optische, taktile und akustische Orientierungshilfen und eindeutige Gliederungen aufweist (z. B. Leseecke, Ruhezone, Arbeitsbereich, Verkehrswege, Spielflächen, Parkplätze);
- eine nicht nur ausreichende, sondern optimale *Beleuchtungssituation* in den Arbeitsräumen;
- ergonomisch gestaltete *Arbeitsflächen* (höhen- und neigungsverstellbar) mit blendungsfreier, in der Lichtfarbe passender Einzelplatzausleuchtung mit optimaler Beleuchtungsstärke;
- optische, mechanische und elektronische *Hilfsmittel* (Lupen, Brillensysteme, Bildschirmlesegeräte, Punktschriftmaschinen, Braillezeile, -drucker);
- Visuelle, taktile und akustische Medien sollten in ihrer Beschaffenheit (Struktur, Größe, Form, Farbe, Konsistenz, Kontrast) den individuellen Seh- und Wahrnehmungsfähigkeiten genügen.

Je mehr Aufmerksamkeit den Rahmenbedingungen gewidmet wird, umso leichter zeigt sich die konkrete Gestaltung der Lehr-Lern-Situationen.

Inhalte und deren Vermittlung: Die Diskussion um eine wie auch   Didaktik
immer zu gestaltende sehgeschädigtenspezifische Didaktik, wie
sie in den 80er-Jahren intensiv geführt wurde, gilt als überholt
(Degenhardt 2003) und scheint der Entwicklung einer *Pädagogik
der Vielfalt* (Prengel 1993) wie auch der zentralen Aufgabe des *Umgangs mit Heterogenität* nicht förderlich zu sein. Darüber hinaus
zeigt es sich, dass diejenigen Elemente, die als blinden- oder sehbehindertenspezifisch diskutiert werden, nicht auf der didaktischen Ebene, sondern eher auf der Ebene der Methoden zu finden sind. Die Argumentationsebenen haben sich zudem deutlich angenähert. So wird zum Beispiel Handlungsorientierung sowohl in der Sehgeschädigtenpädagogik als auch in der Grundschuldidaktik gefordert, lediglich die Begründungen sind unterschiedlich. Hat *Handlungsorientierung* innerhalb der Sehgeschädigtenpädagogik die Aufgabe, die geringeren direkten (visuellen) Auseinandersetzungsmöglichkeiten mit der Umwelt zu relativieren, so wird sie innerhalb der Grundschuldidaktik als Reaktion auf eine Visualisierung der Welt und im Sinne der konkreten Anbindung an Erfahrungen und Erlebnisse gefordert.

„Ist es in der Sehgeschädigtenpädagogik der Mangel an visueller Information, der handlungsorientierte Unterrichtsgestaltung herausfordert […], so ist es in der allgemeinen Pädagogik der Überfluss an visueller Information, dem Symptome wie Aufmerksamkeitsstörungen, Visualismus im Sinne eines Erfahrungsgewinns aus zweiter Hand, Reizüberflutung etc. zugeschrieben werden."
(Walthes 1997, 26)

Auf diese Diskussion soll hier nicht vertiefend eingegangen werden. Auf der Ebene der *Inhalte* sind zunächst einmal die Lehrpläne der allgemeinen Schule verbindlich. Die Herausforderung besteht in der Vermittlung dieser Inhalte.

Wahrnehmungsbedingungen Da Lernen durch direktes Beobachten oder Nachahmen häufig nicht möglich ist und die visuelle Dominanz der Vermittlungsstrukturen ebenso häufig nicht erkannt wird (Degenhardt 2003, 6), sind zunächst vor allem diese Strukturen zu analysieren und Wahrnehmungsbedingungen zu schaffen, die es dem Kind ermöglichen, den Lerninhalt überhaupt zu erfassen. Alltägliche Äußerungen wie „schau einmal da", „du dort hinten" sind von einem blinden Kind ebenso wenig zu verstehen wie der Tafelanschrieb, der Bezüge zwischen einzelnen Komponenten zum Beispiel durch Pfeile darstellt und nicht erläutert wird. Spezifische Inhalte beziehen sich auf:

Spezifische Inhalte
– die Orientierung und Bewegung im Raum, sowohl auf der Ebene des Tastraums als auch in Bewegungsräumen;
– die Erarbeitung von Zusammenhängen durch Bewegung;
– die Deutung von Geräuschen und akustischen Signalen sowie das Verhalten im akustischen Raum;
– die Förderung der visuellen Aufmerksamkeit, der Hand-Auge-Koordination, der Raum-Lage-Wahrnehmung, der Wahrnehmung von bewegten Objekten, des funktionalen Sehvermögens;
– die Kommunikation mit nichtsprechenden und/oder hörsehgeschädigten Kindern;
– den Umgang mit den inadäquaten Bedingungen und Reaktionen der materialen und sozialen Umwelt;
– Ordnungs- und Suchstrategien, Taststrategien;
– alltagspraktische Fertigkeiten;
– verschiedene Schriftsysteme (z. B. Vollschrift, Eurobraille, Kurzschrift, Mathematik-, Chemie- oder Musikschrift), auf die Benutzung elektronischer, mechanischer oder optischer Hilfsmittel (z. B. Braillezeile, Punktschriftmaschine, Schreibmaschine, Bildschirmlesegerät, Monokular, Lupen);
– den Schriftspracherwerb [...].

Die für pädagogisches Handeln und für die Vermittlung von Inhalten geltenden allgemeinen Grundprinzipien werden in Kapitel 4.4 gesondert diskutiert. Degenhardt macht – bezogen auf Unterricht – in diesem Zusammenhang auf ein Grundproblem aufmerksam, das hier bereits angesprochen werden soll.

„Die Tatsache, dass eingeschränktes oder fehlendes Sehvermögen die (für die Außenbetrachtung) ‚spontane', ‚unorganisierte' und ‚beiläufige' Aufnahme von Erscheinungen und Prozessen der Umwelt und damit auch Einbettung in Konzepte von Welt erschwert, führt zu einer Zunahme organisierter Begegnungen mit der Umwelt. Diese Situation ist zutiefst zwiespältig: auf der einen Seite sind (organisierte, geschaffene) Angebote dringend erforderlich, da erwiesenermaßen der spontane ‚Aufforderungscharakter' der Umgebung durch eine Beeinträchtigung des Sehens stark abgesenkt ist, auf der anderen Seite kann eine vollkommen durchorganisierte Begegnung mit der Umwelt in die Gefahrenzone einer defizitären Wertung der Entwicklung des sehgeschädigten Menschen führen." (2003)

Dies gilt umso mehr, je stärker „besonders" und je weniger lebendig-komplex schulische und unterrichtliche Situationen gestaltet sind. Heterogenität wirkt aus dieser Perspektive betrachtet präventiv, Homogenität, wie sie innerhalb des Sonderschulsystems und generell innerhalb des selektierenden Schulsystems angestrebt werden muss, eher hinderlich.

Eine das Nicht- oder Anders-Sehen-Können reflektierende Vermittlung könnte allen Kindern zugute kommen. Erfahrungen von Lehrerinnen und Lehrern im integrativen Unterricht zeigen, dass viele traditionell verwendete Konzepte und Methoden an den Erfahrungs-, Wahrnehmungs- und Verstehensmöglichkeiten vieler Kinder vorbeigehen und ein ästhetischer, im wörtlichen Sinne alle Sinne ansprechender und auf den Lösungs*prozess* statt auf das Ergebnis ausgerichteter Unterricht der Heterogenität der Lernstrategien aller Schülerinnen und Schüler wesentlich stärker entspricht.

So sind auch die folgenden Aufmerksamkeiten nicht als spezifisch für Menschen mit einer Sehschädigung zu sehen, sondern als Bedingungen, die ein Gelingen von Kommunikation und Interaktion insgesamt erleichtern können. Sie betreffen

– Maßnahmen zur sprachlichen Begleitung von Handlungen und verbale Erläuterungen visueller oder taktiler Materialien (Gegenstände, Grafiken, Bilder, Modelle);
– basale Kommunikationsformen, Hand- und Fingeralphabete, die nicht nur bei Kindern und Jugendlichen mit Hör-Sehschädigungen eingesetzt werden, sowie Maßnahmen der Unterstützten Kommunikation, die den individuellen Bedingungen jedes Kindes und Jugendlichen anzupassen sind;
– unterstützende Gebärden;
– Kriterien für die Gestaltung von Materialien, die auf die individuellen Wahrnehmungsmöglichkeiten eingehen sollten.

Zur Erläuterung soll folgendes Beispiel dienen: Bei blinden Kindern und Jugendlichen ist es erforderlich, Anschaulichkeit möglichst über reale Gegenstände zu vermitteln. Ein Paket Kaffee wird nicht dadurch erkennbar, dass es das entsprechende Logo und die Farbe des Kaffeeherstellers aufweist. Größe, Gewicht, das Fühlen-Können der Kaffeebohnen und anderes mehr dienen hier eher der Veranschaulichung.

Daher sind bei der Auswahl und Gestaltung von Anschauungsmaterialien vor allem folgende Faktoren zu berücksichtigen: die Oberflächenbeschaffenheit, Eindeutigkeit der Form, der Konsistenz, der Größe, der Gliederung und Anordnung, das spezifische Gewicht, die Struktur, Geruch, Geschmack.

Bei Kindern mit einer Sehbehinderung sind bei der Materialgestaltung zusätzlich Kontrast, Farbe, Vergrößerung zu optimieren.

– In Zusammenhängen, bei denen für Sehende unmittelbare Anschaulichkeit gegeben ist, müssen Kinder und Jugendliche mit einer Sehschädigung häufig kognitive Leistungen, insbesondere Gedächtnisleistungen und eine hohe Konzentration beim Erfassen und Erkennen der spezifisch zu lernenden Aspekte aufbringen. Daher ist grundsätzlich darauf zu achten, dass die Anschauungsgegenstände so leicht zu decodieren sind, dass sie den Lernprozess ermöglichen und unterstützen.
– Rhythmisierung im Tages- und Unterrichtsablauf, vor allem jedoch Ankündigung und Rhythmisierung als Methode der Bewegungs- und Handlungssteuerung ermöglichen die Antizipation von Ereignissen und vermitteln Sicherheit. Dies gilt insbesondere auch bei pflegerischen Maßnahmen (Lee/Mac William 1994).
– Seherziehung ist ein schwieriger, aber häufig gebrauchter Begriff, mit dem die Bereitstellung attraktiver Sehumwelten wie auch eine die Eigenaktivität unterstützende Aufforderung, das individuelle Sehvermögen einzusetzen, verbunden ist. Ein angemessener Wechsel der Sehanforderungen, die Auswahl von Sehangeboten aus dem Erfahrungs- und Lebensbezug des Kindes und Jugendlichen, eine optimale Beleuchtung, der Einsatz optischer Hilfsmittel, die Vermeidung von Blendung sind eher allgemeine Aspekte. Die Erarbeitung von Text- und Anschauungsmaterialien, die den individuellen Lesestrategien der Schülerinnen und Schüler entsprechen (Schriftgröße, -typ, Zeichen- und Zeilenabstand, Kontrast, aber auch zum Beispiel die Anordnung der Buchstaben: z. B. von oben nach unten, wenn dies das Lesen erleichtert), sowie die Bereitstellung von Möglichkeiten der sehr nahen Betrachtung von Prozessen und Versuchen, zum Beispiel in den Unterrichtsfächern Biologie, Chemie und Physik, sind eher spezifische Aspekte, die es zu berücksichtigen gilt.

Die genannten Aufmerksamkeiten können nicht nur für den Lernprozess von Schülerinnen und Schülern mit einer Sehschädigung hilfreich sein, sondern erweisen sich als bereichernd für alle. Die Erfahrungen im integrativen Unterricht zeigen, dass viele Schülerinnen und Schüler ohne eine Sehschädigung von einer Vermittlung profitieren, die für blinde oder sehbehinderte Schülerinnen und Schüler entwickelt wurde. Die Möglichkeiten des Voneinander-Lernens scheinen vielfältiger nutzbar zu sein, als man es sich üblicherweise vorstellt. Voraussetzung hierfür ist jedoch ein Interesse an den heterogenen Lern- und Aneignungsstrategien der Kinder. Wenn Sehende ein sachliches Interesse an dem spezifischen Beitrag blinder und sehbehinderter Menschen, an deren spezifischer Strategie und Auseinandersetzung mit der Wirklichkeit, hier der Unterrichtswirklichkeit, entwickeln können, dann leisten sie möglicherweise das, was sie selbst ständig von behinderten Menschen fordern: die Auseinandersetzung mit der Wahrnehmungs- und Auseinandersetzungsweise des anderen.

4.3.4 Berufliche Bildung

Berufliche Bildung von Jugendlichen mit einer Sehschädigung ist abhängig von vielen Faktoren, die hier nur genannt, nicht weiter ausgeführt werden können:

a) dem allgemeinen Arbeitsmarkt, mit den Tendenzen zur Technologisierung und Dienstleistung, zur Individualisierung, Flexibilität und Mobilität. Dieser allgemeine Arbeitsmarkt ist bestimmt durch eine hohe Arbeitslosenquote (4 Mio.), die leider auch die Jugendlichen betrifft und Auswirkungen auf die Bereitstellung von Ausbildungsplätzen hat.

b) Den rehabilitationsspezifischen Rahmenbedingungen, die in den Bestimmungen des Sozialgesetzbuchs III und IX festgelegt sind und die bestimmen, welche berufliche Rehabilitationsmaßnahme bei wem gefördert wird und welche nicht.

c) Den Bestimmungen zur Bekämpfung der Arbeitslosigkeit Schwerbehinderter, die die Beschäftigungspflichtquote von Menschen mit Behinderung festlegt oder eine Ausgleichsabgabe fordert, mit der wiederum die in b) genannten rehabilitationsspezifischen Maßnahmen durchgeführt werden können.

Die berufliche Bildung von blinden und sehbehinderten Jugendlichen hat eine ebenso lange Geschichte wie die institutionalisierte Blindenbildung, war doch deren vorrangiges Ziel, die gesellschaftliche Brauchbarkeit und Nützlichkeit blinder Menschen darzulegen. Wie anders konnte dies geschehen als durch den Nachweis ihrer Arbeitsfähigkeit. Ausbildungen zum Korbflechter oder Bürstenbinder stehen daher am Anfang der Geschichte der beruflichen Bildung. Obwohl in den großen Blindenanstalten immer auch Ausbildungsbereiche und eigene Werkstätten existierten und die Zahl der zu erlernenden und durch die Handwerkskammer anerkannten Berufe zugenommen hat, hatte sich an der Struktur der beruflichen Ausbildung von Menschen mit einer Sehschädigung lange Zeit wenig geändert. Diese traditionelle Struktur sah folgendermaßen aus:

Das Spektrum der anerkannten Ausbildungsberufe (ca. 40) war gering, umfasste einen großen Bereich von Helfer- und Zurichterberufen und galt noch zu Beginn der 90er-Jahre als veraltet.

Geschichte

„Wahrscheinlich charakterisiert derjenige die Situation für Blinde in den Berufsbildungswerken nicht falsch, der feststellt, daß die Dynamik der Entwicklung sich mehr in der Ergänzung des angebotenen Fächerkanons von Berufen im Vorfeld der eigentlichen Ausbildung auf der Helferebene und in der Angleichung des Bildungsangebotes zwischen den Bildungswerken erschöpft hat als in seiner Weiterentwicklung." (Waidner 1992, 76)

Gesetzliche Regelung	Bezug
Sozialgesetzbuch III (SGB III)	berufliche Eingliederung durch berufliche Rehabilitationsmaßnahmen (z. B. berufsfördernde Maßnahmen und (finanzielle) Leistungen)
Sozialgesetzbuch IX (SGB IX)	Regelt die Rahmenbedingungen der medizinischen, beruflichen und sozialen Rehabilitation (Fokus auf die selbstbestimmte Teilhabe am gesellschaftlichen Leben)
Rehabilitationsangleichungsgesetz (RehaAnglG)	Einheitliche Verfahrensregelungen zur Rehabilitation, Zuständigkeit und Zusammenarbeit der Reha-Träger
Berufsausbildungsgesetz (BbiG) und Handwerksordnung (HwO)	Regelungen der betrieblichen Berufsausbildung, Ausbildungs- und Prüfungsregelungen für Menschen mit Behinderung
Schwerbehindertengesetz (SchwbG)	Rechte so genannter Schwerbehinderter im Berufs- und Arbeitsleben (einschließlich Werkstatt für Behinderte)
Bundessozialhilfegesetz (BSHG, SGB XII)	Hilfen zum Lebensunterhalt und in besonderen Lebenslagen

Tab. 17:
Gesetzesgrundlagen für die Integration von Menschen mit einer Behinderung (Bundesanstalt für Arbeit 1998, 39; Schäfer 2001, 171f)

Neuere Entwicklungen

Seit Mitte der 90er-Jahre hat sich diese Situation deutlich verändert. Diese Veränderung ist mit dem Stichwort *supported employment*, unterstützte Beschäftigung, zu charakterisieren. Diese Entwicklung hatte im Wesentlichen zwei Ursachen, die beide mit den gesellschaftlichen Tendenzen hin zu mehr Integration und Normalisierung verbunden sind.

Normalisierungsprinzip

Menschen- und Bürgerrechtsbewegungen, die sich gegen soziale und institutionelle Diskriminierungen von Minderheiten wehrten, hatten einen ebenso starken Einfluss auf die Interessenvertretung von Menschen mit Behinderung wie das in der norwegischen Sozialpolitik entwickelte so genannte Normalisierungsprinzip (Nirje 1974, 1994), das als gegen die soziale und berufliche Segregation von Menschen mit Behinderung gerichtet interpretiert wurde. Wolfensberger, der diese Ideen in den USA verbreitete, versteht unter Normalisierung drei Aspekte:

1. „The use of culturally value means, in order to enable people to live culturally valued lives.
2. Use of culturally normative means to offer persons life condition at least as good as that of average citizens, and to as much as possible enhance or support their behavior, appearances, expierence, status and reputation.

Ausbildung auf dem allgemeinen Arbeitsmarkt Betriebe, Organisationen, Hochschulen		
• Förderlehrgänge • Berufsvorbereitungs- jahr	**Berufsbildungs- werke** • Überregionale Ein- richtungen • Erstausbildung für Jugendliche, die keine Berufsausbildung in einem Betrieb auf dem allgemeinen Arbeitsmarkt ab- solvieren können	**Berufsförderungs- werke** Überregionale Ausbil- dungsstätten der beruflichen Rehabilita- tion von Menschen, die vor dem Eintreten ihrer Sehschädigung berufstätig waren

Abb. 30:
Traditionelle Struktur
des Arbeitsmarktes

3. Utilization of means which are as culturally normative as possible, in order to establish, enable or support their behavoir, appearances, experiences and interpretations which are as culturally normative as possible." (Wolfensberger 1980, 8)

Supported Employment wurde in den 70er-Jahren in den USA entwickelt und geht von folgenden Prinzipien aus:

Supported
Employment

• Niemand soll aufgrund der Art und Schwere seiner Behinderung vom allgemeinen Arbeitsmarkt ausgeschlossen werden, das bedeutet, es geht nicht um die Frage, wer für eine unterstützte Beschäftigung geeignet ist, sondern darum, welche Unterstützung die jeweilige Person benötigt, um auf dem allgemeinen Arbeitsmarkt beschäftigt werden zu können.

„The idea is in direct contradiction to traditional vocational rehabilitation services which centered on the idea of employability. Employability implies that some people are „ready" für employment while others not. [...] What makes supported employment different is that there is a presumption of employability for everyone in some sort of job related to a person's interests and skills. What remains is to figure out the types and levels of support to ensure success in a meaningful job that leads to a satisfying career for the individual." (Hagner/Dileo 1993, 7f)

• *Training on the job:* Das traditionelle Argument der beruflichen Rehabilitation bestand darin, Menschen mit Behinderung zunächst in Spezialeinrichtungen auszubilden und sie dann erst in den allgemeinen Arbeitsmarkt zu integrieren. Diese „train and place" genannte Vorgehensweise wird im Konzept der unterstützten Beschäftigung umgekehrt und „place and train" genannt. Dies bedeutet, dass die betroffene Person bereits auf dem allgemeinen Arbeitsmarkt ausgebildet wird.

- *Job coach*, eine Person, die am Arbeitsplatz unterstützt, einweist oder trainiert und sowohl in der Ausbildungsphase als auch bei einem Jobwechsel dafür sorgt, dass die Leistung des Auszubildenden oder Arbeitnehmers auf 100 % ergänzt wird, um dem Arbeitgeber vom ersten Tag an die volle Arbeitsleistung zusichern zu können (Barlsen/Bungart 1996, 8).
- *Inclusion:* Ein Schwerpunkt dieses Konzeptes liegt im Bereich der sozialen Integration. Auf das Eingebundensein des Einzelnen in die Gruppe seiner Kolleginnen und Kollegen wird besonders geachtet, insbesondere der Job Coach sollte sein Hauptaugenmerk auf diesen Aspekt richten.

"Because inclusion in the culture is critical to job success, supported employment professionals need to invest time to better help employees to become fullfledged, accepted members of the culture of the worksite." (Hagner/Dileo 1993, 45)

Entwicklung in Deutschland

In Deutschland hat sich das Konzept „supported employment" Ende der 80er-Jahre insbesondere für Jugendliche mit Lernproblemen und im Feld der Werkstätten für Behinderte entwickelt (Roderfeld 1999, 91). Während die Bemühungen in den nordamerikanischen (USA, Kanada) und skandinavischen Staaten auf eine Ablösung der Sondersysteme gerichtet waren, hat sich das Konzept der unterstützten Beschäftigung in Deutschland lediglich als Ergänzung zu den bestehenden Systemen begriffen. Daher finden wir heute eine Fülle sehr individueller und unterschiedlicher Ansätze, die von der Kooperation zwischen einer Sondereinrichtung der beruflichen Bildung mit einer entsprechenden allgemeinen Ausbildungsstätte über so genannte ambulante Maßnahmen von Integrationsfachdiensten bis zur Unterstützten Beschäftigung reichen. Diese Vielfalt spiegelt sich seit Mitte der 90er-Jahre auch in den beruflichen Ausbildungsangeboten im Feld der Blinden- und Sehbehindertenpädagogik wider, allerdings zum gegenwärtigen Zeitpunkt noch häufiger in Form von Modellversuchen denn als bereits etabliertes Regelsystem. Die heutige Struktur wird in Abb. 31 dargestellt.

Eine Vielzahl kleiner und größerer Projekte versucht, eine wohnortnahe, flexible, modularisierte berufliche Ausbildung in einem Wechsel von unterstützter Ausbildung vor Ort und stationärer Ausbildung in den Sondereinrichtungen zu gewährleisten. Die bisherigen Ergebnisse dieser Projekte und Modellversuche zeigen, dass die Zahl der Ausbildungsberufe zunimmt und zunehmend flexibler auf die Möglichkeiten und Wünsche der Auszubildenden eingegangen wird (Appelhans et al. 1992; Appelhans/Düe 2001; Barlsen 1999).

Allgemeiner Arbeitsmarkt			
"unterstützte Beschäftigung"			
Schulen und Förderzentren	Integrations-fachdienste	Berufs-bildungswerke	Berufs-förderungswerke
Modellversuche	Regelangebot nach SGB IX	Integrations-firmen Modellversuche	Integrations-firmen Modellversuche

Abb. 31:
Heutige Struktur
des Arbeitsmarktes

Sehschädigung
und Studium

Bezüglich des Studiums von Menschen mit einer Sehschädigung ist in diesem Zusammenhang anzumerken, dass das Spektrum der Studienrichtungen groß und die Leistungen der Studierenden enorm sind, da sie in vielen Studienrichtungen und an einigen Universitäten nicht die Unterstützung (Arbeitsräume, Umsetzungsmöglichkeiten, Vorlesekräfte) bekommen, die für ein gleichberechtigtes Studium erforderlich wären. Im Rahmen eines „Modellversuchs zur didaktisch-strukturellen Verbesserung der Studiensituation behinderter Studierender" (Drolshagen et al. 2002) wurden die spezifischen Bedingungen analysiert und konzeptionelle Vorschläge für ein universitäres Unterstützungskonzept entwickelt, das heute an der Universität Dortmund mit Hilfe des „Zentrums Behinderung, chronische Krankheit und Studium" (DoBuS) realisiert wird. Spezifische Studiengänge für Sehgeschädigte existieren in Karlsruhe und Dresden (Informatik), ferner bietet die Fernuniversität Hagen Fernstudienmöglichkeiten in den Fächern Neuere deutsche Literaturwissenschaft, Rechtswissenschaft, Psychologie und Soziologie.

4.3.5 Berufstätigkeit

In den Ausführungen zur beruflichen Bildung wurde bereits deutlich, dass sich eine Unterstützung von Menschen mit einer Sehschädigung über Frühförderung, Schule und berufliche Bildung hinaus auch auf das Feld der Berufstätigkeit und das Alter erstrecken kann. Dies ist bei weitem kein Automatismus, kann jedoch bei progredienten Krankheitsverläufen, komplexen Schädigungen und bei erworbenen Sehschädigungen im Erwachsenenalter erforderlich sein. Blinden- und Sehbehindertenpädagogik und -rehabilitation, die diese Aspekte nicht wahrnimmt, beschränkt ihren Zuständigkeitsbereich auf die klassischen pädagogischen Bereiche und damit auf den kleinsten Teil der Klientel. Die bereits genannte Aufgabe von Pädagogik und Rehabilitation bei Blindheit und Sehbehinderung besteht darin, Umwelten bereitzustellen, in denen und mit denen Menschen das Spektrum ihrer Lern-, Handlungs-, Erlebens- und Erfahrensmöglichkeiten eigenaktiv gestalten, erhalten und erweitern können. Diese Aufgabe lässt sich nicht auf eine bestimmte Lebensphase konzentrieren, sondern besteht immer dort, wo die Diskrepanz zwischen individuellen Bedingungen und Umweltanforderungen so beschaffen ist, dass Unterstützung eingefordert wird.

Arbeitslosigkeit

Diese Diskrepanz scheint im Beschäftigungssystem besonders groß zu sein. Wie sonst ist es zu erklären, dass etwa 70 % der erwerbsfähigen blinden und hochgradig sehbehinderten Menschen arbeitslos sind (Schröder 1996, 298)? Es gibt viele Faktoren, die für diese hohe Arbeitslosenquote verantwortlich sind, hier sollen nur die wichtigsten genannt werden: Das geringe Berufsspektrum, die vorhandenen Bildungs- und Berufsabschlüsse, Erblindungen in der Phase der Berufsausbildung oder während der beruflichen Tätigkeit, vor allem aber die Unfähigkeit der Arbeitgeberseite, sich blinde oder hochgradig sehbehinderte Menschen als gleichberechtigte Arbeitnehmer vorzustellen, und die fehlende Unterstützung auf dem allgemeinen Arbeitsmarkt. Drei Viertel der von Schröder befragten Personen waren in den in Abb. 32 genannten vier Berufssparten tätig.

„Dieses enge Berufsspektrum stellt mittelfristig ein besonderes Beschäftigungsrisiko dar. Werden Arbeitsplätze in einem Tätigkeitsbereich – aus welchen Gründen auch immer – abgebaut, sind nicht ausreichend Berufsalternativen für blinde und hochgradig sehbehinderte Arbeitsuchende vorhanden." (Roderfeld 1999, 31)

Erworbene Sehschädigung im Erwachsenenalter stellt ein weiteres erhöhtes Risiko für Erwerbstätigkeit dar. Einer Studie des Landschaftsverbandes Rheinland zufolge haben nur 36 % der erblindeten Männer und 23 % der erblindeten Frauen nach einer Phase der Rehabilitation und Umschulung eine Erwerbstätigkeit wieder aufgenommen. Bei erworbener Sehschädigung nach dem 50. Lebensjahr wird in der Regel keine berufliche Rehabilitation mehr angestrebt (Landschaftsverband Rheinland 1995). Wer jedoch keine berufliche Rehabilitationsmaßnahme erhält, erfährt in der Regel auch keine blindentechnische Grundausbildung und erlernt daher häufig auch nicht die erforderlichen Techniken zur Alltagsgestaltung. Die Ursache für die Nicht-Erwerbstätigkeit wird in den Studien übereinstimmend nicht in einer geringen Erwerbsneigung der Betroffenen gesehen.

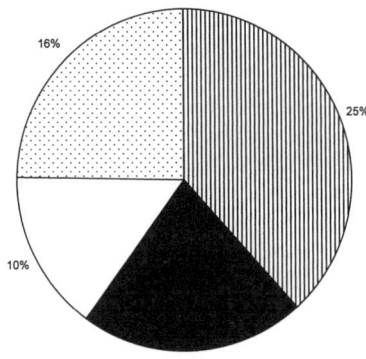

16%

25%

10%

☐ Telefonisten
■ Gesundheitsberufe
☐ Bürohilfskräfte
▨ Kaufleute

14%

Abb. 32: Berufsfelder
für blinde und
sehbehinderte
Menschen
(Schröder 1996, 300)

„Wer als Blinder gar nicht erst auf den Markt kommt oder aus ihm ausschei-
det, tut dies nicht, weil er nicht arbeiten will oder braucht, sondern weil er
nicht arbeiten kann oder resigniert hat, weil er keine Nische im Arbeitsmarkt
für sich erschließen konnte." (Landschaftsverband Rheinland 1995, 47)

Die Unterstützungsleistungen, die Menschen mit einer Sehschädigung in ihrer beruflichen Tätigkeit beanspruchen können, sind
in den Integrationsämtern, den Integrationsfachdiensten, den Be-
rufsförderungswerken, in den Werkstätten für Blinde und den so
genannten Tagesförderstätten institutionalisiert.

Integrationsämter und Integrationsfachdienste sind im Wesentlichen für begleitende Maßnahmen am Arbeitsplatz zuständig (Ausstattung, Assistenz, Beratung, sozialrechtliche Fragen).

Berufsförderungswerke sind überbetriebliche und überregio-
nale Ausbildungsstätten von Menschen, die vor dem Eintreten der
Sehschädigung berufstätig waren. Sie bieten berufsbezogene
Grundrehabilitation, berufliche Umschulungsmaßnahmen oder
auch Ausbildungsmaßnahmen für den Fall an, dass eine weitere
Tätigkeit in dem ursprünglich ausgeübten Beruf nicht möglich ist.

Werkstätten für Behinderte sollen allen in diesem System arbeitenden Menschen eine möglichst wohnortnahe Rehabilitation ermöglichen. Für eine Beschäftigung in einer Werkstatt für Behinderte (WfB) wird vorausgesetzt, dass kein umfangreicher Pflegebedarf entsteht und die beschäftigte Person in der Lage ist, ein
Mindestmaß an wirtschaftlich verwertbarer Leistung zu erbringen.

Da der Anteil blinder und sehbehinderter Menschen in den
allgemeinen Werkstätten für Behinderte sehr gering ist, ist eine
Beschäftigung mit den speziell eingerichteten Blindenwerkstätten angebracht. Für diese gelten gleiche gesetzliche Rahmenbedingungen. In den Blindenwerkstätten werden entweder so genannte Blindenwaren (Bürsten, Besen, Korbwaren oder

Integrations-
ämter und
Integrations-
fachdienste
Berufsförderungs-
werke

Werkstätten für
Behinderte

Blinden-
werkstätten

Textilien) hergestellt oder einfache Sortier- und Zuordnungsarbeiten vorgenommen.

Tages-förderstätten

In Tagesförderstätten werden Menschen betreut, die einen hohen Pflegebedarf haben bzw. das geforderte Mindestmaß an wirtschaftlich verwertbarer Arbeit aus welchen Gründen auch immer nicht aufbringen können. Ziel dieser Tagesförderstätten ist die Vorbereitung ihrer Klientel auf eine Tätigkeit in einer Werkstatt für Behinderte. Die Betroffenen haben keinen arbeitnehmerähnlichen Status und erhalten auch kein Entgelt für ihre Tätigkeiten in diesen Einrichtungen (BfA 1997).

Gegenwärtig ist nicht nur das Feld der beruflichen Ausbildung in Bewegung, sondern auch der bisher sehr fest gefügte Arbeitsmarkt für Menschen mit einer Sehschädigung. Dies soll abschließend ein Beispiel belegen:

„Entfernt erinnert das Ding an einen Winkel. So ein altmodisches Holzdreieck mit Millimetermaß, bekannt und gehasst aus dem Matheunterricht. Aber was machen die Borsten da auf dem kurzen Schenkel? Bei näherem Betrachten sieht es aus wie eine Kreuzung aus Pinsel und Winkel. […] ,Die Messdienerin' […] Hergestellt wird die ,Weltneuheit' von den 50 Mitarbeitern der Blindenanstalt Berlin, die seit 120 Jahren Haushaltswaren, Zeichenzubehör und Wohnaccessoires fertigt – biedere Hausmannswaren aus Naturmaterialien wie Holz, Rosshaar, ökologisch korrekte Ladenhüter. Dann jedoch kamen die Messdienerin, Lola Licht, die Abwaschbürste mit Glühbirne dran und Kokoskurve, das Weinregal aus Fußabstreifern – insgesamt 40 sonderbare Produkte. Das triste Schaufenster des Ladens, der zur Werkstatt gehört, blühte auf vor Witz, Charme und Ideen. Für den neuen Schwung sorgte das Designerduo Vogt & Weizenegger, gute Nachbarn der Blinden. Auf dem Weg zum Atelier, vorbei an Bürsten, Besen, Kokosmatten und Weidenkörben stach Oliver Vogt eines Morgens das Schild ,Ausverkauf' im Schaufenster ins Auge. Ging es mit dem kleinen Laden nun zu Ende? Diese Sorge brachte Vogt und Weizenegger auf die Idee von der ,imaginären Manufaktur' (DIM), wie sie es nennen: Handwerk und Design zu verbinden, Funktionales mit Spleenigem, Visionäre mit Blinden. Die Aufgabenteilung: Sehende sorgen für den schönen Schein der Produkte, und Sehbehinderte basteln sie zusammen, wie sie es immer taten: solide, mit besonderem Gefühl für das Material. […] ,Es kamen die wildesten Sachen dabei heraus, weil natürlich jeder machen konnte, was er wollte', erzählt Hermann Weizenegger begeistert. […] Das Designzentrum NRW zeichnete die Idee für herausragende Formgebung aus. Produkte der Berliner Blindenanstalt sollen demnächst sogar im Laden des Museum of Modern Art zu haben sein, ebenso beim feinen New Yorker Designhändler Murray Moss. Die Handwerker sind begeistert ob des neuen Erfolgs. […] ,Auch wenn sich die Handgriffe kaum geändert haben, macht das Arbeiten mehr Spaß. Die Sachen verkaufen sich gut, und mein Arbeitsplatz wird dadurch sicher', freut sich Günther Janse aus der Korbmacherei. Die anfängliche Skepsis des Anstaltsleiters Peter Bergmann ist wie weggebürstet. ,Erst dachte ich mir: Schuster bleib bei deinem Leisten. Dann habe ich aber gemerkt, dass ich selber im Kopf angestaubt war, wie die Besen im Schaufenster.' "

Chris Löwer: Die Zeit v. 8.4.1999

Abb. 33: „Messdienerin": Stets ein sauberes Zeichenblatt dank Winkel mit Besen

4.3.6 Unterstützungsangebote im Alter

Der Themenbereich Alter und Sehschädigung hat, wie in Kap. 3.6 bereits aufgezeigt, zwei Seiten: Altern als Mensch mit einer Sehschädigung und Sehverlust im Alter. Von Sehverlust im Alter ist eine große Anzahl von Leuten betroffen: Die meisten Menschen mit Blindheit oder einer Sehbehinderung sind über 70 Jahre alt und haben ihr Sehvermögen erst im hohen Alter eingebüßt. Georgieff und Friedrich (1993) gehen in ihrer Studie davon aus, dass in Deutschland jährlich 8000–10 000 Menschen erblinden, wovon etwa 75 % das Rentenalter erreicht haben. Dieser mit ca. 300 000 Personen quantitativ größten Gruppe stehen gegenwärtig noch die geringsten Angebote gegenüber.

Dies hat vermutlich zwei Ursachen: So gibt es ein großes Informationsdefizit auf der Seite möglicher Anbieter über die Bedürfnisse alter Menschen mit einer Sehschädigung ebenso wie auf der Seite der Betroffenen ein nicht minder großes Informations- und Beratungsdefizit über mögliche Angebote besteht. In den letzten Jahren sind insbesondere im Bereich der Restitution des Sehens nach zum Beispiel Schlaganfall, Diabetes oder bei Makuladegeneration verschiedene Verfahren entwickelt worden, die den Betroffenen ermöglichen sollen, Gesichtsfeldeinschränkungen oder Leseprobleme durch gezieltes Training zu verbessern (Trauzettel-Klosinski/Tornow 1996):

Der Deutsche Blinden- und Sehbehindertenverband (DBSV) und seine Unterorganisationen bieten eine Fülle unterschiedlicher Fortbildungs-, Gesprächs- und Freizeitaktivitäten, die vermutlich auch von älteren und alten Menschen genutzt werden. Voraussetzung für deren Nutzung ist zum einen deren Kenntnis – viele Menschen, die eine Sehschädigung im Alter erwerben, sind über die Angebote nicht oder wenig informiert – zum anderen jedoch auch deren Erreichbarkeit. Es müsste geprüft werden, ob solche Angebote zum Beispiel auch von Menschen wahrgenommen werden, deren Sehschädigung im hohen Alter eingetreten ist. Angebote wie Orientierungs- und Mobilitätstraining oder ein Training in alltagspraktischen Fertigkeiten sind sowohl auf dem freien Markt als auch über die nichtschulischen Institutionen der Sehgeschädigtenpädagogik erhältlich und sollten von den Krankenkassen auch übernommen werden. Ob sie jedoch für alte Menschen tatsächlich gut verfügbar sind, ist ebenfalls nicht bekannt. Rath und Gaekel (1998) fordern hier zu Recht eine sensible Anpassung dieser Trainingsmaßnahmen an die individuellen Strategien alter Menschen.

Informations- und Angebotsdefizit

Forschungs-
situation

Während in den USA eine ganze Reihe von Studien und Maßnahmen zur Unterstützung bei Seheinbußen oder Sehverlust im
Alter existieren, reduzieren sich die (nicht-medizinischen)
Studien, die in Deutschland existieren, auf die Arbeitsgruppe um
H.-W. Wahl in Heidelberg und einige wenige partielle Untersuchungen. Maßnahmen zur elementaren Rehabilitation be-
schränken sich auf Einzelaktivitäten und Modellversuche (Cory
2000). Die Untersuchungen von Wahl (1997, 2001; Wahl et al.
1999) bezüglich der Belastungen, aber auch der Ressourcen, die
alten Menschen im Umgang mit einer Sehschädigung zur Verfügung stehen, könnten ein guter Ausgangspunkt für die Entwicklung von individualisierten, altersgerechten Angeboten sein.
Wie in allen anderen Bereichen der Blinden- und Sehbehindertenpädagogik, so ist auch hier dringend interdisziplinäre Zusammenarbeit mit der Gerontologie der Entwicklung von kleinen spezifischen Nischen (wie zum Beispiel einer im Prinzip denk-
baren Spezialausbildung zum Umgang mit und zur Rehabilitation
von alten Menschen mit einer Sehschädigung) vorzuziehen.

Wahl, H.-W.; Schulze, H.-E. (2001): On the special needs of blind and low vision
seniors. Research and practice concepts. Amsterdam: IOS-Press

4.4 Spezifische Angebote zwischen Pädagogik, Rehabilitation und Therapie

Ob spezifische Maßnahmen für einen Menschen mit einer Sehschädigung als pädagogische, rehabilitative oder therapeutische
eingeordnet werden, hängt weniger von der institutionellen Ver-
ortung ab als vielmehr von dem jeweiligen Theoriezusammen-
hang und dem Kontext. So können sowohl therapeutische als auch
rehabilitative und pädagogische Maßnahmen zum Beispiel von
der gezielten Veränderbarkeit von Personen durch direkte Intervention ausgehen, d. h. annehmen, dass Menschen gezielt zu
beeinflussen und zu verändern sind. Orientieren sich Konzepte
hingegen an der Person-Umwelt-Differenz oder sehen sie ihren
Beitrag in einer absichtsvollen Kontextgestaltung, dann begreifen sie Individuen als autopoietische, in die nicht direkt interve-
niert werden kann und haben einen ökologischen oder system-
theoretischen Hintergrund (Kapitel 4.1).

Die spezifischen Angebote, die für Kinder, Jugendliche und
Erwachsene mit einer Sehschädigung entwickelt wurden, finden
sich sowohl in pädagogischen als auch in rehabilitativen Maßnahmen wieder, können aber auch Bestandteil therapeutischer Interventionen sein. Sie alle basieren auf einem breiten, eher pädago-

gischen oder entwicklungsbezogenen Fundament und haben auf dieser Basis ein spezifisches Angebot oder Training entwickelt. Im Folgenden wird daher zunächst die allgemeine Basis skizziert, anschließend werden spezifische Angebote kurz dargestellt.

4.4.1 Sehvermögen gestalten –
Low Vision oder *Vision Rehabilitation*

Verschiedene Sehschädigungen und deren Ursachen und Auswirkungen zu kennen, ist eine wichtige Seite der Sehbehindertenpädagogik. Den betroffenen Menschen Angebote für eine Entwicklung, optimale Nutzung oder auch den Erhalt ihres Sehvermögens zu machen, eine andere. Beide treffen sich im
Gegenstandsbereich von *Low Vision*. Der Begriff Low Vision ist in
den deutschsprachigen Ländern als Terminus technicus inzwischen weit verbreitet, auch wenn es keine Übereinstimmung in
seiner Definition gibt. Wie im englischen Sprachraum, so finden
sich auch im Deutschen Bestimmungen, die von der Kennzeichnung des Sehvermögens (im Sinne der Definition von hochgradiger Sehbehinderung) über die Kennzeichnung jeder Form von
eingeschränktem Sehvermögen, gewissermaßen als Alternativbe-
griff zu Sehbehinderung, bis zu einer eher systembezogenen Definition reichen, in der sowohl Diagnostik als auch Förderung des
vorhandenen Sehvermögens einbezogen sind.

Begriffsklärung

Beispielhaft sollen hier zwei Definitionen des Begriffs Low Vision vorgestellt werden. Raths Plädoyer für den Gebrauch des Begriffs Low Vision im deutschsprachigen Raum verwenden folgende Argumente:

„1. Durch die Anwendung des Begriffs soll vermieden werden, sich ständig
     auf Defizitbeschreibungen wie (Seh)-‚Behinderung', (Seh)-‚Rest' oder (Seh)-
     ‚Schwäche' zu beziehen. Wenn überhaupt, so ist von vorhandenem oder
     verbliebenem Sehvermögen zu sprechen.
2. Der Begriff ist bewusst gewählt, weil er im deutschsprachigen Raum bis-
     her nicht mit Grenzwerten oder Zuschreibungen von Blindheits- oder Seh-
     behinderungsdefinitionen belegt ist.
3. Low Vision ist weniger die Beschreibung eines Zustandes als einer Aufga-
     be. Low Vision heißt: Erziehung zum Sehen und sinnvolle Nutzung auch
     des geringsten Sehvermögens, unabhängig von gesetzlichen, pädagogi-
     schen oder medizinischen Definitionen." (Rath 1986, 190)

Im Rahmen des europäischen Projekts „Low Vision; Interdisziplinäre Zusammenarbeit in der Frühförderung blinder, mehrfachbehinderter, sehbehinderter Kinder in Europa" wurde 1999
in Anlehnung an Definitionen von Jose (1992), Faye (1984) und
Corn/Koenig (1996) die folgende Definition erarbeitet:

"A vision loss that is severe enough to interfere with the ability to perform everyday tasks or activities. The impairment may be in the globe, the optic pathways, or the visual cortex. The use of low vision may be enhanced by compensatory visual strategies, low vision aids and other devices and environmental modifications." (Buultjens et al. 2001)

Sehvermögen gestalten

Bevor einige Aspekte des Konzeptes Low Vision vorgestellt werden, soll kurz auf die Grundaufgabe, Sehvermögen zu gestalten, eingegangen werden. Wie bereits in Kapitel 2 dargestellt, ist Sehen oder visuelle Wahrnehmung eine Aktivität, die nur einen Zeugen hat, das eigene Bewusstsein. Kein anderer Mensch kann wissen, was ich sehe, kein anderer Mensch kann beurteilen, wie ich sehe; dies kann leider noch nicht einmal jeder für sich selbst tun. Oder können Sie sagen, wie Sie sehen? Das, was jeder einzelne Mensch für die visuelle Wahrnehmung zur Verfügung hat, ist alles, über das er gewissermaßen als Grundausstattung verfügt, es ist in sich vollständig. Sehvermögen zu gestalten bedeutet, das, was ein Mensch mit einer Sehschädigung visuell wahrnimmt, als Vermögen, als Können zu begreifen und nicht, wie es in der älteren Fachliteratur häufig der Fall ist, als Sehrest oder als Defizit. Denn es gibt entweder Sehen oder Nicht-Sehen, und wovon sollte Sehen ein Rest sein? Dies trifft auch für den Begriff Low Vision zu. Daher wird gegenwärtig im anglo-amerikanischen Raum der Begriff *vision rehabilitation* eingeführt. Im deutschen Sprachgebrauch kennzeichnet die Formulierung *Sehvermögen gestalten* die pädagogische und rehabilitative Aufgabe am besten, denn es geht darum, das Sehvermögen, über das ein Individuum verfügt, durch Schulung, Hilfsmittel, Kontextgestaltung so zu unterstützen, dass Sehen gelingt, keine große Anstrengung bedeutet und Spaß macht. Für das Säuglings- und Kindesalter bedeutet dies, Sehen als eine Wahrnehmungsweise zu entdecken, visuell neugierig zu werden und Angebote zu bekommen, die diese visuelle Neugier stützen und fördern. Im Jugendlichen- und Erwachsenenalter besteht die Aufgabe darin, Hilfsmittel und Umgebung so zu gestalten, dass das vorhandene Sehvermögen genutzt werden kann. Im Alter ist darüber hinaus das Thema wichtig, wie eine gegebene Sehfähigkeit möglichst gut und möglichst lang durch operative oder medikamentöse Eingriffe wie durch Hilfsmittel erhalten werden kann. Das Sehvermögen einer Person zum Bezugspunkt für pädagogisches Handeln wie für rehabilitative und therapeutische Maßnahmen zu machen, bedeutet:

a) die Sehstrategien der Person kennen zu lernen und zu verstehen,
b) der Sehstrategie zu folgen und auf ihr aufzubauen,
c) Maßnahmen und Hilfsmittel den Bedingungen (Umgebungs- wie individuellen Bedingungen) anzupassen.

Eine differenzierte und gründliche Diagnostik sollte der Aus-   Diagnostik
gangspunkt eines Low-Vision-Konzeptes sein. Das ophthalmologische Gutachten steht am Anfang dieses Prozesses, eine alltagsnahe und differenzierte funktionale Diagnostik baut darauf auf.
Um diese Diagnostik durchführen zu können, wird auf der einen
Seite eine spezifische Ausbildung und Spezialisierung gefordert,
wie sie zum Beispiel gegenwärtig Orthoptistinnen und Orthop-
tisten, auf Low Vision spezialisierte Optiker oder Sehbehindertenpädagoginnen und -pädagogen mit einer Zusatzausbil-
dung in Low Vision mitbringen.

Auf der anderen Seite kann eine solche Diagnostik nur in ei-   Interdisziplinarität
nem interdisziplinär arbeitenden Team gelingen, in dem alle
Fachleute vertreten sind, die mit der betreffenden Person arbeiten. Dies ist gerade bei Kindern und Personen wichtig, die
über ihre Sehbedingungen oftmals keine verbale Auskunft geben können. Zwar geben ihre Handlungen Auskunft darüber,
wie sie ihr Sehvermögen einsetzen, Handlungen sind jedoch
vielfältig interpretierbar und sollten möglichst von mehreren,
vor allem auch den unmittelbaren Bezugspersonen beobachtet werden. In Kapitel 3.6 finden sich verschiedene Beispiele,
die zeigen, wie schwer es ist, das Verhalten eines Kindes zu
deuten, und wie häufig Missverständnisse oder Fehlinterpre-
tationen vorkommen können. Nahezu jede Fachperson, die
in diesem Feld arbeitet, könnte ähnliche Beispiele hinzu-
fügen. Hyvärinen betont zu Recht immer wieder, wie wichtig es ist, auf ein transdisziplinär arbeitendes Team zurückgreifen zu können und Diagnoseverfahren mehrmals und unter
unterschiedlichen Bedingungen durchzuführen (Hyvärinen
2002). Das Arbeitsfeld Low Vision oder Vision Rehabilitation
ist ein großes und interdisziplinäres Arbeitsfeld zwischen Medizin, Rehabilitation und Pädagogik bzw. Geragogik. Es kann
nur in einigen wenigen Aspekten dargestellt werden. Im Folgenden steht die ‚Gestaltung des Sehvermögens‘ im Kindesalter im
Vordergrund.

Viele der für Kinder entwickelten Diagnostikmaterialien   Diagnostik-
werden gleichermaßen auch zur Förderung des Sehens einge-   konzepte
setzt. Dies liegt darin begründet, dass diese Materialien nur   für Kinder
deshalb für eine Diagnostik geeignet sind, weil sie bestimmten Kriterien und Gesetzmäßigkeiten des Sehens folgen. Im
Rahmen eines europäischen Kooperationsprojekts haben wir
an der Universität Dortmund verschiedene Konzepte und Materialien zur so genannten Low-Vision-Förderung im Kindesalter untersucht. Eine kleine Auswahl soll hier dargestellt werden.

Konzepte/Methoden/Verfahren zur Förderung des Sehens (zusammengestellt von Frank Laemers und Kirsten Wahren-Krüger):

1. Lilly und Gogo
Schau- und Spielgeschichten für Kinder ab 10 Monaten.
Das Multimediapaket Lilly & Gogo versucht, das visuelle Lernen – insbesondere den Prozess von der realen Handlung hin zur Darstellung auf Bildern – zu fördern. Dies geschieht durch sechs Geschichten, die durch Videosequenzen dargestellt werden. Diese Sequenzen können anschließend mit Stoffpuppen sowie Foto- und Bilderbüchern aufgearbeitet werden. Das Material versucht, die visuelle Wahrnehmung durch folgende Elemente zu erleichtern:

– einfache Bilder und Videosequenzen mit einem dunklen einfarbigen Hintergrund,
– sprachliche Begleitung der Handlung auf dem Video,
– ruhige Bewegung, langsame Bildabfolge,
– Wiederholung und Variation,
– spezielle Farbgebung,
– vereinfachte Darstellung,
– kurze Geschichten aus der Erlebniswelt „Alltag",
– kontrastreiche Gestaltung,
– handlungsorientierter Umgang mit dem Material,
– Computerspiel.

Einschätzung:
– Der Ansatz ist positiv zu bewerten, insbesondere die Verbindung von Sehen und Handeln.
– Die Umsetzung ist an einigen Stellen etwas simplifizierend.

2. Würzburger Dias zur visuellen Stimulation (1986)
Diaserie mit kontrastreichen Mustern und einfachen grafischen Darstellungen (Gesichter, Gegenstände als Zeichnungen).
   Die Serie beruht auf neurophysiologischen Erkenntnissen der 70er-Jahre und hat visuelle Angebote, die der Normentwicklung des visuellen Systems nachempfunden sind, auf einer basalen Ebene entwickelt. Die Autoren der Serie gehen davon aus, dass durch das Zeigen der Dias die Bahnung und Verknüpfung im visuellen Cortex unterstützt wird.

Einschätzung:
– kontrastreiches und einfaches Bildmaterial;
– Aufbau basiert auf neurophysiologischen Annahmen der 60er- und 70er-Jahre, die heute zum großen Teil widerlegt sind (Varela 1990).
– Die Bedeutung von Handlung und visueller Wahrnehmung wird nicht berücksichtigt.
– Eigenaktivität des Kindes wird nicht unterstützt.

3. Light Box
Dimmbare Lichtbox mit unterschiedlichen transparenten, farbigen Materialien, die auf eine Plexiglasplatte gelegt werden und dann von unten durchleuchtet werden. Die Lightbox bietet Material für unterschiedliche Anforderungsniveaus (Level). Beispielhaft werden hier die Gliederungen der ersten beiden Level dargestellt:

Level I
 1. Wahrnehmung der Lichtquelle
 2. Feststellen der Richtung der Lichtquelle
 3. Verfolgen der Lichtquelle
 4. Wahrnehmen und Lokalisieren von Gegenständen
 5. Verfolgen von Gegenständen
 6. Koordination von Auge und Hand
 7. Auffinden von Gegenständen
 8. Einfache Unterscheidung nach Form
 9. Einfache Unterscheidung nach Farbe
10. Einfache Unterscheidung nach Größe
11. Zuordnen und Sortieren
12. Vergleichen von Gegenständen
13. Zuordnung von Teilen

Level II
1. Auge-Hand-Koordination
2. Vergleichen und Sortieren
3. Räumliche Beziehungen
4. Visuelles (Wieder-)erkennen
5. Visuelles Gedächtnis
6. Erkennen von Reihenfolgen und Mustern
7. Beziehungen zwischen Teil und Ganzem

Einschätzung:
– Verbindung von Sehen und Handlung;
– gute und variable Kontraste;
– bündelt die Aufmerksamkeit des Kindes;
– vielfältige Materialien (visuell und taktil);
– Implizit wird durch die Levels deutlich, dass auch hier die Annahme besteht, dass sich das visuelle System hierarchisch entwickelt, indem die Vorgaben vom Einfachen zum Komplexen hin aufgebaut sind.

4. Let's see (American Printing House – APH)
Dieses Programm besteht aus zwei Materialkoffern, die unterschiedlichste, meist fluoreszierende Materialien (Bildkarten, Spielzeug, Bälle, Tücher, Decken etc.) sowie zwei ausführliche Ordner mit speziellen Anweisungen und Übungen zur Förderung des Sehvermögens enthalten. Die Materialien sind besonders für den Einsatz im Schwarzlicht geeignet, da sie dort noch kontrastreicher wirken.

Das Programm besteht aus zwei Komponenten, dem so genannten Sensory Level zum Erlernen einfacher visueller Muster sowie Folgebewegungen, Fixation und dem sog. Perceptual Level. Das Perceptual Level beinhaltet eher visuell anspruchsvollere Aufgaben.

Einschätzung:
– relativ rigide Aufgaben- bzw. Übungsanweisungen – Variationen durch die Förderperson sind jedoch problemlos möglich;
– Schwarzlicht hat hohen Aufforderungscharakter;
– UV-Schutzbrillen für das Kind und die Förderperson sind enthalten;
– Aufmerksamkeit des Kindes wird gebündelt;
– handelnder Umgang mit dem Material ist möglich;
– Durch die Aufteilung in das Sensory und das Perceptual Level wird deutlich, dass auch hier die Annahme besteht, dass sich das visuelle System hierarchisch entwickelt.

5. Vision for Doing (Aitken/Buultjens 1992)

Vision for Doing ist ein Manual, welches speziell für die Erhebung des Sehvermögens bei Kindern mit mehrfachen Beeinträchtigungen konzipiert ist. Der Ansatz sieht das Sehen als einen Teil in der Gesamtentwicklung und berücksichtigt auch die anderen Sinnesbereiche. Das Buch macht Vorschläge, die jeweils auf die spezifische Situation des Kindes individuell abgestimmt und variiert werden können. [Aufbau: Awareness – Attending – Localising – Recognising – Understanding]

Einschätzung:
– Vision for Doing ist eines der wenigen Konzepte, welche die Förderpraxis und das zugrunde liegende Menschenbild reflektieren und transparent machen.
– Die Eigenaktivität und Erfahrungen des Kindes sind von Bedeutung.
– Förderung erfolgt in „sinnvollen" Zusammenhängen.
– Einbezug aller Sinne;
– Handlung und Eigenaktivität sind die bestimmenden Elemente.
– respektvoller Umgang mit dem Kind

6. Förderung des Sehens im Alltag (Freitag 1998)

Dieser recht neue Ansatz versucht, das Sehvermögen in alltäglichen Zusammenhängen zu beobachten und zu fördern. Im Gegensatz zu vielen anderen Ansätzen, die von dem Kind ein Verbleiben an einem bestimmten Ort – an dem sich die Assessment- bzw. Fördermaterialien befinden – erfordern, ist es dem Kind hier möglich, selber in Bewegung zu sein. Diese spielerische und handlungsbezogene Überprüfung des Sehvermögens erfordert ein hohes Maß an Beobachtungs- und Interpretationsfähigkeit durch die Förderperson. Die Beobachtungsresultate werden unter Einbezug von Videoaufnahmen mit den Bezugspersonen diskutiert. Einschätzungen bezüglich der Nutzung des Sehvermögens können direkt auf die Alltagssituation übertragen werden.

7. Beyond arm's reach (Smith/O'Donnell 1992)
- Programm zur Förderung der visuellen Wahrnehmung im Raum (Distanz-Sehen);
- vielfältige Vorschläge, auch spielerischer Art, die variabel zu nutzen sind;
- berücksichtigt Kinder mit mehrfachen Beeinträchtigungen nicht;
- vom Aufbau her wieder ausgehend von visuell einfachen Mustern hin zu komplexeren Sehaufgaben.

8. Looking to learn (D'Andrea/Farrenkopf 2000)
Das praxisorientierte Buch von D'Andrea und Farrenkopf ist in dem Sinne kein Programm bzw. Konzept zur Low Vision Förderung. Es beinhaltet aber neben Informationen zum Assessment des funktionalen Sehens und einem Überblick über Hilfsmittel im Bereich Low Vision drei Kapitel, die Anregungen zum Einüben des Umgangs mit optischen bzw. elektronischen vergrößernden Sehhilfen auf spielerische Art und Weise geben.

- Kapitel 5 beinhaltet Überlegungen und Übungen zum Gebrauch des Monokulars (Cowan/Shepler 2000a).
- Kapitel 6 beinhaltet Überlegungen und Übungen zum Gebrauch von Lupen.
- Kapitel 7 beinhaltet Überlegungen und Übungen zum Gebrauch von Bildschirmlesegeräten (D'Andrea 2000).

Selbstverständlich müssen die verwendeten Materialien so gestaltet sein, dass sie den Sehbedingungen jedes einzelnen Kindes entsprechen. Mindestens ebenso entscheidend ist es jedoch, welchen Stellenwert eine Low-Vision-Förderung im Rahmen zum Beispiel der Frühförderung erhält und wie sie durchgeführt wird.

Stellenwert der Förderung

S. war von Geburt an als blind diagnostiziert. Im Alter von 16 Monaten stellte der Frühförderer fest, dass S. durchaus auf Licht reagierte und ein offensichtliches Interesse an Farben hatte. Er beschloss, die Sehförderung von S. mit Hilfe der Eltern zu forcieren. Entsprechende Materialien wie zum Beispiel eine Light-box (siehe Foto) wurden besorgt und die Eltern wurden angehalten, täglich mit S. zu üben. Ich lernte S. im Alter von 27 Monaten kennen, er war motorisch und sprachlich ausgesprochen fit. Jeder neue Gegenstand oder jede neue Person, die S. kennen lernte oder explorierte, war mit der Frage verbunden: „Welche Farbe hat das?" Die gemeinsame Kommunikation schien bestimmt von Fragen, mit denen die Eltern und auch die Geschwister offensichtlich prüfen wollten, wie die Sehfähigkeit des Kindes beschaffen war. S. beantwortete diese Fragen, wie es schien, routiniert und ohne sichtliches Interesse, bezogen auf Farben jedoch zuverlässig. Der Aufforderung: „Schau dir das genau an!" begegnete S. damit, dass er den Gegenstand fest an die eigene Nase drückte und bei genauerer Betrachtung dabei die Augen schloss. Es sah so aus, als wolle S. sich den Gegenstand genau ansehen, doch das konnte gar nicht funktionieren, da er auf diese Weise nicht mehr zu sehen war. S. hatte gelernt, dass diese Handlung alle offensichtlich zufrieden stellte. Genau anschauen war für S. verbunden mit „auf Nase und Augen drücken". Dass Sehen etwas Faszinierendes sein kann und Spaß machen kann, entdeckte S. erst im Spiel mit Schwarzlicht.

Sehen lernen und Sehvermögen ausgestalten sollte so wenig wie möglich mit Anstrengung und Training, sollte aber so viel wie möglich mit Freude und Neugier zu tun haben. Anstrengung führt häufig zu Verspannung und ist kontraproduktiv, zu häufiges Üben und Trainieren führen zu Langeweile und Ausweichstrategien wie im Beispiel.

In ihrem Beitrag „Förderung des Sehens im Alltag – die Gestaltung des Augen-Blicks" (1998) beschreibt Freitag ihr pädagogisches Konzept einer handlungsbezogenen Überprüfung und Gestaltung des Sehvermögens wie folgt:

„Bevor ich das Kind zu einer von mir vorstrukturierten Beobachtungssituation einlade, besuche ich die Familie und verschaffe mir einen ersten Eindruck von den Umgangsstrategien des Kindes, mit denen es sein funktionales Sehen in seinem Umfeld einsetzt. Dabei ist meine Grundhaltung eine fragende, nicht eine wissende. Gleichzeitig versuche ich die Fragen der Eltern bzgl. des Sehens ihres Kindes zu erfahren, lege Wert darauf, dass sie mir Beobachtungen mitteilen, weil diese in der Regel ausgesprochen kompetent sind, und versuche mir Informationen über die ophthalmologische Diagnose zu beschaffen (Befund über Zustand und Geschichte der Augen, Brillenwerte usw.). [...]

Spielerische Gestaltung

In dem von mir vorstrukturierten Beobachtungsprozess, in dem Eltern und Geschwister teils als Beobachter, teils als Mitspielende dabei sein können, bewegt sich meine Haltung zwischen einem Spiel- und einem Standbein. Mit Spielbein ist tatsächlich die kreative Seite des Tuns gemeint, die es mir ermöglicht, eine Welt zu gestalten, in die das Kind mit seinen Spielideen eintauchen und vieles neu entdecken kann. So bietet der Dunkelraum beispielsweise wunderbare Möglichkeiten, die Magie, das Eigenleben von Dingen und Menschen auferstehen zu lassen: weiße Hausschuhe fliegen durch die Luft, Lichtspuren wandern durch den Raum und Farben leuchten so hell wie die Sonne [...]. Im Spiel fällt es leicht, an die Kommunikationsstrategien des Kindes anzuknüpfen, ein gleichberechtigtes Hin und Her von Vorschlag und Gegenvorschlag erlaubt es dem Kind aktiv zu sein und Selbstvertrauen in die eigenen Wahrnehmungs- und Vorstellungskräfte zu haben. Die eigenen Strategien (des Kindes, R. W.) sind einsetzbar und dürfen sichtbar gemacht werden (Wegweiser sein) – Einstiege und Ausstiege sind jederzeit möglich. Mit Standbein meine ich mein Beobachtungsinteresse, das durch die mit den Eltern besprochenen Fragen geleitet wird. Ich versuche Situationen so zu arrangieren oder so zu variieren, dass ich das visuelle Verhalten auf bestimmte Aspekte hin beobachten kann." (1998, 59–61)

Mögliche Schwierigkeiten

Sehen ist für Kinder mit einer Sehschädigung oftmals nicht die bevorzugte Wahrnehmung, für viele sind Hören, Tasten und Fühlen wesentlich weniger anstrengend und nützlicher. Sehen will daher gelernt sein, und wenn dieser Lernprozess mit zu vielen Anstrengungen und Komplikationen verbunden ist, verzichten einige Kinder lieber auf diese Möglichkeit. Dieses Recht sollte ihnen prinzipiell zugestanden werden, allerdings sollte man sich als Sehbehindertenpädagogin oder Low-Vision-Spezialist zuvor einige Fragen stellen. Diese Fragen verdeutlichen zugleich, worauf es bei einer Förderung des Sehens ankommt:

- War das Sehangebot eindeutig oder war es zu klein, zu groß, zu schnell oder zu langsam dargeboten, zu wenig kontrastreich oder nicht in der bevorzugten Farbe?
- Wurde das Sehangebot möglicherweise nicht innerhalb des visuellen Feldes, also des Bereiches, in dem das Kind visuell aufmerksam ist, angeboten?
- Konnte das Kind mit dem Gegenstand etwas verbinden, also etwas wieder erkennen (mit schwarzen und weißen Streifen kann man wenig verbinden, es sei denn, sie sind der Rock einer Puppe oder ein Schläger, mit dem man Ball spielt, oder eine Stoffschlange, die man explorieren kann)?
- Wie ist die Gesamtverfassung des Kindes (Müdigkeit, Wachheit, Medikamentierung)?
- Wie ist die Lagerung? Muss das Kind viel Energie darauf verwenden, z.B. den Kopf zu halten oder sein Körpergleichgewicht zu sichern, und kann sich daher dem Sehen nicht zuwenden?
- Verändern sich Atmung und/oder Muskeltonus bei einem Sehangebot?
- Stimmen Angebot und Interesse des Kindes überein? Ist eine Atmosphäre geschaffen, in der entspanntes Sehen möglich ist?
- Sind die optischen Hilfsmittel ausreichend?
- Zeigt das Kind mehr visuelles Interesse, wenn das Sehangebot mit einem Hör- oder Tastangebot verbunden wird?
- Gibt es etwas Interessanteres als das Sehangebot und was ist das Interessante daran?
- Konnte das Kind eigenaktiv sein oder war es nur passiver Zuschauer?

Diese Fragen zeigen, dass immer das Verhältnis von Beobachter (Sehbehindertenpädagogin), Beobachtetem (Kind und sein Sehverhalten) und Angebot in allen Variationen analysiert werden muss, bevor Zuschreibungen vorgenommen werden, Fördermaßnahmen weiterverfolgt oder verändert werden.

Innerhalb der sonderpädagogischen Diskussion wird ein solches Verfahren *förderdiagnostischer Prozess* genannt. Low-Vision-Förderung bedeutet einen ständigen zirkulären Prozess von Beobachtung, Interpretation des Beobachteten, Planung der pädagogischen Vorgehensweise, Handlung, Beobachtung, Analyse des Beobachteten und so fort. In diesem Prozess spielen die Vorannahmen und Theorien der Beobachter eine große Rolle, denn sie sind verantwortlich dafür, was beobachtet wird. Ob ich die kurze Blickbewegung für zufällig halte oder für das Anzeichen eines visuellen Interesses, ob ich das Greifen als ein visuell gesteuertes betrachte oder als akustisch orientiert, hängt ab von meinem Verständnis kindlicher Handlungen und von meinem Fachwissen und nicht von dem, was das Kind tut.

Förder-
diagnostischer
Prozess

4.4.2 Bewegung und Wahrnehmung:
Orientierung und Mobilität

Bewegung als
Grundlage

Von der Bedeutung von Bewegung für Wahrnehmung und für die Auseinandersetzung mit der Umwelt handelte Kapitel 2.4. Bewegung wurde dort als die Basis für jegliche aktive Auseinandersetzung mit der Umwelt begriffen. Sie ist der Prozess, der in der Unterscheidung von Selbst und Fremd Einheiten bildet. Geht man davon aus, dass Bewegung die Basis für Wahrnehmung und Erfahrung und für jede Form des Unterscheidens darstellt, dann kann man annehmen, dass blind sein oder anders sehen können Phänomene sind, die die Bedeutung von Bewegung für das Kennen- und Begreifenlernen der Umwelt besonders hervorheben. Sich bewegen, tasten oder hören nehmen in den Wirklichkeitskonstruktionen eines blinden oder sehbehinderten Menschen einen anderen Raum ein als bei visuell orientierten Menschen, daher gestalten sie ihre Wirklichkeit anders.

Mit dem Begriff *Bewegung* werden viele unterschiedliche Bedeutungen verbunden. In Kapitel 2.4 wurde die Bedeutung von Bewegung für die *Wahrnehmung* und die *Auseinandersetzung mit der Umwelt* skizziert. In diesem Zusammenhang ist gleichermaßen die Bedeutung von Bewegung für *Kommunikation, Identität* und *Handlung* einzubetten. Bewegung wird hier auch als ein Element des *anders Sprechens,* d. h. als Äußerung und mithin als Kommunikation begriffen.

Bewegungspädagogik als Begleitung und gemeinsame Gestaltung des Auseinandersetzungsprozesses kann daher als Basis und Zentrum jeglicher Pädagogik bei Blindheit und Sehbehinderung gesehen werden. In diesem weiten Verständnis von Bewegung ist Bewegung die Grundlage, der Gegenstand und das Medium der Auseinandersetzung mit der Umwelt.

Für pädagogisches Handeln hat die Projektgruppe zum Konzept der bewegungsorientierten Frühförderung folgende Aussagen zum Verständnis von Bewegung entwickelt:

„1. Jede Bewegung eines Kindes wird als *Vorschlag* verstanden, den das Kind in die Situation einbringt. Ein solcher Vorschlag ist – um sich ausgestalten und differenzieren zu können – auf einen *Gegenvorschlag* angewiesen. Bewegung bedarf, um als Gestaltungsprinzip wirken zu können, dieses Dialogs (Milani-Comparetti 1997).

2. Jede Bewegung als Vorschlag des Kindes wird als authentische, für das Kind sinnvolle Bewegung gesehen. Es wird nicht nach *einfachen* Ursache-Wirkungszusammenhängen gesucht, sondern nach den Bezügen gefragt, die durch den Bewegungsvorschlag hergestellt werden.

3. Bewegung wird als Wegweiser für die Art und Weise der Auseinandersetzung mit der Umwelt begriffen. Sie gibt Auskunft über die Ausschnitte von Wirklichkeit, die in das Tun einbezogen werden.

4. Die Bewegung des Kindes als Vorschlag für seine Konstruktion von Wirklichkeit verstehen zu wollen, heißt auch, dem Kind ein Verstehen-Können und -Wollen meiner Gegenvorschläge zuzugestehen. Diese Gegenvorschläge dürfen nicht nur verbaler Art sein, sondern sollten vielmehr die Ebene mit einbeziehen, die dem kindlichen Vorschlag entspricht, die Ebene der Bewegung. Trete ich auf dieser Ebene in einen Dialog mit dem Kind ein, dann stehen meine Bewegungen und mein Bewegungsverständnis ebenso zur Disposition wie die des Kindes.

5. Identitätsbildung und Aufbau von Selbstbewußtsein werden als Prozesse verstanden, deren Basis das Vertrauen in die eigenen Bewegungen darstellt. Diese Bewegungen haben daher unsere uneingeschränkte Aufmerksamkeit und Unterstützung." (Walthes 1991, 44)

Bewegung ist innerhalb der Blinden- und Sehbehindertenpädagogik im Zusammenhang mit Wahrnehmung, Kommunikation, Identität und Handlung zu sehen und darf nicht auf sportliche Bewegung, auf Tastbewegung oder Mobilität reduziert werden. Sie ist, wie Wahrnehmung, ein subjektiver Prozess und aus der Subjektperspektive weder richtig noch falsch. Sie ist, was sie ist, nämlich das, was die jeweilige Person zur Verfügung hat, und sie sollte nicht vorschnell verändert werden. Freude an der eigenen Bewegung und Vertrauen in die eigenen, wie auch immer beschaffenen Bewegungsmöglichkeiten sind die Basis für Identitätsentwicklung. Korrekturvorhaben von Bewegungen sollten daher immer zunächst prüfen, welchen Einfluss sie auf das Selbsterleben haben können.

In der Wechselwirkung von Bewegung und Wahrnehmung geschieht Aneignung von und Auseinandersetzung mit Welt in *koordinierter Verhaltenskoordination*. Unter koordinierter Verhaltenskoordination (sensu Maturana) sollen hier die feinen wechselseitigen Abstimmungsprozesse verstanden werden, die zum Beispiel beim Stillen zwischen Mutter und Kind zu finden sind, in dem die Mutter intuitiv den Stillabstand wählt, der für die Sehschärfe des Säuglings optimal ist. Dieser antwortet wiederum mit visueller Neugier und visuellen Kommunikationsangeboten. Ohne die Prozesse der koordinierten Verhaltenskoordination würden soziale Situationen wesentlich weniger gelingen und schwerer zu gestalten sein.

Verständnis von Bewegung für die Pädagogik

Die Angebote im Feld der Blinden- und Sehbehindertenpädagogik basieren selten auf einem so weit gefassten Bewegungs- und Wahrnehmungsverständnis. Lediglich die bewegungspädagogische Arbeit von *„Bewegung im Dialog"* (Klaes 1998; Schnurnberger 1996; Klaes/Walthes 1996) in Deutschland, die Arbeiten von Lee und Mac William (1994, 2002) der Royal Blind School in Edinburgh und das in der Hörsehgeschädigtenpädagogik mehr und mehr verwendete Konzept der Co-creating Communication (Nafstad/Rodbroe 1999) können gegenwärtig als Realisierungen angesehen werden.

Orientierung und Mobilität

Orientierung und Mobilität ist der Terminus technicus für eine Methode, die sich der selbstständigen Fortbewegung blinder, hörsehgeschädigter, mehrfachbehinderter oder sehbehinderter Menschen widmet. Orientierung wird hierbei als kognitiver Vorgang verstanden, der alle Sinnesinformationen nutzt, um die eigene Position im Raum und im Verhältnis zu anderen Personen oder Objekten zu bestimmen. Mobilität meint Bewegungsfähigkeit im Sinne der Fortbewegung von einem Ort zum anderen. „Im Unterricht in Orientierung und Mobilität (O&M) lernen die Teilnehmerinnen und Teilnehmer ihre Orientierungsprobleme anhand der folgenden Fragen zu lösen: ‚Wo bin ich? Wo will ich hin? Wie komme ich dorthin?'" (Klee 1998a, 1009). Vorausgesetzt werden hierbei das Vorhandensein einer handlungsbezogenen Vorstellung vom eigenen Körper (Körperschema), Bewegungsfähigkeit – sei es rollend, robbend, rollstuhlfahrend oder gehend – und so genannte basale Raumbezüge wie oben/unten und vorne/hinten. Der Unterricht umfasst folgende Bereiche:

- Gehen mit sehender Begleitung, Begleittechniken,
- Körperschutztechniken,
- Orientierung in bekannten Innenräumen,
- Langstocktechniken (Pendeltechniken, Diagonaltechniken, Techniken für Treppen),
- Orientierung in bekannten Räumen, häusliche Umgebung in ruhigen Wohngebieten, dann kleinere Einkaufsgebiete, ampelgeregelte Kreuzungen, dann belebte Gebiete und so weiter,
- Orientierung in unbekannten Räumen,
- Benutzung öffentlicher Verkehrsmittel.

Der Unterricht findet in der Regel im Wohn- bzw. beruflichen Umfeld statt und erfolgt als Einzeltraining. Er umfasst sowohl generelle Aspekte von Orientierung wie Bereiche, die zur Verkehrserziehung gehören, und schließt auch die Nutzung anderer Hilfen (elektronische Hilfsmittel) ein.

Herkunft und Weiterentwicklung des Konzepts

Der Unterricht in Orientierung und Mobilität wurde ursprünglich in Zusammenarbeit mit kriegserblindeten Soldaten entwickelt. In dem von Richard Hoover (1944) im Valley Forge Hospital, später Hines Rehabilitationcenter entwickelten Programm spielte ein dünner Stahlstock und eine von ihm entwickelte Pendeltechnik die entscheidende Rolle. Das Ende der 40er-Jahre ausgebaute Rehabilitationsprogramm konnte von einem vorhandenen visuellen Konzept ausgehen, d. h. die erblindeten Soldaten wussten, wie Zimmer aussehen, wie Kreuzungen beschaffen sind, was es bedeutet, eine Allee entlang zu laufen, sie besaßen das topografische Konzept der Sehenden und es gelang ihnen gut, die neu erworbene Technik in dieses Konzept zu integrieren.

Das Orientierungs- und Mobilitätstraining erwies sich zunächst als die Methode, die erblindeten Menschen eine weitgehend unabhängige Fortbewegung ermöglichte und ihnen damit ein Stück Bewegungsfreiheit im doppelten Sinne zurückgeben konnte. Mit seiner Verbreitung wurden auch so genannte Zivilblinde und geburtsblinde Menschen einbezogen. Seiner Herkunft entsprechend erwies sich das Orientierungs- und Mobilitätstraining bei geburtsblinden Menschen und bei Kindern und Jugendlichen als erweiterungsbedürftig. Die oben angeführten Elemente des Unterrichts sind bereits das Ergebnis dieser Erweiterung. Insbesondere für Kinder und Menschen mit Sehbehinderung mussten neue Methoden entwickelt werden (Fokus/Isis 1995; Fischer 1978).

Mobilitätserziehung, gewissermaßen als Basis für Orientierung und Mobilität, ähnelt heute vielfach psychomotorischen Übungen. Lediglich in der frühen Vermittlung von Körperschutztechniken und einer deutlich größeren Systematik sind Unterschiede festzustellen. Es geht um die spielerische Auseinandersetzung mit Gegenständen und Räumen und die Entwicklung eines vielfältigen Bewegungsrepertoires. Orientierungs- und Mobilitätstraining ist eine Maßnahme der Rehabilitation und wird von der Krankenkasse finanziert als Basistraining und bei Wohnort oder Schul- und Arbeitsplatzwechsel als Aufbautraining. Als Rehabilitationslehrer im Bereich Orientierung und Mobilität kann arbeiten, wer eine pädagogische Grundqualifikation besitzt und eine Ausbildung in einer der drei Ausbildungsstätten in Deutschland (IRIS Hamburg, RES Marburg oder ein Aufbaustudium an der Universität Heidelberg) absolviert hat (Klee 1998a, 1015). *Mobilitätserziehung*

Das Orientierungs- und Mobilitätstraining, das auf dieser Basis aufbaut, ist in vielen Bereichen ein Fertigkeitstraining, das sich leider zu wenig an den Strategien der Betroffenen ausrichtet, vielmehr eine Vorstellung vom richtigen Orientierungs- und Mobilitätsverhalten über die individuellen Lösungen setzt. Besonders deutlich wird dies an der Konstruktion taktiler Karten, die nach wie vor einem topografischen Konzept folgen, also Landschaften, Stadtpläne in der Draufsicht konzipieren und dabei ignorieren, dass die Draufsicht für geburtsblinde Menschen keine nachvoll- *Einbezug von Strategien blinder Menschen* ziehbare Perspektive darstellt. In der Wahrnehmung geburtsblinder Menschen existiert dieses Konzept nicht, Karten und Stadtpläne sind vielmehr eher interiorisierte (verinnerlichte, abstrahierte) zeitliche Abfolgen oder Routen. Routen, nicht nur als Folge von *landmarks*, also Ankerpunkten in der Landschaft, sondern als *Handlungskonzept* (Downs/Stea 1982; Golledge 1992) wurden leider nicht systematisch weiterentwickelt. Anregungen, die auf einem relationalen, handlungsbezogenen Raumkonzept basieren, kommen nicht aus der Praxis des Orientierungs- und Mobilitätstrainings, sondern aus interdisziplinären Forschungsansätzen (Millar 1994; Roderfeld 2003). Die Herausforderungen, die Menschen mit komplexen Schädigungen und alte Menschen an ein Orientierungs- und Mobilitätskonzept stellen, werden in Zukunft zu neuen Lösungen führen müssen. Der gegenwärtige Paradigmenwandel, sowohl in sozialen Bewegungen wie auch in der Behindertenbewegung, vom Selbstständigkeits- zum Selbstbestimmungskonzept wird die Strategien und Wünsche der Betroffenen in den Vordergrund stellen und eine Veränderung des rehabilitativen Charakters des Orientierungs- und Mobilitätstrainings bewirken.

4.4.3 Alltagsorganisation in einer visuell strukturierten Welt: *Alltags- oder lebenspraktische Fähigkeiten*

Alltag kann als ein komplexes Phänomen begriffen werden, das üblicherweise als das Gegebene, Vorhandene, nicht zu Befragende gesehen wird.

„Sie [die Lebenswelt des Alltags, R. W.] ist der Bereich meiner leiblichen Handlungen; sie bietet Widerstand, und es erfordert Anstrengung, diesen zu überwinden. Der Alltag stellt mich vor Aufgaben, und ich muß meine Pläne mit ihm durchführen. Er läßt mich in meinen Versuchen, meine Ziele zu verwirklichen, erfolgreich sein oder scheitern. Durch mein Wirken greife ich in die alltägliche Wirklichkeit ein und verändere sie. [...] Ich teile diese Wirklichkeit mit anderen Menschen, mit denen ich sowohl Ziele als auch Mittel zur Verwirklichung dieser Ziele gemeinsam habe. [...] Die Lebenswelt des Alltags ist jene Wirklichkeit, in der wechselseitige Verständigung möglich ist (Schütz/Luckmann 1979, 62).

In ihrem bedeutenden Werk „Strukturen der Lebenswelt" entwickeln Schütz und Luckmann eine soziologische Theorie der Gesellschaft. Ihr Alltags- und Lebensweltkonzept hat die wissenschaftliche Diskussion der 70er- und 80er-Jahre nachhaltig beeinflusst und auch auf rehabilitationssoziologische Theoriebildung (Thimm 1983; Wacker et al. 1998; Häußler et al. 1996) gewirkt. Die Merkmale des Alltags – Vorgegebenheit, Handlungsbezug, Wirksamkeit und Kommunikation – sind wesentliche Aspekte auch bei der Betrachtung der Alltagssituation unter der Bedingung Blindheit oder Sehbehinderung. Das So-Sein des Alltags und die damit verbundene Eigenlogik haben eine starke normative Kraft und sind nicht leicht in Frage zu stellen, da sie immer sind, was sie sind. So mögen viele Pädagogen theoretisch und in bester Absicht blinden, mehrfachbehinderten oder sehbehinderten Menschen die Entwicklung eigener Strategien, ein großes Maß an Selbstbestimmung zugestehen, können jedoch einen links herum getragenen Pullover bei einer blinden Jugendlichen ebenso wenig tolerieren wie essen mit den Händen oder geschminkte Lippen, die eine Tendenz zur Asymmetrie zeigen.

Wo wird die Selbstwahrnehmung von Menschen mit einer Sehschädigung akzeptiert, nicht nur toleriert, wo durch die normsetzende Definition der Sehenden überformt? Mit der Frage der Alltagsorganisation in einer visuell strukturierten Welt beschäftigen wir uns mit einem Kernproblem der Pädagogik und Rehabilitation bei Blindheit und Sehbehinderung.

Ähnlich wie im Feld von Orientierung und Mobilität können wir auch hier in der Fachliteratur eine Kluft zwischen allgemein theoretischen Überlegungen und den entwickelten Methoden feststellen. Das, was über viele Jahre hin „Lebenspraktische Fertigkeiten" genannt wurde und heute möglicherweise in „Alltagspraktische Fähigkeiten" umbenannt werden sollte, sind Techniken zu einer möglichst selbstständigen und eigenständigen Lebensführung, die folgende Bereiche beinhalten:

– Wohn- und Essenssituationen,
– Haushaltsgestaltung und Reinigung,
– Kleidung und Körperpflege,
– Kochen,
– Kommunikation (Umgang mit Behörden, Zahlungsmittel, Formulare, Banken),
– Medien (spezielle Hilfsmittel, Lesegeräte, Telekommunikation),
– gesellschaftliche Organisations- und Umgangsformen.

Es wird deutlich, dass diese Bereiche einem besonders großen Anpassungsdruck unterliegen. Trotz zunehmender behindertengerechter Ausstattung von Gebäuden, Automaten, der Zunahme von Hörfilmen, Gebärdensprache, Vibrationsampeln, Ampeln mit akustischen Signalen oder taktilen Orientierungshilfen sind Körperpflege und Kleidung, Haushaltsführung und Umgangsformen Bereiche, in denen Menschen mit einer Sehschädigung mit wenig Toleranz begegnet wird.

Wenn blinde, sehbehinderte oder Menschen mit Hörsehschädigung eine Wohnung suchen, begegnen sie immer wieder Vermietern, die sich eine eigenständige Haushaltsführung nicht vorstellen können und sich auch durch Demonstrationen nicht überzeugen lassen. Wenn viele Sehende sich nicht vorstellen können, dass blinde Frauen und Männer gerne und gut kochen, dann zeigt dies nur die Spitze der Probleme auf, denen Menschen mit einer Sehschädigung im Alltag begegnen.

Ein Training in alltagspraktischen Fähigkeiten müsste neben der Entwicklung von passenden Strategien vor allem in einer Aufklärung und Schulung der Umwelt bestehen. Obwohl die westeuropäische Kultur gegenwärtig ein hohes Maß an Toleranz gegenüber Kleidung und Umgangsformen zeigt, so endet diese sehr oft bei Menschen mit Behinderung. Phänomene des Außergewöhnlichen erhalten je nach mitgedachtem Kontext unterschiedliche Bewertungen. Klaes hat dies in einem Beispiel sehr treffend formuliert.

„Der Jazzmusiker, der seinem Instrument ohrenbetäubende Töne entlockt, gilt als Avantgardist, der Modemacher, der den Winkelhaken in der nagelneuen Jeans kultiviert, gilt als Trendsetter. Der Manager, der sich entschließt, fortan als Fischer auf Jamaica zu leben, ist ein Aussteiger. Der von allen Konventionen Befreite ist ein Künstler oder Individualist. Der aber, der nur außergewöhnlich ist, ohne dafür das Prädikat ‚besonders wertvoll' zu bekommen, ist ein ‚Behinderter'." (Klaes/Walthes 1994, 54)

„Jeder Reha-Lehrer weiß aus Erfahrung zu berichten, wie schwer die Vermittlung der Begriffe Mode, ‚schick aussehen', passende Kleidung, etc. ist. Begrifflichkeiten, die durch ihre Wesensmerkmale vor allem als Ausdruck sehender Empfindungen bestimmt werden, erfahren auf Seiten blinder Kinder und Jugendlicher in der Regel erst dann Akzeptanz, wenn auf der Beziehungsebene zwischen LPF-Lehrer und Schüler >alles stimmt<, wenn also Vertrauen herrscht. Ist dies nicht der Fall, werden die normativen oder subjektiven Vorgaben des LPF-Lehrers als Oktroi empfunden." (Metz 1989, 208)

Die Ästhetik des Taktilen, des Sich-Anfühlens und des Klangs oder des Geruchs, die im Erleben von Menschen mit einer Sehschädigung eine größere Rolle spielen, drohen hierbei vernachlässigt zu werden.

Beim Erlernen von alltagspraktischen Fähigkeiten und Fertigkeiten zeigt sich im Detail, welche Ziele eine Pädagogik bei Blindheit und Sehbehinderung verfolgt, wie viel Spielraum sie für eigenständige Entwicklungen, Erlebensweisen oder notwendige Erkundungsstrategien lässt, wie sie soziales Miteinander interpretiert und wo sie letztlich doch im Sinne der Anpassung an die Norm agiert.

Alltagspraktische Fertigkeiten werden im Rahmen der Frühförderung als grundlegende Basisfertigkeiten des Sich-Anziehens oder Essens sowie des Umgangs mit Materialien des Alltags spielerisch gefördert. Im schulischen Rahmen findet eine Schulung oftmals im hauswirtschaftlichen Unterricht statt oder beim Besuch einer Internatsschule im Internat. Einzelunterricht ist die häufigste Form der Vermittlung alltagspraktischer Fertigkeiten.

Bei Erblindung zählt die Vermittlung alltagspraktischer Fertigkeiten zur so genannten Elementarrehabilitation. Die Ausbildung für Rehabilitationslehrer (LPF) erfolgt in der Bundesrepublik an zwei Ausbildungsstätten (Institut für Rehabilitation
und Integration Sehgeschädigter [IRIS], Hamburg und Rehabi-
litationseinrichtungen für Sehgeschädigte [RES], Marburg). Ob
und inwieweit die Vermittlung alltagspraktischer Fähigkeiten und
Fertigkeiten gegenwärtig auch den Umgang mit Assistenz berücksichtigt, ist über Literatur nicht zu ermitteln und vermutlich eine
Herausforderung zur Weiterentwicklung dieses Konzeptes.

4.4.4 Kommunikation und koordinierte Verhaltenskoordination: *Sprache und unterstützte Kommunikation*

Die Tatsache, dass wir nicht wissen können, wie ein anderer
Mensch wahrnimmt und welche Wirklichkeit er konstruiert, ver-
weist auf die Notwendigkeit von Kommunikation. Wir sind auf
Kommunikation und Interaktion elementar angewiesen, um etwas von der Wirklichkeitskonstruktion eines anderen Menschen
mitzubekommen. Wenn wir uns dem Thema Kommunikation,
Verstehen, Verständigen widmen, dann gilt es vorweg noch einmal zwei Aspekte in Erinnerung zu rufen.

- Der Gedanke der Selbstorganisation von Wahrnehmung, von   Intransparenz
  Erleben. Dieser Gedanke besagt, dass es keine Möglichkeit des   psychischer
  direkten Anschlusses an die Wahrnehmungs- und Erlebnis-   Systeme
  möglichkeiten eines anderen Menschen gibt. Ich kann nicht
  direkt an das, was Sie jetzt denken, fühlen, wahrnehmen mögen, ankoppeln, kein anderer Mensch kann jemals wissen, was
  ein anderer beobachtet, wahrnimmt, erlebt. Systemtheoretisch
  gesprochen bedeutet dies, dass psychische Systeme, also Bewusstsein, Wahrnehmung, Erleben, Gefühle etc. intransparent
  sind und bleiben (Luhmann 1992). Die einzige Möglichkeit,
  etwas über die Wahrnehmung und das Erleben eines anderen
  zu erfahren, ist Kommunikation. Doch indem ich mit einer anderen Person rede, rede ich mit ihr, nehme sie in ihren Äußerungen wahr, ich erlebe sie nicht, ich fühle nicht wie sie, ich
  nehme nicht wahr wie sie.
- Kommunikation schließt an Kommunikation an, nicht an Wahr-   Dreischritt der
  nehmung, nicht an Bewusstsein. Wenn wir über Kommunika-   Kommunikation
  tion reden, dann reden wir über Äußerungen und die Beobachtung von Äußerungen, nicht über Kognition, nicht über Bewusstsein oder andere intrapsychische Prozesse (Luhmann 1992).

Jemand sagt etwas zu Ihnen, Sie beobachten seine Äußerung und bauen sie in Ihre Vorstellung ein, d. h. verstehen seine Äußerung vor dem Hintergrund Ihrer Bedingungen. Der andere kann Ihre Wahrnehmungen und Ihre Einordnungen, also Ihr Verstehen nur mitbekommen, wenn Sie an seine Äußerung anschließen und ihm antworten, das muss nicht verbal, sondern kann auch schriftlich, gestisch oder mimisch sein. Information, Mitteilung und das Verstehen machen nach Luhmann den Kommunikationsprozess aus (Luhmann 1992). Wie jemand etwas verstanden hat, wird wiederum nur deutlich, wenn es rückgekoppelt wird, d. h. wenn eine weitere Äußerung folgt. Dieser Dreischritt ist äußerst wichtig, an ihm orientiert lässt sich die Kommunikation zwischen sprechenden und nichtsprechenden Menschen, aber auch zwischen so und zwischen anders sprechenden Menschen gut erläutern.

Bewegung als Wegweiser

Ist Lautsprache nicht möglich und gibt es Seh- und Hörbedingungen, die ein Verstehen von Lautsprache erschweren oder verhindern, dann ist *Bewegung* nicht nur ein, sondern *das* wichtigste Element des „anders Sprechens", Bewegung ist das zentrale Medium der Kommunikation. Es bedeutet, dass ich Bewegungen als Wegweiser begreife, als etwas, womit der Sich-Bewegende etwas sagt. Zu diesem etwas sagen (Mitteilung und Information) gehört das Verstehen, und dieses Verstehen wiederum bedarf einer Bewegungsantwort, um den Kommunikationsprozess fortzusetzen. Dies gilt für Säuglinge und Kleinkinder, deren wichtigstes Mitteilungs- und Ausdrucksmedium Bewegung ist, insbesondere jedoch bei Hörsehschädigung und bei nicht-sprechenden Menschen.

In Kapitel 3.6.1 wurde die Sprach- und Kommunikationsentwicklung geburtsblinder Kinder nur kurz angesprochen, da die neuere Forschung zu dem Ergebnis einer zwar modifizierten, aber in sich passenden Sprachentwicklung gelangt ist und die Rolle der Sprache als wichtiges Umweltaneignungsinstrument eher noch betont.

„Nur das Zulassen des Gedankens, dass z. B. blinde Menschen ein ihren Wahrnehmungsstrukturen entsprechendes – und nicht ein lückenhaftes oder fehlerhaftes – *Begriffssystem* aufweisen, ermöglicht ein professionelles diagnostisches und didaktisches Denken, das die spezifischen Besonderheiten im Aufbau und in der Verwendung des Begriffssystems berücksichtigt." (Degenhardt 2003)

Der in der älteren blindenpädagogischen Literatur häufig gebrauchte Begriff Verbalismus zur Kennzeichnung eines Sprachgebrauchs blinder Menschen in Zusammenhängen, in denen ihnen die unmittelbare Anschaulichkeit nicht gegeben ist (zum Beispiel Himmel, Horizont oder Farben), vernachlässigt die Tatsache unterschiedlicher Referenzsysteme und Merkmalsebenen

(Dobslaw 1993). Für die Gestaltung des Kommunikationsprozesses bedeutet dies, möglichst viele Referenzebenen eines Wortes oder Begriffes über Handlung nachvollziehbar zu machen.

In der Literatur zur Kommunikationsentwicklung von Kindern werden von den Autorinnen und Autoren, die zugleich die Entwicklung von Kindern mit komplexen Schädigungen berücksichtigen, folgende Prinzipien für die Kommunikationsentwicklung und -gestaltung genannt (Becker et al. 1998; Hildebrand-Nilshon 2000; Lee/Mac William 1994, 2002; Nafstadt/Rodbroe 1999; Papoušek/Papoušek 1990; Stern 1992).

1. Selbst-Urheberschaft: Sich selbst als Urheber und Initiator von Ereignissen erleben zu können, ist für alle Kinder eine wichtige Voraussetzung für Kommunikation. Für Kinder mit Hörsehschädigung kann diese Erfahrung durch Rückmeldungen vom eigenen Körper und im gemeinsamen Bewegen mit einer anderen Person durch die Beachtung der folgenden Prinzipien unterstützt werden:

2. Synchronie ist die Form des feinen emotionalen Aufeinanderabstimmens, die in Kapitel 4.3.2 koordinierte Verhaltenskoordination genannt wurde und die durch Zeitbezug, Imitation, gemeinsame Rhythmen, gemeinsames Bewegen hergestellt werden kann. Wichtig ist hier vor allem die zeitliche, räumliche Abstimmung.

3. Joint attention oder **geteilte Aufmerksamkeit** wird zwischen Kind und Bezugsperson hergestellt, indem die Bezugsperson das Kind so oft und sensibel wie möglich in den Prozess der gemeinsamen Ausrichtung auf etwas Drittes einbezieht und gleichermaßen sehr aufmerksam auf diese Impulse beim Kind achtet (Hildebrand-Nilshon 2000, 234ff).

4. Affect Attunement oder **Affektabstimmung** wird als eher intuitiver Prozess zwischen Kind und erwachsener Person (meist Mutter oder Vater) beschrieben, bei dem die erwachsene Person ihr emotionales Verhalten, ihren emotionalen Ausdruck mit dem Kind teilt. „Klopft das Kind z. B. mit wachsender Begeisterung rhythmisch mit dem Löffel auf den Tisch, sagt die Mutter im Rhythmus und in der Dynamik der Bewegung ‚bäng, bäng, bäng'" (Hildebrand-Nilshon 2000, 236). Hier sind gemeinsam mit Kindern mit komplexen Schädigungen Ausdrucksformen zu finden, die einerseits die emotionale Ausdrucksform des Erwachsenen nicht verfälschen, denn dies merken alle Kinder sofort, andererseits aber für das Kind unmittelbar wahrnehmbar sind, wie zum Beispiel die Bewegungen der Bauchmuskulatur beim Lachen. Dazu gehört vor allem:

5. Reziprozität, der Wechselbezug im Dialog, von Ich und Du, Beginnen und Beenden, Pausen und Aktivität, die sich zu strukturierten Interaktionsformen und Ritualen entwickeln kann.

Diese für die Entwicklung gestischer und symbolischer Kommunikation elementaren Prinzipien sind gleichermaßen auf diese selbst anzuwenden. Auch bei der Entwicklung eines gemeinsamen Symbol- und Zeichensystems ist das Aufgreifen der spontanen Gesten und Bewegungsäußerungen des Kindes der erste

Schritt zur Bedeutungsentwicklung. Wenn ich die nach unten schlagende Handbewegung, die ein Kind zeigt, als Aufforderung zum Ballspielen interpretiere und dies wieder und wieder versuche, dann kann daraus die Symbolgeste für Ball entwickelt werden, wie das Pusten in die eigene Hand zur Geste für Luftballon aufpusten, Ventilator oder Föhn werden kann. Wenn an die vorhandenen Ausdrucksmöglichkeiten und -formen der Kinder angeschlossen werden kann und damit diese als bedeutsame Handlungen, als Wegweiser begriffen werden, kann Kommunikation erfolgreich gestaltet werden. Jedes Kind äußert sich. Eltern und Bezugspersonen sind es, die auf die Äußerungen des Kindes zuverlässig reagieren können und damit die Basis für Kommunikation gemeinsam entwickeln.

Auf dieser Basis können dann Konzepte wie das der *Unterstützten Kommunikation* (Augmentative and Alternative Communication [AAC]) aufbauen.

Deren Ziel besteht darin, nichtsprechenden oder wenig sprechenden Kindern alternative (symbolische, elektronische) Kommunikationsmittel zur Verfügung zu stellen, damit diese in die Lage versetzt werden, über ein breites Spektrum an Äußerungsmöglichkeiten zu verfügen. Dieses in den Anfängen überwiegend mit Bildern und Symbolen arbeitende Konzept hat sich mittlerweile auch mit der Gruppe der nichtsprechenden Kinder mit einer Sehschädigung beschäftigt und entsprechende Hilfsmittel und Methoden entwickelt (Touch-Talker mit tastbaren Symbolen, Audiocom etc., Abb. 34).

Als Symbolsysteme für hörsehgeschädigte Menschen sind feste Bezugsobjekte, Symbole, Bildsysteme, Gebärden (adaptierte Form der Deutschen Gebärdensprache wie der lautsprachlich begleitenden Gebärden), Fingeralphabet und Lormen im Gebrauch. Alle Gebärden- und Alphabetsysteme erfordern von beiden Kommunikationspartnern ein hohes Maß an Konzentration. Verschiedene Gebärdensysteme finden sich in der Einführung in die Hörgeschädigtenpädagogik von Annette Leonhardt (2002). Sie sollen hier lediglich durch das Lormalphabet ergänzt werden (Abb. 35).

4.4.5 Technologien und Hilfsmittel

Die vielfältigen im Bildungs- und Rehabilitationsbereich entwickelten Materialien, Technologien und Hilfsmittel dienen alle letztlich der Erleichterung der Partizipation, unterstützen jedenfalls von der Intention her die Selbstständigkeit und sind insbesondere im Bereich der Kommunikation ein Anwendungsfeld von Selbstbestimmung.

Braille-Schrift. Als wichtigste Erfindung kann nach wie vor das Punktschrift-System von Louis Braille gelten. Das 1825 auf der Kombination von 6 Punkten entwickelte Schriftsystem benötigte zwar nahezu 50 Jahre, um sich gegen den Widerstand der sehenden Blindenpädagogen durchzusetzen, es hat jedoch auf Grund seiner bestechend einfachen Struktur nachhaltig überzeugt, ist im Prinzip einfacher zu erlernen als das Schwarzschriftalphabet und wird in seinen Grundprinzipien trotz erhöhter Anforderung durch Spezialschriften

(Chemie, Computerbraille, Mathematik, Musik) erhalten bleiben. Dieses Schriftsystem wird mit Punktschrifttafeln, Punktschriftmaschinen oder Punktschriftdruckern oder auf der Braillezeile am Computer dargestellt. Die Einführung

Abb. 34: Kommunikation mit Alpha-Talker (mit freundlicher Genehmigung von Sandra Richter)

„des Computers für blinde Menschen erlaubte es, die braillesche Blindenpunktschrift als System durch blinde und sehende Menschen aktiv und parallel nutzen zu können – eine wesentliche Voraussetzung für gemeinsames Lernen in der allgemeinen Schule" (Degenhardt 2003, 16).

Abb. 35: Lormalphabet (Verein zur Förderung der Blindenbildung 2001 a)

Für jüngere Kinder wurden Geräte entwickelt, die es ermöglichen, den auf der Punktschriftmaschine geschriebenen Text direkt auch in Schwarzschrift auszugeben (Brailledec, ELVIS-D). Diese Möglichkeit erleichtert auch das gemeinsame Lernen von Kindern mit und ohne Sehschädigung.

Nutzung des Computers. Mit der Braillezeile und Sprachausgabe und damit der Nutzung des Computers ist ein weiteres wesentliches Kommunikationsmittel für Menschen mit einer Sehschädigung entwickelt worden, das inzwischen in allen Bereichen – von der basalen Kommunikation über Sehförderung mit dem Computer bis zur Internetnutzung, von Brailleprogrammen bis zu Vergrößerungssoftware für Menschen mit einer Sehbehinderung – nahezu für alle Probleme eine angemessene Antwort findet. Durch die Selbstverpflichtung vieler Soft-

Abb. 36: Langstock (Verein zur Förderung der Blindenbildung 2001 a, 90)

Abb. 37: Füllstandsanzeiger (Verein zur Förderung der Blindenbildung 2001 a, 65)

Abb. 38: Küchenwaage mit Sprachausgabe (Verein zur Förderung der Blindenbildung 2001 b, 48)

warefirmen und Homepagehersteller, einen barrierefreien Zugang zu schaffen, existieren neben den grafischen Benutzeroberflächen inzwischen auch vielfach textbasierte Steuerungssysteme, die Menschen mit einer Sehschädigung die Navigation erleichtern.

Nicht-visuelle Hilfsmittel. Bei Blindheit, Hörsehschädigung, Mehrfachbehinderung und Sehschädigung gibt es eine Vielzahl von Hilfsmitteln für die unterschiedlichsten Aufgaben. Diese sind im nicht-visuellen Bereich zum Beispiel:

• Hilfsmittel für den alltagspraktischen Gebrauch (z. B. Farberkennungsgeräte, Küchenwaage mit Sprachausgabe, Maßbänder und Messbecher mit taktilen Einteilungen),
• Hilfsmittel für die Selbstmedikation (z. B. Blutzuckermessgeräte mit Sprachausgabe, Autodrop – ein Kunststofftrichter, der es erleichtert, sich selbst Augentropfen zu verabreichen),
• Mobilitätshilfen (Langstock, Blindenführhund, taktile Karten, Leitsysteme),
• Hilfsmittel zum Umgang mit schriftlichen, gedruckten und digitalen Informationen (Punktschriftmaschine, Scanner, Computer mit Braillezeile und Sprachausgabe, Software, Punktschriftdrucker),
• Spiel- und Lernmaterialien (taktile Grafiken, Modelle, Punktschriftliteratur, adaptierte Spiele),
• Kommunikationshilfen

Eine kleine Auswahl nicht-visueller Hilfsmittel soll die Bandbreite des Angebots verdeutlichen (Abb. 36–43).

Hilfsmittel für den visuellen Bereich. Hilfsmittel für den visuellen Bereich können in optische, nicht-optische und elektronische Hilfsmittel eingeteilt werden.

– optische Hilfsmittel für den Nah- und Fern-
bereich (Lupenbrillen, Hyperokulare, Lupen, Monokulare, Binokulare, Kantenfilter-
gläser)
– nicht-optische Hilfsmittel (Beleuchtung, Lese-
schablonen, Großdruck, spezielle Lineaturen,
kontrastreiche Stifte, Farbgebung, Kontraste,
Lesepulte)
– elektronische Hilfsmittel (Bildschirmlesegeräte,
Tafelkamera, Computer mit Sprachausgabe
und Vergrößerungsmöglichkeiten, Video-
teleskope).

In den Abbildungen 43–46 findet sich
eine Auswahl optischer, nicht-optischer
und elektronischer Hilfsmittel.

Hilfsmittelentscheidungen sind immer Individualentscheidungen. Dabei
sollten die folgenden Überlegungen in
die Entscheidung mit einbezogen werden:

– Welche Aufgaben möchte die Person mit dem
Hilfsmittel bewältigen können?
– In welchem Bereich findet das Hilfsmittel An-
wendung (häuslicher Bereich, schulischer Be-
reich, Arbeit, Freizeit)?
– Akzeptiert die betroffene Person das Hilfs-
mittel?
– Wie ist die Handhabbarkeit des Hilfsmittels
und wie gestaltet sich das Erlernen des Um-
gangs damit?
– Unterstützt das Hilfsmittel die Person oder
schafft es neue Abhängigkeiten?
– Ist das Hilfsmittel mobil einzusetzen oder auf
Grund der Größe und des Gewichts ortsge-
bunden?
– Passen Person und ihre Gewohnheiten und
Eigenarten und Hilfsmittel zusammen?

Es ist immer hilfreich, wenn die betroffene Person das Hilfsmittel vor der end-
gültigen Entscheidung im Alltag erproben kann. Die Entscheidung für oder
gegen ein Hilfsmittel kann nur die betroffene Person selbst treffen. Leider gibt
es zurzeit eine große Divergenz zwischen
den individuellen Bedürfnissen und den

Abb. 39: Braillezeile (Deutscher Blinden- und Sehbehindertenverband 2000, 15)

Abb. 40: Adaptiertes Spiel (Badde 1994, 89)

Abb. 41: Notizgerät

Abb. 42: Leitsystem

Abb. 43: Monokulare (Foto mit freundlicher Genehmigung von Richard Piatkowski)

Abb. 44: Lesepult (Verein zur Förderung der Blindenbildung 2001b, 68)

finanzierenden Organisationen (Krankenkasse, öffentliche Kommunen, Sozialhilfeträger). Häufig können Menschen mit Beeinträchtigungen nicht frei entscheiden, welches Hilfsmittel von welchem Anbieter das für sie geeignete ist, sondern sind an die Entscheidungen der finanzierenden Organisation gebunden, die nur bestimmte Anbieter akzeptiert. Trotz dieser Einschränkungen kann man inzwischen auch für Deutschland davon ausgehen, dass Hilfsmittel weitgehend den Bedingungen entweder entsprechen oder den jeweiligen Bedingungen angepasst werden können.

Abb. 45: Bildschirmlesegerät (Deutscher Blinden- und Sehbehindertenverband 2000, 5)

Abb. 46: Standlupe (Verein zur Förderung der Blindenbildung 2001b, 63)

Frühförderung:
Leyendecker, Ch., Horstmann, T. (Hrsg.) (2002): Große Pläne für kleine Leute. Grundlagen, Konzepte und Praxis der Frühförderung. München, Basel: Ernst Reinhardt
Pretis, M. (2001): Frühförderung planen, durchführen, evaluieren. Beiträge zur Frühförderung interdisziplinär Bd. 8. München, Basel: Ernst Reinhardt
Walthes, R., Klaes, R. (1994): Gehen, gehen, Schritt für Schritt … . Untersuchung zur Situation von Familien mit einem blinden, mehrfachbehinderten oder sehbehinderten Kind. Frankfurt a. M.: Campus

Schule:
Appelhans, P. (1993): Regelschule – Sonderschule – Alternative Möglichkeiten für sehgeschädigte Kinder und Jugendliche? In: Verband der Blinden- und Sehbehindertenpädagogen (Hrsg.): Ganzheitlich bilden – Zukunft gestalten. Kongressbericht, 31. Kongress für Sehgeschädigtenpädagogik, Marburg 26.–31. Juli 1993. Hannover, 120–138: VzFB
Csocsán, E., Klingenberg, O., Koskinen, K.-L., Sjöstedt, S. (2002): Maths „seen" with other eyes – A blind child in the classroom – teacher's guide in mathematics. Esbo: Schildts
Degenhardt, S. (2003): Pädagogische Intervention bei Beeinträchtigungen der Visuellen Wahrnehmung. In: Leonhardt, A., Wember, F. B. (Hrsg.): Behinderungen als pädagogisches Problem. Weinheim, Basel: Beltz

Berufliche Bildung:
Appelhans, P., Düe, W. (2001): Schulische Vorbereitung auf Ausbildung und Beruf für junge Menschen mit Sehschädigung in Schleswig-Holstein. In: Barlsen, J., Hohmeier, J. (Hrsg.): Neue berufliche Chancen für Menschen mit Behinderung. 257–285: Düsseldorf, Verl. Selbstbestimmtes Leben
Barlsen, J., Denninghaus, E., Oeser-Steinbörner, A. (2001): Wohnortnahe berufliche Bildung und Eingliederung blinder und sehbehinderter Jugendlicher. MobiliS. In: Weichenstellungen. Themenheft der Zeitschrift blind-sehbehindert. 121, 3, 197–202

Alter:
Wahl, H.-W., Schulze, H. E. (Hrsg.) (2001): On the special needs of blind and low vision seniors. Research and practice concepts. Amsterdam: IOS-Press

4.5 Übungsaufgaben zu Kapitel 4

Die Tabelle 16 beschreibt die verschiedenen Zusammenarbeits- **Aufgabe 11**
modelle mit den Eltern. In dieser Tabelle ist die letzte Spalte frei.
Schreiben Sie bitte dort die Vor- und Nachteile der einzelnen Konzepte aus Ihrer Sicht hinein!

Was ist unter Kontextabhängigkeit zu verstehen?   **Aufgabe 12**

Aufgabe 13   Könnte ich Sie jetzt, während Sie das Buch lesen, als Beobachter II. Ordnung bezeichnen und wenn ja, warum?

Aufgabe 14   Wo beginnt Selbstbestimmung in Ihrer Vorstellung?

Aufgabe 15   Um einige der Organisationen im *Blindness-System* kennen zu lernen, versuchen Sie bitte, die nächste Selbsthilfeorganisation für Menschen mit einer Sehschädigung zu finden.

Aufgabe 16   Weshalb ist die Früherkennung von Sehbehinderung ein Problem?

Aufgabe 17   Wie würden Sie folgende Situation verstehen: Ein Kind, das noch nicht sicher gehen kann, wirft am liebsten Gegenstände durch den Raum.

Aufgabe 18   Nehmen Sie einmal an, Sie haben eine Tochter im schulfähigen Alter und erfahren, dass in ihre Klasse auch ein blindes und ein sehbehindertes Kind kommen wird. Was werden Sie tun?

Aufgabe 19   Die Beschäftigung mit Orientierung, Mobilität und alltagspraktischen Themen wurden jeweils als Kernthemen einer Pädagogik bei Blindheit und Sehbehinderung bezeichnet. Können Sie begründen, warum und worin die Problematik der gegenwärtigen Praxis besteht?

Aufgabe 20   Information, Mitteilung und Verstehen sind nach Luhmann Bestandteile des Kommunikationsprozesses. Können Sie Beispiele entwickeln, wo die Elemente Information und Mitteilung und das Element Verstehen verschiedene Botschaften enthalten?

5 Geschichte der Pädagogik bei Blindheit und Sehbehinderung – ein Lernfeld?

„Auf die Frage, ob man aus der Geschichte lernen könne, hört man oft die resignierte oder zynische Antwort, man könne aus der Geschichte nur die einzige Tatsache lernen, daß niemand aus ihr zu lernen willens sei" (Wehler 1988, 11). Wenn man sich das 20. Jahrhundert nicht nur mit den beiden Weltkriegen, sondern auch mit den über 150 Kriegen in und außerhalb Europas vorstellt, dann kann man an der Lernbereitschaft und Lernfähigkeit der Menschen im Allgemeinen zweifeln, es sei denn, man hält Krieg gesamtgesellschaftlich gesehen für eine Lösung. Ich tue dies nicht.

Aber woran sollte man sonst lernen, wenn nicht an der Vergangenheit? Das Fundament der Vergangenheit, auf dem die Gegenwart in dünnen Scheibchen abgeschnitten wird, ist groß, denn kaum ist Gegenwart abgeschlossen, gehört sie schon wieder der Vergangenheit an. Zwar sind Menschen es gewohnt, linear und in Ursache-Wirkungs-Zusammenhängen zu denken, d. h. eine kontinuierliche Linie von der Vergangenheit über die Gegenwart zur Zukunft zu ziehen, doch auch in einer solchen Linearität ist das einzig Dauerhafte die Vergangenheit. Gegenwart ist der Ort des Handelns und der Entscheidungen mit der Idee, Zukünftiges passend zu gestalten. Sie nimmt das Material aus der Vergangenheit, der Erfahrung, dem Erlebten und dem Berichteten. Und umgekehrt speisen sich auch die Versuche, bestimmte Erfahrungen und Ereignisse nicht zu wiederholen, durch die Linearität von Gegenwart und Vergangenheit. **Verhältnis von Vergangenheit und Gegenwart**

Der Satz: „Wehret den Anfängen!" ist ein solcher Satz, der voraussetzt, dass es möglich ist, bestimmte Ereignisse bereits in der Gegenwart im Keim zu ersticken, um eine unangenehme Zukunft zu verhindern. Doch was sind Anfänge? Wer kann entscheiden, was ein Anfang ist und wovon? Um etwas als Anfang bestimmen zu können, muss ich es von den anderen Ereignissen im Strom der Ereignisse unterscheiden. Ich muss einen eindeutigen Anfang markieren können. Anfänge lassen sich nicht in der Gegenwart bestimmen, sondern erst aus der Rückschau. Sie sind die Markierung, von der aus der Beobachter sagt: „Nun geschieht etwas anderes, nun beginnt etwas Neues" (Luhmann/Schorr 1990). **Was sind Anfänge?**

Aus dem Geschichtsunterricht kennt jeder die Schwierigkeit, Anfänge zu bestimmen. Wann hat der Nationalsozialismus begonnen? Wann die Aussonderung, Sterilisation und Vernichtung von nicht zum System passenden Leben? Und sind wir heute mit der Debatte um Bioethik, der verbrauchenden Embryonenforschung und Sterbehilfe auf einem anderen, sehr viel schwieriger zu greifenden Weg in eine neue Aussonderung? Ist diese seit nahezu zwei Jahrzehnten geführte Diskussion ein Anfang, und wenn ja, ein Anfang wovon? Sind es die überlieferten Daten des ersten Ereignisses, ist es die Entwicklung von Gedankengut? Die Markierung liegt nicht in der Sache an und für sich, sie ist eine im Nachhinein gezogene Unterscheidungslinie und macht daher eher eine Aussage über denjenigen, der sie zieht, als über die Sache selbst.

5.1 Verständnismöglichkeiten von Geschichte

Das trifft auch für die Geschichte einer Pädagogik bei Blindheit und Sehbehinderung und für die verschiedenen Historiker zu. Sie alle haben einen Anfang gesetzt, von dem aus sie ihr Geschichtsbild entwickelt haben. Was ist unter der Geschichte einer Pädagogik bei Blindheit und Sehbehinderung zu verstehen?

Geschichtswissenschaft heute
Geschichte soll hier nicht mit einem versunkenen Kontinent verglichen werden, dessen Schätze auf dem Meeresgrund nur entdeckt und hervorgeholt werden müssen. Geschichte soll auch nicht als Herrschafts- und Institutionengeschichte verstanden werden. Geschichtswissenschaft versteht sich heute nicht mehr als ein von wenigen Schulen geprägtes System – hier Politikgeschichte, dort Sozialgeschichte und Alltagsgeschichte – sondern ist ein vielfältiges Neben-, Mit- und Gegeneinander unterschiedlicher Ansätze. „Stichworte sind hier die Postmoderne und der ‚linguistic turn'" (Daniel 1997, 197). Die entscheidende Frage lautet, was heute für historisch *bedeutsam* gehalten wird. Alle neueren Ansätze gehen davon aus,

„dass historische Fragestellungen und Themengebiete stärker als bisher berücksichtigen sollten, dass Wahrnehmungsweisen und Sinnstiftungsmuster, Selbstdeutungen und Weltbilder der historischen Subjekte mindestens so wichtige Tatsachen der Geschichte darstellen wie beispielsweise ihre sozioökonomische Lage oder ihre Zugehörigkeit zu objektiv feststellbaren Ständen, Schichten oder Klassen" (Daniel 1997, 200).

Die Entscheidung, ob als Gegenstand der Beobachtung Kultur (Deutungskultur, Handeln, Nichthandeln, Verhalten) oder Text (Diskurs, Texte) gesehen wird, macht je unterschiedliche Herangehensweisen und Methoden erforderlich, im ersten Fall interpretierend, im zweiten Fall diskurs-textanalytisch. Vor diesem geschichtswissenschaftlichen Hintergrund ergeben sich eine Fülle von Aufgaben für historische Forschung im Bereich einer oder mehrerer Pädagogiken bei Blindheit und Sehbehinderung. Denn von *einer* Geschichte kann auch in einem verhältnismäßig kleinen Bereich wie dem der historischen Behindertenpädagogik nicht ausgegangen werden.

5.1.1 Texte zur Geschichte einer Pädagogik bei Blindheit

Die bisherigen Arbeiten zur Geschichte der Blindenpädagogik im deutschsprachigen Raum sind vor dem Hintergrund ihrer Denk- und Analysemuster ausgesprochen interessant. Sie eignen sich hervorragend für eine Analyse ihrer Ein- und Ausschließungen und ihrer Bedeutungskonstruktion. Die Arbeiten stehen alle in der europäischen Tradition der Ideen- und Sozialgeschichte und haben zum Teil ausgesprochen umfangreiches Material gesammelt und systematisiert, wie zum Beispiel die Enzyklopädie des Blindenwesens von Alexander Mell. In diesem Werk haben Fachleute aus unterschiedlichen Ländern ihre Kenntnisse und ihr Wissen zusammengetragen, es gilt in seiner Fülle bis heute als unerreicht (Mell 1899/1900). *(Unterschiedliche Ansätze)*

In die Tradition sozialgeschichtlicher Forschungen sind vor allem Rath (1983, 1985) und Wanecek (1969) einzuordnen. Rath hat bereits 1983 in ihrem vorzüglichen Beitrag zur Blindenpädagogik einer faktenorientierten Institutionen-, Personen- und Ideengeschichte eine gründliche Absage erteilt. Ihre Beiträge zur Geschichte der Blindenpädagogik beschäftigen sich mit der Wahrnehmung der Gruppe blinder Menschen als Gruppe mit einheitlichen oder heterogenen Merkmalen, dem Verhältnis von Blindenwesen und Blindenbildung sowie mit dem Begriff Blindheit und dessen Reduktion auf ein medizinisches Verständnis (1983, 52–57).

Im engeren pädagogischen Zusammenhang beschreibt sie die Entwicklung der institutionalisierten Blindenbildung unter Einschluss des Fürsorgegedankens am Beispiel der großen Blindenanstalten des 19. Jahrhunderts. Diese Blindenanstalten mit ihrem von der Wiege bis zur Bahre ausgedehnten Zuständigkeitsbereich für blinde Menschen faszinieren alle, die sich mit der Geschichte der Blindenpädagogik beschäftigen. Die meisten dieser auch heute noch einflussreichen Institutionen haben anlässlich ihrer 100- oder 150-jährigen Jubiläen Festschriften herausgegeben, in denen sowohl Elemente von Alltagsgeschichte – das Leben einer Heimbewohnerin zu Beginn des 20. Jahrhunderts – als auch von *(Tradition der Blindenanstalten)*

Oral History – Interviews mit ehemaligen Schülerinnen und Schülern – zu finden sind. An den Blindenbildungsanstalten kann das Zusammenwirken von Pädagogik und Fürsorge und die damit verbundene weitgehende Fremdbestimmung blinder Menschen sehr gut verdeutlicht werden.

Die Geschichte der Blindenpädagogik von Wanecek (1969) ist vor allem wegen ihrer internationalen Bezüge interessant zu lesen. Seine Intention, die Entstehung der Blindenanstalten und einer Blindenpädagogik als zeitgeschichtliches Phänomen zu analysieren, wirft die zu Beginn dieses Kapitels gestellte Frage nach den Anfängen auf. Wanecek sieht in einzelnen gebildeten und gelehrten Blinden des Mittelalters und ausgehenden Mittelalters die Vorläufer und Wegbereiter einer institutionalisierten Blindenbildung. Er stellt einen ersten Wandel in den Auffassungen über blinde Menschen in der Zeit der Renaissance fest, hält einen zweiten in der Zeit der Aufklärung für gegeben und begreift die Blindenbildung als „ein typisches Kind der Aufklärung" (1969, 15). Er bezieht sich hierbei vor allem auf das Menschenbild und auf die idealistischen und humanistischen kulturellen Tendenzen dieser Zeit, die in der *Forderung nach allgemeiner geistiger Bildung für alle* sozusagen ihren pädagogischen Ausdruck fanden (1969, 45ff).

Diese Auffassung wird gemeinhin geteilt. Es wäre jedoch interessant, sie einmal kritisch auf den zugrunde liegenden Bildungsbegriff hin zu überprüfen. Denn es ist ganz offensichtlich, dass zumindest berufliche Bildung damit eigentlich nicht gemeint sein kann, sonst müsste man den Autorinnen und Autoren, die diese Auffassung vertreten, eine europazentrierte Perspektive unterstellen. Wie anders ist es sonst zu erklären, dass wir bei Wanecek Berichte von Musikergilden in China aus der Zeit der Han-Dynastie (200 v. Chr.) finden? Zu diesen Gilden gehören neben Musikern auch Wahrsager und Geschichtenerzähler, und zwar ausschließlich blinde Menschen (Mackenzie 1959, zit. in: Wanecek 1969). In Japan erhielten blinde Musiker im 9. Jahrhundert per kaiserliches Dekret das Monopol, den Beruf des Masseurs oder Musikers auszuüben. Wanecek berichtet von einem „wohl durchdachten Erziehungssystem" in beiden Ländern, mit neunjähriger Ausbildungszeit für Masseure, in die Sehende nicht einbezogen waren (Farell 1958; Wanecek 1969, 29), sondern die im Sinne der heutigen peer education funktionierte. Blinde bilden Blinde aus. Die Frage, weshalb sich diese Systeme in Asien entwickeln konnten und bis ins 19. oder 20. Jahrhundert hinein gehalten haben, in Europa aber erst im 18. Jahrhundert verstärkt über die Bildungsfähigkeit von Blinden nachgedacht wurde, wird bei ihm nicht weiter verfolgt.

Und ebenso wenig diskutiert er die Frage, weshalb das eine *Bildung*, das andere *Selbsthilfe* genannt wird. Solche Fragen nach den Voraussetzungen der jeweiligen Geschichtsbetrachtung sind heute nicht nur möglich, sondern notwendig, da die Idee einer Einheitsgeschichte obsolet geworden ist.

Bei Spittler-Massolle (2001) kann man eine plausible Interpretation zu dieser Frage nach dem Beginn der Blindenbildung finden. Er sieht einen engen Zusammenhang zwischen der Licht- und Erkenntnisthematik der Aufklärung und der Idee, Blinde zu bilden und damit ans Licht zu führen.

Licht, Erkenntnis und Blindheit

„Die vielschichtigen Zusammenhänge zwischen Sehen und Denken, Licht und Bewusstsein weisen deutlich darauf hin, dass an der Wende zur Neuzeit die Grundlagen dafür geschaffen wurden, dass später in der Aufklärung das Subjekt über das Sehen konstituiert wurde" (2001, 102). „Welches Interesse hat nun der (aufgeklärte, R. W.) Mensch in solcher Umgebung ausgerechnet an Blinden? Er repräsentiert doch gerade den Widerpart. Der Diskurs der Vernunft mit der engen Bindung an Licht, Sehen und Auf*klärung* formuliert neben dem Versuch der Ausmerzung des Bösen und des Unvernünftigen auch den Blinden. So kann in der Hinwendung zum Blinden ein Akt des Mitleids oder der Rettung gesehen werden. […]. Es scheint, als wollten philanthropische Rationalisten nicht den Moment verpassen, den Blinden einzubeziehen in den steten Aufstieg der menschlichen Selbstbestimmung nach seiner Fleischwerdung (Inkarnation)" (2001, 98).

Es finden sich zwei unterschiedliche Interpretationsweisen desselben gesetzten Anfangszeitraumes: Bei Wanecek der *kulturgeschichtliche Zugang mit sozialgeschichtlichen Bezügen*, bei Spittler-Massolle eine *diskursanalytische, dekonstruktivistische Textanalyse*. Beide eröffnen je spezifische Zugänge zu je einer Geschichte der Blindenpädagogik.

5.1.2 Texte zur Geschichte einer Pädagogik bei Sehbehinderung

Die Beschäftigung mit historischen Aspekten der Blinden- oder auch der Gehörlosenpädagogik oder der früheren Taubblindenpädagogik bewegt sich in der Vieldeutigkeit zwischen Sinnesverlust und Erkenntnisprozess. Demgegenüber erscheinen die historischen Auseinandersetzungen um das Thema Sehbehinderung recht eindeutig auf das Auge reduziert zu sein.

Übereinstimmend sehen Benesch (1971), Mersi (1985 b), Rath (1987) und Solarová (1983) drei Quellen für die Entwicklung der Sehbehindertenpädagogik: die *Blindenpädagogik*, die *Ophthalmologie* und die *allgemeine Heilpädagogik*. Ausgehend von den in Kapitel 2.0 und 5.1.1 berichteten Vorstellungen und Verbindungen

Quellen zur Sehbehindertenpädagogik

von Blindheit mit der Schatten- oder dunklen Seite der Erkenntnis müsste man davon ausgehen, dass auf dieser Ebene Sehbehinderung anders bewertet wird.

Einfluss der Blindenpädagogik

Interessant ist es, in diesem Zusammenhang die Argumentationslogik zu verfolgen, die von der Blindenpädagogik ausgeht. So argumentiert zum Beispiel Zeune nicht von der Position des Sehens, sondern von der Position der Blindheit aus:

„Ebenso glauben viele, daß die Halbblinden (daß heißt diejenigen, welche noch den Licht-, auch wohl sogar den Farbenschimmer haben), geschickter in Handarbeiten und körperlichen Verrichtungen seien als die ganz Blinden. Allein auch hier bestätigt sich, daß die Halbheit zu nichts nütze ist. Jene wähnen nämlich noch über das Gesicht alles erfassen zu können, welches aber nicht stark genug ist, sicher zu leiten, worüber sie denn die Übung ihrer eigentlichen zehn Augen [das heißt der Finger], oder des Getasts vernachlässigen." (Zeune 1821, 17)

Seheinschränkungen werden zugleich als Einschränkungen des Sehens und als Einschränkungen des „Blindens" begriffen. Die für Blinde entwickelte Tastatur – verstanden als Konzept der Tasterziehung – soll nun, da sie einmal entwickelt ist, auch ihre Gültigkeit bewahren und nicht durch Schwachsichtige in Frage gestellt werden. Halbblinde sind offenbar keine richtigen Blinden, haben aber auch mit Sehen nichts zu tun. Die Problematik der Veränderung der einmal gefundenen Methode des Tastens und der dahinterstehenden Konzepte wird bei Wanecek deutlich, der 1925 nach der Gründung der ersten Sehbehindertenschulen schreibt:

„Zwischen dem grundlegenden Gedanken des Sehschwachenunterrichts, das sehschwache Kind durchaus als sehendes einzuschätzen und der Methode des Tastsehens scheint ein Gegensatz zu bestehen." (140)

Die dahinterstehende Idee, dass es sich mit der Eindeutigkeit des so genannten Sinnesvikariats besser leben lässt, wird im folgenden Zitat von Axenfeld deutlich: „Es ist übrigens von Blindenpädagogen erörtert worden, ob man nicht diese Schwachsichtigen in besonderen Klassen von den ganz Erblindeten trennen soll, weil die Disziplin und der Unterricht durch sie erschwert werde. Bisher hat eine solche Teilung nicht stattgefunden" (Axenfeld, zit. n. Solarová 1983, 337).

Blindenpädagogik als geschlossenes System

Das System der Blindenpädagogik erweist sich hier als ein geschlossenes System in zweierlei Hinsicht: als *geschlossenes Anstaltssystem,* das die Gemeinsamkeit der Lichtlosen gegenüber der Chaotik des Schwachsichtigen (Schwachsinnigen) bewahren soll, und als *geschlossenes Erziehungssystem,* das auf Viersinnigkeit ausgerichtet war und in dem Sehen ebenfalls als Störfaktor galt. Mersi zufolge hat die von Klein bereits 1819 vertretene so genannte

„usus-abusus These", wonach das schwache Sehvermögen sich durch Nutzung noch verschlechtere, sich bis in die Mitte des 20. Jahrhunderts innerhalb der Blindenpädagogik gehalten und den Weg zu einer eigenständigen Sehbehindertenpädagogik erschwert (1985b, 36f).

Die ophthalmologische Wurzel der Sehbehindertenpädagogik ist nicht weniger dominant und reduziert pädagogische Fragen auf medizinisch-funktionale Aspekte. Hier spielen die Konnotationen, die sich mit Blindheit oder Sehschwäche oder Sehen verbinden, eine geringe Rolle. Mersi sieht vier zum Teil konkurrierende ophthalmologische Theorien, die auf die Sehbehindertenpädagogik Einfluss hatten:

Einflüsse der Ophthalmologie

„a) Die usus-abusus Hypothese,
b) die Lehre von der Schwachsichtigkeit durch Nichtgebrauch des Auges [...],
c) diejenigen Theorien zur Entstehung der Achsenkurzsichtigkeit, die die Einwirkung exogener Faktoren annehmen, und
d) die Lehren des amerikanischen Augenarztes W. Bates und seiner Schüler, die psychische Verkrampfungen als Hauptursache schlechten Sehens annahmen." (1985 b, 41)

Viele dieser Annahmen haben sich im Alltagswissen erhalten. Das können Sie leicht überprüfen, wenn Sie die Frage, wodurch Sehverschlechterung entstehen kann, mit Personen aus unterschiedlichen Generationen diskutieren. Besprechen Sie dabei auch solche Fragen wie: Welchen Einfluss hat das Lesen mit der Taschenlampe unter der Bettdecke auf die Augen? Welchen Einfluss hat das nahe Herannehmen von Texten? Welchen Einfluss hat das Lesen bei schlechter Beleuchtung? Welcher dieser Theorien lassen sich die jeweiligen Alltagsauffassungen zuordnen?

Die usus-abusus These hatte eine lange Wirkungszeit, daraus abgeleitet wurde eine Vorstellung von *Sehschonung* gegenüber der Idee der *Sehförderung*. Unter den ersten Klassen und Schulen für Sehschwache finden sich beide Konzepte vertreten (Strasbourg, Dr. E. Redslob – Sehschonung; Berlin, Dr. G. Levinsohn – Sehförderung). Die Vorstellung der Sehförderung hat sich in den USA und Deutschland fast zeitgleich etwa ab Mitte der 60er-Jahre des 20. Jahrhunderts durchgesetzt (Barraga 1964; Beermann 1966). Die Geschichte der Sehbehindertenpädagogik ist offensichtlich geprägt durch vielfältige Abgrenzungen und der Suche nach einer eigenständigen Pädagogik. Beermanns Bemühungen um ein solches Konzept zeigen das Dilemma auf, in dem sich Sehbehindertenpädagogik befand.

Sehschonung – Sehförderung

„In der herkömmlichen Sehbehindertenpädagogik und in der Ophthalmologie beruhen die *speziellen Sehübungen* auf der Annahme, daß der verbliebene Sehrest durch ein gezieltes physiologisches Training zu verbessern und das Seh-

Sehübungen

vermögen, die physiologische Leistung des Auges mit seinem makularen, peripheren und stereoskopischen Sehen, sowie die muskulare Beweglichkeit des
Bulbus zu steigern seien. Diese physiologischen Sehübungen, die im pädagogischen Sinne meist inhaltsarm sind, konzentrieren sich jeweils nur auf eine
der vielen Komponenten des Sehvorganges. […]

Seherziehung
    Bei der *Seherziehung* handelt es sich dagegen stets um einen pädagogi-
schen Akt. Der Lehrvorgang, die Vermittlung allgemeinbildender Inhalte ist
verschmolzen mit dem Ziel der optimalen Auswertung des Sehvermögens, d. h.
aller am Sehvorgang beteiligten Faktoren, zu einer Einheit. Alle nur punktuel-
len Maßnahmen und Hilfen, wie z. B. physiologische Sehübungen und optische Hilfsmittel etc. stellen innerhalb dieser umfassenden Aufgabe der Seherziehung jeweils nur Teilfunktionen dar." (Beermann 1966, 181)

Wandel in der
Sehbehinderten-
pädagogik
Mit Beermann und Barraga kann man einen Wandel in der Betrachtung des Phänomens der hochgradigen Sehbehinderung
feststellen. Sah die Sehbehindertenpädagogik ihren Zuständigkeitsbereich bis zu diesem Zeitpunkt bei einem Visus zwischen
0.3 und 0.05, so ging sie in der Folge davon aus, „daß es bei der
Erziehung Sehgeschädigter heute prinzipiell kein vernachlässig-
bares Sehen gibt" (Mersi 1985c, 263). Die Überlegungen Mersis
zur angemessenen pädagogischen Förderung hochgradig sehbehinderter Kinder und Jugendlicher markieren darüber hinaus
eine Überwindung der augen- und sehbezogenen pädagogischen
Argumentation der Sehbehindertenpädagogik. Seine Vorschläge zur Neuorientierung der Erziehung basieren auf einem ganz-
heitlichen, alle Sinne einbeziehenden ästhetischen Konzept, das
schulformunabhängig und in jedem Unterricht verwirklicht werden kann und 1998, d. h. etwa 15 Jahre später, mit den KMK-Empfehlungen zum Förderschwerpunkt Sehen eine Würdigung findet (Mersi 1985 c).

5.2 Historische Pädagogik bei Blindheit und Sehbehinderung

Historische Pädagogik versteht sich immer auch als eine Geschichte der Absichten, Ziele und Realisierungen und ist daher
an Personen und deren Ideen und Handlungen gebunden. Die
Handlungen einzelner Pädagogen sind wiederum eingebunden
in gesamtgesellschaftliche Auffassungen und Trends, teilweise stehen sie jedoch auch im Widerspruch zu diesen. Eine Einführung
in die Pädagogik bei Blindheit und Sehbehinderung, die nicht
einige dieser Personen nennt, bliebe unvollständig, da sich ein
Teil des pädagogischen Diskurses auch heute noch mit den Vor-
gängern (in diesem Fall sind es fast ausschließlich Männer) und
deren Schriften beschäftigt.

Unter diesen im Herrschaftsdiskurs des Systems diskutierten Menschen sind sowohl blinde, taubblinde und sehbehinderte als auch sehende Frauen und Männer – Anstaltsleiter, Lehrer und Psychologen. Sie alle haben sowohl als Praktiker in den jeweiligen Einrichtungen gearbeitet als auch sich theoretisch mit Fragen der Pädagogik beschäftigt. Vermutlich gibt es neben diesen eine ganze Reihe nicht minder interessanter und wegweisender Arbeiten von Personen, die von der nachfolgenden Fachdiskussion vernachlässigt wurden, bei denen es sich aber lohnte, sie wieder zu entdecken.

Christine Pluhar (1989) hat mit ihrem Beitrag: „Betty Hirsch – weiblich, jüdisch, blind, dreifach chancenlos?" begonnen, Elemente der so genannten „hidden history" aufzuarbeiten, Degenhardt und Rath (2001) haben in ihren Studientexten zur Geschichte der Blinden- und Sehbehindertenpädagogik eine sehr aufschlussreiche und lesenswerte Zusammenstellung von Textauszügen von 1822 bis heute vorgelegt. Es bleibt zu hoffen, dass diesem ersten Band der Studientexte weitere folgen mögen. Zur Oral History und biografischen Geschichtsschreibung zählt das schön edierte und spannend zu lesende Buch von Drave (1996) mit dem Titel: „Hier riecht's nach Mozart und nach Tosca", in dem 27 blinde und sehbehinderte Menschen über ihr Leben erzählen. In nahezu allen bisher erwähnten historischen Arbeiten sind Darstellungen zur Institutionengeschichte zu finden, auf diese soll im Folgenden nicht eingegangen werden.

Die folgende Auswahl beschränkt sich auf diejenigen Personen, die als Pioniere in dem Gebiet der Blinden-, Mehrfachbehinderten-, Sehbehinderten-, und Taubblindenpädagogik angesehen werden. *Pioniere*

Denis Diderot (1713–1783): Seine 1749 erschienenen Briefe über die Blinden zum Gebrauch für die Sehenden „Lettre sur les aveugles à l'usage de ceux qui voyent" werden in der Geschichte der Blindenpädagogik als historisches Datum für den Beginn der Blindenbildung betrachtet (Wanecek 1969; Schuber 1986), jedoch in ihrer Bedeutsamkeit sehr unterschiedlich interpretiert (Spittler-Massolle 2001). *Blindenpädagogik*

Valentin Häuy (1745–1822): Gründer der ersten Bildungsanstalt für Blinde 1784 in Paris und Wegbereiter deutscher und russischer Blindenbildungseinrichtungen. 1786 „Essai sur l'éducation des aveugles".

Johann Wilhelm Klein (1765–1848): 1805 „Beschreibung eines gelungenen Versuches, blinde Kinder zur bürgerlichen Brauchbarkeit zu bilden" (Wanecek 1969); 1808 Gründung der ersten deutschsprachigen Blindenbildungseinrichtung in Wien. Sein

1819 erschienenes „Lehrbuch zum Unterrichte der Blinden, um ihnen ihren Zustand zu erleichtern, sie nützlich zu beschäftigen und sie zur bürgerlichen Brauchbarkeit zu bilden" (1819/1991) stellt eine erste geschlossene Konzeption der Blindenbildung dar, die in ihrer Systematik beeindruckend ist und Theorie und Praxis der Blindenbildung nachhaltig und lange beeinflusst hat.

Louis Braille (1809–1852) entwickelte 1825 eine neue Systematik der Punktschrift aus einem System von 6 Punkten, das bis heute im Prinzip gültig ist. Die später nach ihm benannte Schrift konnte sich nur zögerlich gegen den Widerstand der sehenden Lehrer durchsetzen, die befürchteten, dass sich daraus eine Geheimschrift entwickeln könnte.

Johann Knie (1794–1859); August Zeune (1778–1853): Direktoren der Blindenanstalten in Breslau 1819 und Berlin 1806 und Wegbereiter weiterer Anstaltsgründungen. Zeune, A.: „Belisar. Über den Unterricht der Blinden", 1821; Knie, J. W.: „Pädagogische Reise durch Deutschland im Sommer 1835: auf der ich eilf Blinden-, verschiedene Taubstummen-, Armen-, und Straf- und Waisenanstalten als Blinder besucht und in den nachfolgenden Blättern beschrieben habe", 1837 (beide in Degenhardt/Rath 2001).

Sehbehindertenpädagogik

Franz de Paula Gaheis (1763–1809): Pädagoge, der eng mit J. W. Klein zusammenarbeitete und bereits 1802 in seinem Beitrag „Kurzer Entwurf zu einem Institut für blinde Kinder" (1802) darauf aufmerksam machte, dass es nötig sein könnte, auch eine Erweiterung des Instituts für Halbblinde vorzunehmen. Er gilt damit als der Erste, der auf eine gesonderte Beschulung sehbehinderter Menschen aufmerksam machte.

Simon Heller (1843–1922): Direktor der israelitischen Blindenanstalt Wien, führte ein systematisches Sehtraining mit einigen seiner nicht vollblinden Schüler durch und gilt als Wegbereiter einer eigenständigen Sehbehindertenpädagogik.

Die Augenärzte **M. Bartels, H. Cohn, G. Levinsohn** und **E. Redslob** gelten gemeinhin als diejenigen Ophthalmologen, die eine eigenständige Förderung und Unterrichtung Sehbehinderter forderten. **H. Herzog** wurde als Gründer von Sehbehindertenschulen mit heilpädagogischem Hintergrund bekannt (Mersi 1985b).

Taubblindenwesen

Samuel Gridley Howe (1801–1876) war Begründer des amerikanischen Blindenwesens, vor allem auch des Taubblindenwesens, und Leiter einer der ältesten Blinden- und Taubblindeneinrichtungen in den USA, der Perkins School for the Blind. Berühmte Schülerinnen waren Laura Bridgman (geb. 1829) und Helen Keller (1881–1968), die nach ihrer Schulzeit in der Perkins School of the Blind und ihrem Jura-Studium sehr erfolgreich als Fundraiser für die American Foundation for the Blind (AFB) gearbeitet hatten.

Pauline v. Mallinckrodt (1817–1881) war die Gründerin der Blindenschule in Paderborn, die sich für mehrfachbehinderte Schülerinnen und Schüler eingesetzt hat.

Mehrfachbehindertenpädagogik

Degenhardt, S., Rath, W. (Hrsg.) (2001): Blinden- und Sehbehindertenpädagogik. Bd. 2 der „Studientexte zur Geschichte der Behindertenpädagogik". Neuwied: Luchterhand

Mersi, F. (1985b): Geschichte der Erziehung Sehbehinderter. In: Rath, W., Hudelmayer, D. (Hrsg.): Handbuch der Sonderpädagogik Bd. 2. Pädagogik der Blinden und Sehbehinderten. 36–46. Berlin, Marhold

Rath, W. (1985): Geschichte der Erziehung Blinder. In: Rath, W., Hudelmayer, D. (Hrsg.): Handbuch der Sonderpädagogik Bd. 2. Pädagogik der Blinden und Sehbehinderten. 21–35. Berlin, Marhold

Spittler-Massolle, H.-P. (2001): Blindheit und blindenpädagogischer Blick. Der Brief über die Blinden zum Gebrauch für die Sehenden von Denis Diderot und seine Bedeutung für den Begriff von Blindheit in der Gegenwart. Frankfurt a. M.: Lang

5.3 Übungsaufgabe zu Kapitel 5

Vergleichen Sie Beermanns Aufgabenbeschreibung von Seherziehung mit der in Kapitel 4.3.3 genannten. Wo sehen Sie Gemeinsamkeiten, wo Unterschiede und worin sehen Sie diese begründet?

Aufgabe 21

6 Pädagogik bei Blindheit und Sehbehinderung

6.1 Theoriebildung im Umfeld einer Pädagogik bei Blindheit und Sehbehinderung

Jede Wissenschaft strebt nach Theorien als Systematisierung des Beobachteten, nach einem Erklärungszusammenhang, der in sich plausibel, widerspruchsfrei und von größtmöglicher Aussagereichweite ist. Theorien im Feld einer Pädagogik bei Blindheit und Sehbehinderung sind an der Schnittstelle von Erkenntnistheorien, Theorien der Geistes- und Sozialwissenschaften (Philosophie, Psychologie, Soziologie und Geschichte) und pädagogischem Handeln anzusiedeln. Sie sind eher als *Anwendungstheorien* denn als *Grundlagentheorien* einzuordnen und erreichen vielfach nicht den Status von Theorien, sondern sind Ansätze und Methoden einiger weniger, die im wissenschaftlichen Feld zu wenig Resonanz erhalten haben, um ein stabiles Aussage- und Begründungssystem entwickeln zu können. *Ansätze* sollen hier als Vorläufer von Theorien verstanden werden, als Handlungspläne, die sich zwar an Theorien und Modellen orientieren, sich selbst jedoch in der Phase der Systematisierung befinden. *Methoden* sind hingegen an gleichartige Probleme gebundene Schemata des Verhaltens.

Ansätze der Blinden- pädagogik

Eine deutliche Bezogenheit der blinden- und sehbehindertenpädagogischen Ansätze auf soziale Entwicklungen und gesellschaftliche Diskurse ist ebenso festzustellen wie ihre enge Verbindung zur allgemeinen Erziehungswissenschaft. Die Konzepte der *Blindenpädagogik* können hinsichtlich ihrer Bezugstheorien in anthropologische, psychologische, soziologische, hermeneutisch-bildungstheoretische, handlungstheoretische und erziehungswissenschaftliche eingeteilt werden, was allerdings der Spezifik einzelner Ansätze wiederum zu wenig entspricht. So könnte man den Entwurf von Klein (1819) und den der beiden Berliner Autoren Fromm und Degenhardt (1990) zwar nicht im engeren Sinne als soziologisch fundierten Ansatz beschreiben. Im jeweiligen gesellschaftspolitischen Bezug – bei Klein die sozialkritische Gegenposition des Ständebezugs in der Pädagogik, bei Fromm und Degenhardt die Einordnung blindenpädagogischer Fragestellungen in eine sozialistische Gesellschaftstheorie – stehen sie den heutigen ökologischen und rehabilitationssoziologischen Modellen und dem heutigen relationalen Behinderungsverständnis näher als ein hermeneutischer oder moralphilosophischer Ansatz wie der von Garbe (1959) oder Petzelt (1931). Bei der Nähe zu philosophischen, erkenntnistheoretischen Fragestellungen, die ein Nachdenken über Blindheit und Erkennen von Welt mit sich bringt, verwundert es, dass phänomenologische Theoriebezüge selten hergestellt wurden. Boldt (1993) bildet hier eine Ausnahme. Seine pädagogisch-anthropologische Frage nach dem blinden Menschen zielt auf den konkreten Bezug zwischen Erzieher und Educandus und eine hieraus konzipierte Pädagogik. Eine gute Übersicht der unterschiedlichen Konzepte und Ansätze innerhalb der Blindenpädagogik findet sich bei Mersi (1985a). Seiner Darstellung wichtiger blindenpädagogischer Ansätze von 1800 bis etwa 1970 kann an dieser Stelle nichts hinzugefügt werden.

Mersi, F. (1985 a): Konzepte der Erziehung Sehgeschädigter. In Rath, W., Hudelmayer, D. (Hrsg.): Handbuch der Sonderpädagogik II. Pädagogik der Blinden und Sehbehinderten. Berlin, 49–61: Marhold

„Große Erzählungen" im Sinne einer umfassenden Theorie der Pädagogik bei Blindheit finden sich in der gegenwärtigen Situation eher weniger, wobei dies letztlich nicht von den in diesem Feld Arbeitenden beurteilt werden kann, sondern späteren Beobachtungen vorbehalten sein muss. Einen sehr wichtigen Beitrag zur Reformulierung des Blindheitsbegriffs der traditionellen Blindenpädagogik leistet die Arbeit von Spittler-Massolle (2001). In der konsequenten Weise, quer zur bisherigen Argumentationslogik einer Blindenpädagogik zu denken und Blindheit als konstitutives Moment des Sehens zu beschreiben, benutzt er eine Unterscheidung, die zu einer Schemarevision von blind/dunkel: sehen/Licht führen könnte. Seine Dissertation kann als Beginn einer Theoriebildung *jenseits eines defektologischen Verständnisses* gesehen werden und wird dringend zur Lektüre empfohlen:

Spittler-Massolle, H.-P (2001): Blindheit und blindenpädagogischer Blick. Der Brief über die Blinden zum Gebrauch für die Sehenden von Denis Diderot und seine Bedeutung für den Begriff von Blindheit in der Gegenwart. Frankfurt a. M.: Lang

Ansätze und Konzepte der *Sehbehindertenpädagogik* können in ophthalmologische, reformpädagogische, heilpädagogische, anthropologische und emanzipatorische unterteilt werden. Auch hier finden sich Überschneidungen und Ungenauigkeiten in der Zuordnung, da der individuelle Ansatz meist ein Gefüge aus unterschiedlichen Bezugstheorien darstellt. Historisch interessant sind Ansätze, die von der Idee ausgehen, das geschädigte Auge

Konzepte der Sehbehindertenpädagogik

müsse geschont werden, und mit Ansätzen konkurrieren, die eine Förderung, ein Training des geschädigten Auges für unverzichtbar halten (5.1.2).

Zu unterscheiden sind ferner heilpädagogisch orientierte Ansätze von blindenpädagogisch motivierten Ansätzen der Sehbehindertenpädagogik. Während die einen ihre Herkunft in der reformpädagogisch orientierten Heil- und Hilfsschulpädagogik sahen, lehnten die anderen einen Bezug zur Hilfsschulpädagogik ab, begriffen Sehbehindertenpädagogik eher im Sinne einer Halbblindenpädagogik. Gegenüber einer definitionsstarken Blindenpädagogik bestand die schwierige Aufgabe darin, Sehbehindertenpädagogik vom Sehen aus zu konstruieren. Nach mehreren Versuchen zu Beginn des 20. Jahrhunderts gelang es schließlich Beermann (1966) und Mersi (1985b) in Deutschland und Barraga (1964) in den USA, Sehbehindertenpädagogik in einer nicht mehr zu hintergehenden Eigenständigkeit zu fundieren.

Einzelaspekte der Pädagogik

Wie in der Blindenpädagogik finden wir auch in der Sehbehindertenpädagogik zwar verschiedene Spezialisierungen und theoriebezogene Ausarbeitungen, jedoch in den letzten 30 Jahren keine Gesamtentwürfe mehr. Dies könnte mit dem „Ende der großen Erzählungen" (Lyotard 1986) und der Beschränkung der Theorien auf engere Gegenstandsbereiche zu tun haben, wie zum Beispiel *die Entwicklung didaktischer Theorien* (Schauerte 1972; Schindele 1985; Austermann 1992), das *Konzept der ästhetischen Erziehung* (Mersi 1988; Pluhar/Rath 1985), *integrative Blinden- und Sehbehindertenpädagogiken* (Hudelmayer 1978; Schindele 1977; Appelhans 1983, 1988, 1993; Rath 1987, 1990) oder die Bereiche *Technologie* (Boldt 1993; Degenhardt et al. 1996), *Medien* (Degenhardt 1999), *Typhlographik* (Fromm 1993), *Frühförderung* (Brambring 1999; Düren 1986; Walthes/Klaes 1994; Walthes 1997a; Strothmann/Zeschitz 1997), *Mehrfachbehinderung* (Nater 1985, 1986; Rath 1975, 1985a; Solarová 1975), *Orientierung und Mobilität* (Brambring 1994; Degenhardt, R. 1990; Weinläder 1994), *Low Vision* (Nef-Landolt 1990, 1992, 1993; Rath 1986), *Psychomotorik* (Krug 2001) und vieles mehr.

Es könnte aber auch mit dem in den 70er-Jahren vollzogenen Paradigmenwechsel und einer verkürzt verstandenen Orientierung am Normalisierungsprinzip zusammenhängen.

Integrationsdebatte

Die gerade auch in der Blinden- und Sehbehindertenpädagogik vehement geführte Debatte um die schulische und soziale Integration vergröberte gewissermaßen die Argumentationsstruktur auf den binären Code Gegner und Befürworter, wobei die Gegner sich als Verteidiger der Besonderung auf Grund besonderer Eigenschaften ebenso wenig *inhaltlich* differenziert äußerten wie die Befürworter sich als Verteidiger der gemeinsamen Lebenswelt und sozialen Realität darstellten. So wichtig und unverzichtbar der Integrationsdiskurs für die Weiterentwicklung der sozialen und integrationspädagogischen Elemente der Blinden- und Sehbehindertenpädagogik war und ist, so wenig geeignet war dieser Diskurs für die Herausbildung differenztheoretischer Überlegungen.

Mit den zunächst ebenfalls eher sozialpolitischen Überlegungen und Forderungen nach Inklusion und einer gemeinsamen, gleichberechtigten Teilhabe und Mitwirkungsmöglichkeit aller könnte der Inklusionsbegriff, weil er auf der Differenz aufbaut, eher geeignet sein, spezifische Elemente bei grundsätzlicher Anerkennung der Gemeinsamkeiten herauszuarbeiten (Hinz 2002). Auch wenn in den Sozialwissenschaften generell das Ende der großen Theorien festgestellt wird (Lyotard 1986) und die Tendenzen zur Ausarbeitung und Fundierung von Teilsystemen zunehmen, bietet der Inklusionsbegriff – sofern er nicht inflationär vereinnahmt und verwaschen wird – die Möglichkeit einer Theorie der Differenz von Blindheit und Sicht. Die Beobachtung von Theorien der Blindenpädagogik und solchen der Sehbehindertenpädagogik muss feststellen,

Inklusion und
Differenz

„daß jede Beobachtungsoperation eine eigentümliche Kombination von Blindheit und Sicht ist, also auch die seine [die des Beobachters, R. W.], und daß es die Blindheit für Bestimmtes ist, die Sichten auf Bestimmtes eröffnet und daß diese Sichten ohne Blindheiten nicht zustande kämen" (Luhmann/Fuchs 1989).

Dieser Satz ist nicht nur auf die beobachteten Theorien, sondern auch auf die hier vorgenommene Analyse anzuwenden.

6.2 Der Blick über den nationalen Zaun

Blinden- und Sehbehindertenpädagogik ist, wie auch das gesamte System, das sich um Blindheit und Sehbehinderung organisiert hat, ohne vielfältigste internationale Kontakte, ohne weitgehende Einflüsse, ohne intensive Diskussionen nicht zu verstehen. Rath stellt dies bereits für die frühe Institutionenbildung des 19. Jahrhunderts fest. Es gilt – mit Ausnahme der nationalen Beschränkungen (im doppelten Sinne des Wortes) – in der Zeit vor dem Ersten bis nach dem Zweiten Weltkrieg.

Für die jüngere Vergangenheit in der deutschsprachigen Blinden- und Sehbehindertenpädagogik ist vor allem die Diskussion und Adaption US-amerikanischer Konzepte kennzeichnend. Schindele und Hudelmayer stehen auf Grund ihrer Kenntnisse der Situation und Debatte in den USA in den 70er-Jahren für die Initiierung der Integrationsdiskussion, Rath für einen sowohl die schulpädagogische als auch die historische und systematische Perspektive einbeziehenden Diskurs mit amerikanischen, englischen, aber auch skandinavischen Konzepten. Die Sehgeschädigtenpädagogik der DDR hat sich in enger Verbindung zum Diskurs der traditionsreichen osteuropäischen und russischen Typhlopädagogik entwickelt, so dass gegenwärtig ein breites Spektrum des internationalen Diskurses in der deutschen Blinden- und Sehbehindertenpädagogik repräsentiert ist. Diese wiederum hatte auch auf die Diskussion in anderen Ländern Einfluss.

Auf europäischer Ebene gab und gibt es eine Fülle gemeinsamer Forschungs- und Kooperationsprojekte zu den Themen: Hörsehschädigung, Mehrfachbehinderung-Sehschädigung (MDVI), Low Vision, Frühförderung, Schule, Lehreraus- und weiterbildung, um nur einige zu nennen. Insbesondere in der Entwicklung und Weiterentwicklung einer Didaktik für den integrativen Unterricht sind in den vergangenen Jahren erhebliche Fortschritte zu verzeichnen (Csocsán et al. 2002). National wie international werden vor allem die Themen *berufliche Ausbildung auf dem allgemeinen Arbeitsmarkt (supported employment), individuelle Entwicklungs- und Förderungsplanung (IEP)* sowohl in der Frühförderung als auch in der Schule, *personenbezogene Unterstützung, Ausbildung von Professionellen, Qualitätsentwicklung, komplexe Schädigungen (visual impairments and other exceptionalities)* und *vision-rehabilitation* diskutiert.

Verschiedene Fachkongresse auf europäischer Ebene verbreitern und vertiefen die Fachdiskussion. Hierbei ist einerseits eine wohl tuende Entideologisierung und eine Tendenz zu flexiblen, den individuellen Bedingungen entsprechenden Bildungssystemen festzustellen, andererseits ein gewisser Pragmatismus und eine Vielfalt von koexistierenden Ansätzen und Methoden. Die Horizonterweiterung durch internationale Zusammenarbeit ist erheblich, die Überwindung unterschiedlicher Auffassungen und unterschiedlicher Definitionen eine Herausforderung.

6.3 Forschungsdesiderata

Die aktuelle Forschungssituation

Die Forschungssituation im Feld der Rehabilitation und Pädagogik bei Blindheit und Sehbehinderung ist ausgesprochen unbefriedigend. Dies hat meines Erachtens vor allem zwei Ursachen: Fehlende Interdisziplinarität und zu geringe Ressourcen für die nichtmedizinischen Bereiche. Durch die Zunahme europäischer Kooperationsprojekte werden die Möglichkeiten zwar erweitert, die so dringend erforderliche Interdisziplinarität jedoch nicht immer hergestellt.

Lediglich an vier Universitäten in der Bundesrepublik Deutschland können die Fachrichtungen Pädagogik bei Blindheit und Pädagogik bei Sehbehinderung studiert werden. Diese Studiengänge sind Lehramtsstudiengänge und leider keine geeignete Rekrutierungsbasis für die Forschung, da die Studierenden nach dem 1. Staatsexamen den Schulvorbereitungsdienst absolvieren müssen, um eine abgeschlossene Ausbildung vorweisen zu können. Da der Bedarf an Lehrerinnen und Lehrern gegenwärtig durch die ausgebildeten Studierenden nicht gedeckt ist und zukünftig eher noch steigen wird, sind Forschung und Universität in finanzieller Hinsicht und aus Laufbahngründen keine attraktive Alternative. So bewegt sich die Zahl der Dissertationen auf einem vergleichsweise niedrigen Niveau, eigenständige Forschungsprojekte sind selten zu finden. Diese Situation steht in keinem Verhältnis zum Bedarf an Forschung. Ohne mit der Aufzählung eine Reihenfolge nach Bedeutsamkeit verbinden zu wollen, sollen hier einige Forschungsschwerpunkte genannt werden, mit denen sich eine Pädagogik bei Blindheit und Sehbehinderung zukünftig beschäftigen müsste:

• *Alternsforschung, Sehverlust im Alter.* Die Forschungen von Wahl sind ein erster, sehr wichtiger Schritt der Erschließung des Themas, gerade die ökopsychologische Ausrichtung seines Ansatzes garantiert die Erfassung komplexer Zusammenhänge (Wahl/Oswald 1996; Wahl/Schulze 2001). Einerseits ist der Hilfe- und Unterstützungsbedarf bei Seheinbuße oder Sehverlust im Alter zu ermitteln, anderseits gilt es, zukünftig an die Bedürfnisse dieser Altersgruppe angepasste Unterstützungskonzepte zu entwickeln.

• CVI (cerebral visual impairment): Die Diagnose Zerebrale Sehschädigung ist in den Ländern der ersten Welt eine der am häufigsten gestellten Diagnosen bei Sehschädigungen im Kindesalter. Die Forschungssituation im Bereich der Neurologie hat zu wichtigen Erkenntnissen über spezifische Formen und Funktionen sowie der Veränderung der visuellen Tätigkeit geführt (Jan/Groenveld 1993; Zihl/Priglinger 2002; Dutton 2001; Dutton et al. 1996, 1999). Im Feld der funktionalen Diagnostik, vor allem aber im Bereich der Pädagogik und Intervention liegt ein bisher kaum bearbeitetes Forschungsfeld (Niedernolte 2002).

• *Low Vision* oder *Vision Rehabilitation* ist bei Menschen mit komplexen Schädigungen und bei Seheinbuße im Alter insgesamt zu wenig interdisziplinär erforscht. Das Projekt „Low Vision in Early Intervention in Europe" (Buultjens et al. 2001) hat erste Erhebungen europaweit durchgeführt. Diese Ergebnisse zeigen, dass erheblicher Forschungs- und Weiterbildungsbedarf in Diagnostik wie Rehabilitation besteht.

- *Didaktikforschung unter der Perspektive des gemeinsamen Lernens* ist rudimentär, was den Einbezug der individuellen Kompetenzen und Strategien der Schülerinnen und Schüler anbelangt. Im Bereich der Mathematik, der wahrnehmungsbasierten Didaktik des gemeinsamen Unterrichts (Ahlberg/Csocsán 1997; Csocsán 2001; Csocsán et al. 2002; Hahn 1998) und des Sportunterrichts (Thiele 2001) finden sich in jüngster Zeit entwickelte Ansätze. Das Projekt ISaR (Integration von Schülerinnen und Schülern mit einer Sehschädigung an Regelschulen), ein internetbasiertes Netzwerk zur Weiterentwicklung der Didaktikdiskussion und zur Bereitstellung von Informationen und Materialien für den gemeinsamen Unterricht von Kindern mit und ohne Sehschädigung könnte ein Zentrum für Forschungen und Studien im Bereich des Unterrichts werden (Laemers 2001, http://isar.reha. uni-dortmund.de).

In *rehabilitationspsychologischen* und *rehabilitationssoziologischen Fragestellungen* spielt die Gruppe blinder, sehbehinderter oder mehrfachbehindert-sehgeschädigter Menschen oft nur eine marginale Rolle. Blindheit rangiert in der Einstellungs-Urteilsforschung konstant auf einem der ersten Plätze, wenn es um die Nichtvorstellbarkeit geht, hier wären differenzierte weitere Forschungen zur Qualität des Vorurteils und seiner Veränderung dringend erforderlich (die Studie von Thimm liegt nahezu 30 Jahre zurück, Thimm 1976). Die Gesundheitssituation blinder Menschen, die Situation blinder Frauen, deren Lebensentwürfe und -gestaltung, wie auch das Thema Gewalt gegen Menschen mit einer Sehschädigung/Mehrfachbehinderung sind zukünftig zu bearbeitende Themen.

Die Entwicklung von Konzepten für Bildung, Unterstützung, Therapie und Begleitung von *Menschen mit komplexen Schädigungen* sind gegenwärtig ein drängendes Thema, das sowohl die Entwicklung von Best-practice-Projekten erfordert als auch Evaluationsforschung notwendig macht. Zudem sind gerade hier interdisziplinäre Forschungsprojekte zwischen Neurologie, Pädiatrie, Psychologie, Medizin und den verschiedenen Fachrichtungen Sonderpädagogik dringend erforderlich.

Das Thema *Selbstbestimmung* im Sinne der Selbstbestimmt-Leben-Bewegung (Drolshagen/Rothenberg 1998; MOBILE 2001; Rothenberg 2002; Steiner 2002) und die Forschungen zur „Personenbezogenen Unterstützung und Lebensqualität" (Wansing et al. 2002) sollten in ihrer Relevanz für die Situation von Menschen mit einer Sehschädigung überprüft und entsprechende Konzepte, wie zum Beispiel das Assistenz-Konzept (MOBILE 2001), weiter ausgebaut werden.

Ein in der Fachliteratur zur Blindenpädagogik dominantes Thema, das unter der Perspektive Sehbehinderung noch zu wenig
diskutiert wird, ist die Frage des *Raumverständnisses* und der *Raum-
aneignung*. Die von Mansfeld 1955 formulierte These: „Erst wenn
wir auf unsere Frage: ,Wie bewältigt ein blinder Mensch den
Raum?' eine vernünftige Antwort geben können, wird das Blindenbildungswesen auf tragfähigem, auf gesichertem Grunde stehen" (165), ist bis heute nicht zufrieden stellend bearbeitet. Sie
scheint gegenwärtig keine prinzipielle Frage mehr zu sein, denn
sie wird innerhalb der Literatur zu Orientierung und Mobilität
eher selten behandelt. In der Blinden- und Sehbehindertenpädagogik haben sich vor allem Millar (1994) und Spittler-Massolle (2001) in jüngster Zeit mit der Raumwahrnehmung beschäftigt. Die Ergebnisse der Überlegungen und Studien und die
zunehmende Diskussion um relativistische Raumkonzepte in
Geografie, Architektur, Raumplanung und Wahrnehmungsforschung sollten Anlass für Studien zu einer Reformulierung des
Raumverständnisses in der Blinden- und Sehbehindertenpädagogik sein.

Unterrichtsforschung im integrativen Unterricht bezüglich der Bedingungen und Vorstellungen der Lehrerinnen und Lehrer sowie *Qualitätsentwicklung und -sicherung* (Degenhardt 1998) sind
Themen, die als Folge der PISA-Studie besondere Relevanz gewinnen.

Neue Technologien und die *Adaption neuer Verfahren,* vor allem
neuer Softwareentwicklungen, stellen eine ständige Herausforderung an die Rehabilitationsforschung dar und sind in Kooperation mit beteiligten Unternehmen weiterzuentwickeln.

Anhang

Glossar

In Klammern ist jeweils die englische Bezeichnung angegeben.

Adaption (adaptation); auch: Adaptation. Anpassung des Auges an Veränderung der Lichtverhältnisse oder der Entfernung des angeschauten Objekts

Akkomodation (accomodation): In Ruhestellung ist das Auge fernakkomodiert, d.h. Objekte in der Ferne können scharf gesehen werden. Je geringer der Abstand der fixierten Objekte, desto mehr muss die Brechkraft der Linse erhöht werden. Dies geschieht durch den Ciliarmuskel, der die Krümmung der Linse regulieren kann.

Amaurose (amaurosis): Totale Blindheit

Amblyopie (amblyopia): Angeborene oder erworbene Schwachsichtigkeit aufgrund einer Entwicklungsstörung des Sehvermögens, z.B. infolge von Schielen oder Linsentrübung

Andragogik (andragogy, adult education): Erwachsenenbildung

Aniridie (aniridia): Fehlen der Regenbogenhaut (Iris)

anteriorisch (anterior): bezügl. des Teils des *visuellen Systems,* der das Auge und die vorderen Sehbahnen bis zum *lateralen Kniehöcker* oder bis zu einem *tectalen* Nukleus einschließt

Antiepileptika (antiepileptics): Medikamente gegen Epilepsie

Area Striata (striate cortex): Erster Teil des *visuellen Cortex* (auch „V1"), der Signale direkt aus dem *lateralen Kniehöcker* erhält und an verschiedene andere Gebiete des *visuellen Cortex* weiterleitet

Auge-Hand-Koordination (eye-hand-coordination): Fähigkeit, die Bewegungen von Hand und Arm im Einklang mit den Informationen zu steuern, die durch das Sehen gewonnen werden

Auflösungsvermögen (resolution): Maß der Fähigkeit, zwei Objekte noch als getrennt wahrzunehmen

Autopoiesis (autopoiesis): griechisch „Selbsterzeugung", auch Autopoiese oder Selbstorganisation. Autopoietische Systeme vermögen ihre eigenen Elemente zu reproduzieren und dadurch die eigene Einheit und Kohärenz aufrechtzuerhalten. Sie sind daher selbstreferentiell, d.h. selbstrückbezüglich.

Axon (axon): langer, dünner Fortsatz eines *Neurons,* in dem Aktionspotenziale weitergeleitet werden zu anderen Neuronen

Copingstrategie (coping strategy): Strategie des Umgangs und der Bewältigung einer als problematisch empfundenen Situation

degenerative Netzhautveränderung (retinal degeneration): Fortschreitendes Funktionsloswerden der *Netzhaut*

deiktisch (deictic): hinweisend, zeigend

Dendrit (dendrite): dünne Fortsätze ausgehend vom Zellkörper eines *Neurons,* die an *Synapsen* chemische Signale (Neurotransmitter) von anderen Neuronen aufnehmen und diese in elektrische Aktivität entlang der Zellmembran umwandeln

Diagnostik (assessment): im pädagogisch-psychologischen Bereich: Prozess, in dem die Fähigkeiten und Bedürfnisse einer Person ermittelt werden

Dorsaler Informationsstrom (dorsal stream): Aufwärtsgerichtete Verbindung zwischen *visuellem Cortex* und *Parietallappen.* Im dorsalen Strom werden die Raumwahrnehmungen, sowohl des egozentrischen wie auch des allozentrischen Raumes, die als Landkarten für das Planen der motorischen Funktionen benutzt werden, weitergeleitet.

egozentrische Position (egocentric position): Position eines Objekts relativ zum Beobachter

Epidemiologie (epidemiology): Wissenschaft von der Entstehung und (räumlichen) Ausbreitung eines Krankheitsbildes innerhalb einer Population

Ergotherapie (occupational therapy): Arbeits- und Beschäftigungstherapie

exzentrische Fixation (eccentric fixation): *Fixation* auf ein Gebiet der Netzhaut außerhalb der *Makula.* Die Person scheint für den Beobachter an dem Objekt vorbeizusehen, das sie anschaut.

Fernvisus (distance visual acuity): Sehschärfe in der Ferne, bei entspanntem Ciliarmuskel (s. *Akkomodation*)

Fixation (fixation): Ausrichtung der Augen so, dass der Brennpunkt in beiden Augen in der *Fovea* liegt

Förderbedarf (special needs): Bereich, in dem ein Kind besondere Förderung benötigt

Formsehschärfe (form vision): Sehschärfe bei der Erkennung von Formen (z. B. Buchstaben, Zahlen)

Fovea (centralis) (fovea [centralis]): Zentrum der *Makula,* Stelle des schärfsten Sehens

funktionales Gesichtsfeld (functional visual field): Beschreibung des *Gesichtsfeldes,* bei der nicht nur die Größe, sondern auch die Qualität eine Rolle spielt. Dabei werden auch verschiedene Kontraste, Bewegungssehen und die unterstützende Funktion des Kurzzeitgedächtnisses einbezogen.

Geragogik (senior citizens education): Altenbildung

Gesichtsfeld (visual field): Sichtbarer Ausschnitt bei unbewegtem Auge

Gittersehschärfe (grating acuity): Sehschärfe beim Betrachten eines Streifenmusters

Glaukom (glaucoma): auch: grüner Star. Erhöhter Augeninnendruck, durch den Netzhaut und Sehnerv geschädigt werden können

Hell-Dunkel-Adaption (adaptation to light and darkness): Anpassung des Auges an den Wechsel von Lichtverhältnissen

hereditär (hereditary): erblich, ererbt

hermeneutisch (hermeneutic): wissenschaftliche Methode des Verstehens und Erschließens von Texten, Kunstwerken und Musikstücken

Hörsehschädigung: gleichzeitige Schädigung von Sehen und Hören bis hin zu Taubblindheit

Hyperaktivität (attention deficit/hyperactivity disorder): auch: Aufmerksamkeitsdefizitstörung, äußert sich in motorischer Unruhe, Impulsivität, geringem Konzentrationsvermögen

Hyperokular (hyperocular): Hyperokulare sind spezielle Brillen, mit denen eine bis zu 12fache Vergrößerung erreicht wird. Dies wird durch eine sog. Überaddition von bis zu 48 Dioptrien erreicht. Sie sind jedoch nur im Nahbereich einzusetzen.

Hyperopie (hyperopia): Weitsichtigkeit

Inklusion (inclusion): Einbezogensein als gleichwertiges Mitglied der Gesellschaft; der Begriff ist weiter gefasst als „Integration".

Interdisziplinarität (interdisciplinarity): Fach- und professionsübergreifende Zusammenarbeit an einem gemeinsamen Projekt

Katarakt (cataract): auch: Linsentrübung, grauer Star; führt zu Sehbehinderung oder Blindheit

kongenital (congenital): angeboren

Konstruktivismus (constructivism): Erkenntnistheorie, die auf der Annahme beruht, dass es keine für Menschen subjektiv erfahrbare objektive Wirklichkeit gibt

Kontrastsensibilität (contrast sensitivity): Fähigkeit zur Wahrnehmung von Leuchtdichteunterschieden

Konvergenz (convergence): Winkel, um den die Augen nach innen gerichtet werden, um ein Objekt in einer bestimmten Entfernung zu fixieren

Kortex (cortex): Großhirnrinde: Evolutionär jüngster Teil des Gehirns. Der Kortex ist beim Menschen der umfangreichste Teil des Gehirns und besteht aus stark gewundenen Zellschichten, die sich oben und seitlich um den Rest des Gehirns legen.

kortikal (cortical): bezügl. des *Kortex*

lateraler Kniehöcker (lateral geniculate nucleus): Kern im Thalamus (Kleinhirn), in das der größte Teil der Axone von der *Netzhaut* und von dem aus Axone in den *visuellen Kortex* führen

Lokomotion (locomotion): Bewegung, Fortbewegung eines Organismus aus eigener Kraft

Lorm-Alphabet (lorm alphabet): Kommunikationsform bei Menschen mit *Hörsehschädigung*. Buchstaben werden durch Tippen und Streichen auf der Handfläche wiedergegeben.

magnozellular (magnocellular): Dicke, magnozellulare Fasern sind dominant in den *tectalen Bahnen*. Sie übermitteln die Bewegungsinformation und schwarzweiße Informationen mit niedrigem Kontrast.

Makula (lutea) (macula (lutea)): Gelber Fleck, Netzhautmitte. Dort befindet sich die dichteste Ansammlung von *Zapfen*, die für das Farben- und Tagessehen verantwortlich sind.

Makuladegeneration (macular degeneration): Fortschreitendes Funktionsloswerden der Makula mit sich entwickelndem *Zentralskotom*

Mehrfachbehinderung (multiple disabilities): Komplexes Bedingungsgefüge verschiedener Schädigungen im motorischen, sensorischen, kognitiven und/oder emotionalen Bereich

Muskeltonus (muscular tonus): Grundspannung der Muskulatur

Myopie (myopia): Kurzsichtigkeit

Nahvisus (near visual acuity): Sehschärfe in der Nähe, z. B. beim Lesen, Ciliarmuskel angespannt (s. *Akkomodation*)

Netzhaut (retina): Retina; Photorezeptoren und weitere Nervenzellen auf dem Augenhintergrund, die das auftreffende Licht in elektrische Impulse umwandeln

Neuroleptika (neuroleptic drugs): Psychopharmaka mit antipsychotischer, sedierender und psychomotorisch dämpfender Wirkung

Neurologie (neurology): Wissenschaft vom Aufbau und der Funktion des Nervensystems

Neuropädiater (neuropediatrist): Kinderneurologe

Nystagmus (nystagm): Augenzittern, nicht beeinflussbare, schnelle Bewegungen der Augen

Okulomotorik (oculo-motoric system): Bewegungsapparat der Augen, durch den u. a. *Fixation, Akkomodation* und *Konvergenz* ermöglicht werden

Ontogenese (ontogenesis): Entwicklung eines Individuums von der Eizelle bis zum Tod

Ophthalmologie (ophthalmology): Augenheilkunde

Oszillation (oscillation): Schwingung, Schwankung

Pädiatrie (pediatrics): Kinderheilkunde

Parietallappen (parietal lobe): Bereich des *Kortex* oberhalb des primären *visuellen Kortex,* Teil des *dorsalen* Systems

Partizipation (participation): Teilhabe, z. B. am Leben in der Gesellschaft

parvozellular (parvocellular): Dünne parvozellulare Fasern leiten alle Farbinformationen und die schwarzweißen Informationen mit hohem Kontrast weiter. Dieser Typ ist dominant in den *retinocalcarinen Bahnen.*

Pathologie (pathology): Lehre von den Krankheiten und der durch sie bewirkten körperlichen Veränderungen

perinatal (perinatal): den Zeitraum um die Geburt herum betreffend

peripheres Gesichtsfeld (peripheral vision): Bereich des Gesichtsfeldes außerhalb der *Makula*

periventriculäre Leukomalazie (periventricular leucomalacia): auch: PVL. Mit periventrikulärer Leukomalazie (periventrikulär: um die mit Hirnwasser gefüllten Räume gelegen, Leukomalazie: Schädigung der weißen Substanz) bezeichnet man eine Schädigung des Gehirns, die insbesondere bei Frühgeborenen auftritt. Durch eine Sauerstoffmangelsituation kommt es zu einem Absterben von Hirnzellen in dem besonders empfindlichen Bereich, der periventrikulär gelegen ist. Im weiteren Verlauf und vom Ausmaß abhängig bilden sich in diesem Bereich dann Zysten aus. Ebenfalls vom Ausmaß abhängig ist die Auswirkung dieser Schädigung, im Vordergrund stehen Ausfälle der motorischen Funktion. Meist kann man aber erst im Laufe der Entwicklung die Schädigung genau feststellen. Auch das Sehen kann betroffen sein *(zerebrale Sehschädigung)*.

posteriorisch (posterior): bezügl. des Teils des visuellen Systems, der die hinteren Sehbahnen vom *lateralen Kniehöcker* oder einem *tectalen* Nucleus bis in den *Kortex* einschließt

postnatal (postnatal): nach der Geburt

pränatal (prenatal): vor der Geburt

Prävalenz (prevalence): Überlegenheit, Vorherrschen, med.: Anzahl von Erkrankten oder Ereignissen in einer bestimmten Population zu einem bestimmen Zeitpunkt

progrediente Sehschädigung (progressive visual impairment): fortschreitende Sehschädigung

Pulvinar (pulvinar): Über das Pulvinar werden die *tectalen Bahnen* in den *visuellen Kortex* weitergeleitet. Über die Funktion des Pulvinars kann man nur durch Interpretation seiner Verbindungen und der Symptomatik bei Läsionen Vermutungen anstellen. Demnach ist das Pulvinar wahrscheinlich ein Integrationskern sensorischer Information (besonders visueller) in assoziative Aufgaben des Gehirns (z. B. Sprache). Dieser Verbindung werden *okulomotorische* Funktionen beigemessen.

Refraktionsfehler (refractive error): Fehlerhafte Brechung des Lichts im Auge, so dass keine scharfe Abbildung auf der *Netzhaut* entsteht, z.B. Kurzsichtigkeit

retinocalcarine Bahn (retinocalcarine pathway): Die retinocalcarinen Bahnen führen die Informationen von der Netzhaut bis *Area Striata*.

Retinopathia pigmentosa (retinitis pigmentosa): auch: Retinitis pigmentosa, Abk. RP: rezessiv vererbte Degeneration der *Netzhaut*, führt zu *Gesichtsfelde*inengung (Flintenröhrengesichtsfeld)

Retinopathia praematurorum (retinopathy of prematurity): Schädigung der *Netzhaut* bei zu früh geborenen Säuglingen, verursacht durch die Sauerstoffgabe im Inkubator (Brutkasten) in Verbindung mit der Unreife der Netzhaut

Sakkade (saccade): Sakkaden sind kleine, ruckartige Bewegungen des Augapfels, die dazu dienen, die *Fovea* nacheinander auf verschiedene Teile des Blickfeldes zu richten, so dass Einzelheiten der betrachteten Szene am deutlichsten unterschieden werden können (z. B. beim Lesen).

schwer behindert (severely handicapped): gesetzliche Klassifikation von Behinderungen und chronischen Krankheiten. Wer als schwer behindert gilt, kann bestimmte Vergünstigungen und Unterstützungsmöglichkeiten in Anspruch nehmen, abhängig von Form und Ausprägung der Behinderung.

Sedativa (depressant): Beruhigungsmittel

Sehnerv (optic nerve): Nervus optikus; Nervenbahn, auf der die Nervenimpulse vom Auge (Netzhaut) ins Sehzentrum im hinteren Teil des Gehirns laufen

Sehnervenkreuzung (optic chiasm): Chiasma optikum; Kreuzung der *Sehnerven* hinter dem Auge. Dabei kreuzen sich die Sehnervfasern, welche die Impulse der inneren (nasenseitigen) *Netzhaut*hälften weiterleiten, so dass Impulse vom linken Auge in die rechte Gehirnhälfte laufen und umgekehrt. Die Nervenfasern der äußeren *Netzhaut*hälften verlaufen ungekreuzt.

Sehstrahlung (optic radiation): *Axone,* durch die optische Information vom *lateralen Kniehöcker* in den *visuellen Kortex* geleitet wird

Sinnesvikariat: Annahme, dass bei Ausfall eines Sinnes die anderen Sinneswahrnehmungen deren Aufgabe übernehmen (ältere Annahme)

Spasmus (spasm): unwillkürliche Erhöhung der Muskelspannung

Stäbchen (rods): Sehzellen für das Dämmerungssehen

Statuomotorik (postural function): Motorik im Dienste der Körperhaltung u. Gleichgewichtserhaltung

Stereotypie (stereotypy): Wiederholen der gleichen Ausdrücke, Bewegungen über längere Zeiträume

Synapse (synapse): kleiner Zwischenraum zwischen *Axon* eines Neurons und *Dendriten* eines anderen Neurons, über den durch Neurotransmitter Informationen weitergegeben werden

Synästhesie (synesthesia): Zusammenwirken aller Sinne, ganzheitliche Wahrnehmung

Tadoma (tadoma): Kommunikationsform bei *Hörsehschädigung.* Gesprochene Sprache wird durch Berührung von Gesicht (v. a. Mund) und Hals des Sprechers wahrgenommen

tectale Bahn (tectal pathway): Ein Teil der visuellen Information wird durch die so genannten tectalen Bahnen direkt zur *parietalen Hirnrinde* überführt, allerdings ohne Bildanalyse, stattdessen aber mit einer hohen Effektivität des Bewegungssehens. Diese Bahnen zweigen vor dem *lateralen Kniehöcker* von den *retinocalcarinen* Fasern ab und leiten durch den *Vierhügel (Colliculus superior)* und das *Pulvinar* die Informationen an zahlreiche *subkortikale* und *kortikale* Bereiche weiter.

Temporallappen (temporal lobe): Teil des *Kortex* (*ventrales* System), der hauptsächlich mit Identifikation und Kategorisierung visueller Objekte beschäftigt ist

Tetraplegie (tetraplegia): Lähmung aller vier Gliedmaßen (Arme und Beine), bei *Cerebralparese*

Transdisziplinarität (transdisciplinarity): *Interdisziplinäre* Zusammenarbeit, in der sich die einzelnen Disziplinen ihre Arbeitsweisen und -ergebnisse wechselseitig transparent machen

Typhlopädagogik (Typhlo-Pedagogy): Teilgebiet der Blindenpädagogik, das sich mit der Gestaltung von Reliefdarstellungen und der Tasterziehung befasst

Ventraler Informationsstrom (ventral stream): Abwärtsgerichtete Verbindung zwischen *visuellem Kortex* und *Temporallappen*. Im ventralen Strom sind überwiegend die Funktionen des Wiedererkennens: geometrische Formen, Größe, Linienrichtungen, Zahlen, Buchstaben, Gesichtsformen, Gesichtsausdrücke, Objekte und Figur-Grundwahrnehmung, Farben, Bewegung etc.

Visueller Kortex (visual cortex): Teil des *Kortex,* der für die Verarbeitung visueller Reize zuständig ist

Visuelles System (visual system): Oberbegriff für alle Elemente des Körpers, die mit dem Sehen zu tun haben, vom Auge über die subkortikalen Zentren bis hin zum *Kortex*

Visuomotorik (visual-motoric coordination): Koordination von Sehen und Bewegung

Visuozentrismus: Grundeinstellung, bei der das Sehen in den Mittelpunkt gestellt wird als wichtigste Wahrnehmungsquelle und Grundlage der Welterfahrung. Daraus folgt dann, dass blinde Wahrnehmung als grundsätzlich defizitär verstanden wird.

Visus (visual acuity): Sehschärfe, optisches *Auflösungsvermögen.* Angabe in Prozent oder als Bruchzahl, 1 bzw. 100 % bezeichnet „normales Sehvermögen"

Zapfen (cones): Sehzellen für helles Licht und Farben

zentrales Gesichtsfeld (central visual field): Gesichtsfeld im Bereich der Makula

Zentralskotom (central scotoma): Gesichtsfeldausfall im Bereich der Makula

zerebral (cerebral): das Gehirn betreffend

zerebrale Sehschädigung (cerebral visual impairment): Sehschädigung, die durch eine Hirnschädigung ausgelöst wird. Die Augen selbst sind nicht betroffen.

Zerebralparese (cerebral palsy): motorische Schwäche ausgelöst durch eine Hirnschädigung, gekennzeichnet durch gestörte, funktionsinadäquate, unwillkürliche Bewegungsabläufe

Lösungshinweise zu den Übungsaufgaben

Kapitel 2

Das können nur Sie wissen, vermutlich werden Sie diejenigen Überlegungen interessant finden, die in Ihre eigene Denk- und Erfahrungsstruktur passen, oder? **Aufgabe 1**

Traditionelle Blinden- und Sehbehindertenpädagogik begreift die Weltaneignung bei Blindheit und bei Sehbehinderung als wesentlich eingeschränkt. Aus konstruktivistischer Perspektive werden Weltaneignungen generell als different gesehen, die Differenz zwischen Blindheit und Sicht ist für das Zusammenleben und die koordinierte Verhaltenskoordination nicht größer als die zwischen Sicht und Sicht. **Aufgabe 2**

Ein Objekt muss existieren, um wahrgenommen werden zu können. Wie es allerdings wahrgenommen wird und als was, kann nicht durch das Objekt bestimmt werden. Daher kann ich nicht wissen, was Sie lesen und wie Sie das Gelesene in ihre eigene Struktur und Ihr Denkkonzept einbauen. **Aufgabe 3**

Meiner Auffassung nach sind dies folgende: die Erkenntnis, dass Wahrnehmungs-, Erlebens-, Erfahrungsprozesse nicht direkt beeinflussbar sind; die Erkenntnis, dass Wahrnehmung und Bewegung eine Einheit bilden, Bewegung jedoch in der Ontogenese die Entwicklung von Wahrnehmung steuert. **Aufgabe 4**

Kapitel 3

Eigenschaftsorientiertes Verständnis: Die funktionalen Auswirkungen einer Schädigung behindern die Aktivität und Teilhabe einer Person. *Relationales Verständnis von Behinderung:* Mögliche funktionale Auswirkungen von Schädigung sind abhängig von Individuum- und Umweltbedingungen. Behinderung entsteht in der Kommunikation. **Aufgabe 5**

Aufgabe 6 Klassifikationen sind schwer zu vergleichen, da a) unterschiedliche Einteilungen gelten, wann man von Sehbeeinträchtigung, Sehbehinderung, hochgradiger Sehbehinderung oder Blindheit spricht und b) die Messverfahren und der gemessene Visus meistens nicht bekannt sind (Fern- oder Nahvisus, Gittersehschärfe oder Optotypen).

Aufgabe 7 Anteriorische Schädigungen betreffen das Auge, den Sehnerv und das Chiasma opticum, posteriorische Sehschädigungen die Area striata und den visuellen Cortex. Wenn Sie die Tabelle der Schädigungen, Ursachen und Funktionsfolgen gründlich studieren, werden Sie feststellen, dass die posteriorischen Schädigungen die Wahrnehmungsbereiche betreffen (Form-, Farb-, Bewegungswahrnehmung). Dies ist bei anteriorischen Schädigungen nicht der Fall.

Aufgabe 8 Irritationen sind etwas Wunderbares, denn dann kommen alte Ordnungen und Gewissheiten ins Schwanken, weiter so!

Aufgabe 9 Light gazing, Bevorzugung leuchtender Farben, besonders gelb und rot, schneller Wechsel der Aufmerksamkeit, Wahrnehmung von Bewegung.

Aufgabe 10 Sehen und Motorik sind eng aufeinander bezogen, dies wurde in Kapitel 2.3 an den verschiedenen empirischen Belegen zur Rolle der Bewegung für die Wahrnehmung deutlich. Können Sie sich daran noch erinnern? In Bezug auf konkrete Auswirkungen gestörter Motorik auf das Sehen wurden Beispiele angeführt, die deutlich machen, dass zum Beispiel bei fehlender Kopfkontrolle oder bei fehlendem Muskeltonus die Fixation erschwert ist.

Kapitel 4

Aufgabe 11 Individuelle Beantwortung

Aufgabe 12 Kontextabhängigkeit: Kommt darauf an, in welchem Kontext Sie diesen Begriff gelesen haben. Er wurde in Kapitel 2 verwendet, wo es um die Kontextabhängigkeit oder Kulturbezogenheit der Wahrnehmung ging. Der Begriff wird aber auch verwendet, wenn es darum geht, Handlungen oder Verhaltensweisen eines Menschen einordnen zu können. Hier werden die Dimensionen Zeit, Raum, Umgangs- und Handlungskultur und Medikation als Beispiele genannt (4.1.3).

Aufgabe 13

Ich könnte es tun, wenn Sie den Text, den ich als Autorin geschrieben habe, als meine Beobachtung des Feldes Pädagogik bei Blindheit und Sehbehinderung auffassen. Dann nämlich beobachten Sie meine Beobachtungen und sind damit Beobachter II. Ordnung, können meine Ein- und Ausschließungen und meine „blinden Flecke" feststellen. Sie könnten sich aber auch als Beobachter I. Ordnung begreifen, der gerade versucht, einen Text zu verstehen.

Aufgabe 14

Das kann ich natürlich ebenfalls nicht wissen. In meinem Text beginnt sie einerseits sehr früh und ist andererseits sehr weitreichend. Selbstbestimmung im Sinne der Selbstbestimmt-Leben-Bewegung bezieht sich auf die Bereiche Gleichstellung, Entmedizinisierung, Inklusion, Kontrolle über Organisationsformen und Dienstleistungen, Verpflichtung zu peer-support.

Aufgabe 15

Vermutlich werden Sie das Internet zu Rate ziehen, dort erfahren Sie über www.dvbs.org auch einiges über den Deutschen Blinden- und Sehbehindertenverband. Aufschlussreicher wäre es, Sie würden eine der Unterorganisationen einmal besuchen und mit den Leuten reden.

Aufgabe 16

Wie eine andere Person sieht, ist nicht zu beobachten, daher ist es im Alltag nur schwer festzustellen, ob ein Sehproblem vorliegt oder nicht. Es existieren nur wenige objektive Verfahren und diese können keine Qualität überprüfen.

Aufgabe 17

Sie können annehmen, dass das, was das Kind tut, Unsinn ist. Dann werden Sie ihm das untersagen, vor allem wenn es mit Gegenständen werfen sollte, die zerbrechen können. Wenn Sie aber annehmen, dass dieses Tun für das Kind Sinn macht, dann werden Sie sich fragen, was es sich damit erschließen könnte. Meine Erfahrung mit einigen blinden Kindern sagt mir, dass dieses Wegwerfen von Gegenständen eine Strategie der Raumerfahrung sein kann.

Ein Junge, mit dem ich zu tun hatte, bevorzugte kleine Bälle zum Wegwerfen oder Plastikspielzeug und konnte zuverlässig sagen, ob sie bei der Heizung, beim Schrank, am Bett landeten und baute sich so eine akustische Karte seines Zimmers auf.

Aufgabe 18

Ich hoffe, Sie freuen sich über die vielfältigen Lehr-Lernmethoden, die ihre Tochter auf diese Weise kennen lernen wird und unterstützen das Vorhaben. Sollten die Eltern Fragen nach Materialien haben, geben Sie Ihnen die Adresse von ISAR: http://isar.reha.uni-dortmund.de

Aufgabe 19

Ich habe sie als Kernprobleme bezeichnet, weil ich der Auffassung bin, dass sich jeweils in der konkreten Umgangssituation und im Verständnis folgender Fragen das Grundverständnis der Pädagogik zeigt: „Was bedeutet Orientierung und Mobilität bei Blindheit, Sehbehinderung und Mehrfachbehinderung und welche kulturellen und ästhetischen Normen werden im alltäglichen Umgang mit Menschen mit einer Sehschädigung entwickelt?" Die Problematik liegt meines Erachtens darin begründet, dass sich beide Verfahren zu sehr auf praktische Lösungen beziehen und die Theoriebezüge wie Raum, Selbstkonzept und Alltag – um nur einige Beispiele zu nennen – in ihren Dimensionen nicht weiterentwickelt haben.

Aufgabe 20

Dies ist eine schwierige Aufgabe und es kann viele verschiedene Beispiele geben. Ich schildere Ihnen ein Beispiel aus der Literatur.

In dem Buch „Ich war behindert anhand der Lehrer und Ärzte" schildert Ralf seine Erfahrungen mit einer Rechenaufgabe, die für seinen weiteren Mathematiklebensweg entscheidend war. Es ging um die Aufgabe 6-4=2. Die Lehrerin hat sechs Kringel an die Tafel gemalt: O O O O O O und gesagt „Schnucki (Name für einen Hund R. W.) frisst den Kuchen auf." Dann hat sie vier Kringel durchgestrichen Ø Ø Ø Ø O O. Ralf sagt weiterhin: „Ich habe das Durchstreichen nicht verstanden." „Sie hatte die Kullern halbiert" (...). „Ja, sie hat halbiert, aber sie redet vom Durchstreichen. Sie hat die Kullern halbiert. Das ist doch alles Heuchelei. Wenn man einen Apfel halbiert, dann hat man doch zwei Hälften." (1991,16f)

Gemeinsam ist den älteren und neueren Überlegungen zur Seherziehung, dass sie diese eingebettet in das unterrichtliche Geschehen auffassen. Heute geht es dabei stärker um eine Bereitstellung optimaler Rahmenbedingungen und Hilfsmittel (Stichwort: attraktive Sehumwelten) und die Anbindung der Sehangebote an die Lebenswelt des Kindes oder Jugendlichen.

Aufgabe 21

☺ Es gibt in den vorangegangenen Kapiteln keine Frage 22, die hier beantwortet werden müsste. Statt dessen möchte ich die Gelegenheit nutzen, um Ihnen für die Durcharbeitung des Buches zu danken.

Aufgabe 22

Organisationen und Internet-Adressen

Selbsthilfe

Bund zur Förderung Sehbehinderter
http://www.medizin-forum.de/bfs/

Deutscher Blinden- und Sehbehindertenverband e.V.(DBSV)
http://www.dbsv.org

Deutscher Verein der Blinden und Sehbehinderten in Studium und Beruf e.V. (DVBS)
http://www.dvbs-online.de

PRO RETINA Selbsthilfevereinigung von Menschen mit Netzhaut-degenerationen
http://www.pro-retina.de

Elterninitiative Bundesarbeitsgemeinschaft Gemeinsam leben – Gemeinsam lernen:
http://www.gemeinsamleben-gemeinsamlernen.de

Bundesvereinigung der Eltern blinder und sehbehinderter Kinder e.V.
http://www.bebsk.org

Arbeitsgemeinschaft der Blindenhörbüchereien e.V.
Marbacher Weg 18, 35037 Marburg
http://www.blindenbuecherei.de/Links/AG_BHB.htm

Schule

Deutsche Zentralbücherei für Blinde zu Leipzig (DZB)
Produktion von Punktschriftbüchern
http://www.dzb.de

ISaR – Projekt zur Integration von Schüler/innen mit einer Sehschädigung an Regel- und anderen Sonderschulen. Die Website bietet ein umfassendes Informationsangebot u. a. mit didaktischen und methodischen Anregungen, umfassende Literatur- und Materialdatenbanken sowie Links und Adressen zum Thema Blindheit/Sehbehinderung u. v. m.
http://isar-projekt.de

Empfehlungen der Kultusministerkonferenz zur Sonderpädagogischen Förderung
http://www.kmk.org

Verein zur Förderung der Blindenbildung (VzFB). Hilfsmittel, Punktschriftliteratur etc.
http://www.vzfb.de

Vereine/ Verbände

Verband deutscher Sonderschulen – Fachverband für Behindertenpädagogik (VDS)
http://www.vds-bundesverband.de

Verband der Blinden- und Sehbehindertenpädagogen und -pädagoginnen e.V. (VBS). Adressenverzeichnis aller Frühfördereinrichtungen, Schulen und Ausbildungsstätten
http://www.vbs-gs.de

Bewegung im Dialog e.V. Zentrum für systemische Bewegungstherapie und Kommunikation
Bewegung im Dialog e. V. bietet u. a. Kurse und Wochenenden für Familien mit einem Kind/Jugendlichen mit Sehschädigung an.
http://www.bewegung-im-dialog.de

Braille Bug Site. Seite der American Foundation for the Blind (AFB) mit einer Einführung in die Brailleschrift, Spielen und Biographien von Helen Keller und Louis Braille.
http://www.afb.org/braillebug/

Braille

Braille on the Internet. Umfassende Linksammlung zum Thema Braille.
http://www.nyise.org/braille.htm

Seite rund um die Brailleschrift auf Deutsch und Englisch
http://www.braille.ch

Lea Hyvärinens Homepage. Umfassende Information zum Thema Low Vision im Kindesalter (u. a. Assessment und Förderung, Kinder mit Mehrfachbeeinträchtigungen und Hörsehschädigung)
http://www.lea-test.fi

Low Vision

Low Vision in der Frühförderung. Homepage des EU-Projektes Low Vision in der Frühförderung in Europa
http://low-vision.uni-dortmund.de

A. Schweizer Low Vision-Stiftung
http://www.lowvision-stiftung.de

Lighthouse International
http://www.lighthouse.org

LVRGNET: The Low-Vision Research Group Network
http://vision.psych.umn.edu/www/lovnet/lovnet.html

Berufsverband der Rehabilitationslehrer/innen für Blinde und Sehbehinderte. Lebenspraktische Fähigkeiten
http://www.berufsverbandrehabilitationslehrer.org

Berufsvereinigung der Orientierungs- und MobilitätslehrerInnen für Blinde und Sehbehinderte e.V. (BOMBS)
http://www.bombs-online.de

Orientierung und Mobilität, Alltagspraktische Fertigkeiten

FOKUS e. V. Verein zur Förderung der selbständigen Lebensführung Blinder und Sehbehinderter
http://www.fokus-ev.de

IRIS. Institut für Rehabilitation und Integration Sehgeschädigter (IRIS) e.V.
Bachstr. 30, 22083 Hamburg;
E-Mail: IRIS-e.V.@hamburg.de

ISIS. Institut für Soziale Integration Sehbehinderter und Blinder e.V.
Balthasarstr. 12, 50670 Köln;
E-Mail: Inst.ISIS@t-online.de

RES. Rehabilitationseinrichtung für Sehgeschädigte
http://www.blista.de/bereiche3.html

Internationale Links

American Foundation for the Blind (AFB). Verlag mit Büchern und Zeitschriften zum Thema Blindheit/Sehbehinderung (u. a. Journal of Visual Impairment and Blindness)
http://www.afb.org

Association for Education and Rehabilitation of the Blind and Visually Impaired (AER)
http://www.aerbvi.org

European Agency for Development in Special Needs Education
http://european-agency.org

International Council for Education of People with Visual Impairment (ICEVI)
http://www.icevi.org

ICEVI – Europe
http://www.icevi-europe.org

Harry's Visible Links. Internationale Linksammlung zum Thema Sehschädigung mit mehr als 1100 weltweiten Links
http://home.swipnet.se/macula-lutea/links.html

Scottish Sensory Centre, University of Edingburgh (SSC)
http://www.ssc.mhie.ac.uk/

Universitäten

Humboldt-Universität zu Berlin
Philosophische Fakultät IV
Institut für Rehabilitationswissenschaften, Abteilung Blinden- und Sehbehindertenpädagogik
http://www.reha.hu-berlin.de

Universität Dortmund
Fakultät Rehabilitationswissenschaften
Rehabilitation und Pädagogik bei Blindheit und Sehbehinderung
http://www.uni-dortmund.de/FB13/Blinden-undSehbehinder-
ten/index.htm

Universität Hamburg
Fachbereich Erziehungswissenschaft
Institut für Behindertenpädagogik, Blinden- und Sehbehindertenpädagogik
http://www.erzwiss.uni-hamburg.de/inst05/blindseh/default.htm

Pädagogische Hochschule Heidelberg
Fakultät I, Fachrichtungen Blinden- und Sehbehindertenpädagogik
http://www.ph-heidelberg.de/org/blindseh/

Berufsausbildungsspektrum

Betriebstelefonistin	Klavierstimmerin
Bürokraft	Konstruktionsmechanikerin – Fachrichtung Ausrüstungstechnik
Bürstenzieherin	Korbmacherin
Bürsten- und Pinselmacherin	Korb- und Flechtwerkerin
Datenverarbeitungskauffrau	Korb- und Rahmenflechterin
Fachangestellte für Bürokommunikation	Landwirtin
Fachinformatikerin	Masseurin und Medizinische Bademeisterin
Fachkraft für Textverarbeitung	Metallarbeiterin
Fräserin	Metallfeinarbeiterin
Gartenbaufachwerkerin	Rehabilitationslehrerin für Blinde und Sehbehinderte
Hauswirtschafterin – Städtische Hauswirtschaft	Stenotypistin
Hauswirtschaftshelferin	Teilezurichterin
Helferin für Bürokommunikation	Telefonistin
Helferin in der Hauswirtschaft	Verwaltungsfachangestellte
Holzbearbeiterin	Werkzeugmaschinenspanerin – Drehen
Holzfachwerkerin	Werkzeugmaschinenspanerin – Fräsen
Holzwerkerin	Werkzeugmaschinenwerkerin – Drehen
Industriearbeiterin	Werkzeugmaschinenwerkerin – Fräsen
Industriekauffrau	Zerspanungsmechanikerin – Fachrichtung Drehtechnik
Kaufmann für Bürokommunikation	Zerspanungsmechanikerin – Fachrichtung Frästechnik
Kirchenmusikerin – C-Prüfung	

(nach Roderfeld 1999, 148f)

Literatur

Adams, P. F., Marano, M. A. (1995): Current estimates from the National Health Interview Survey. In: Vital and Health Statistics, Series 10, No. 193. Hyattville, MD: National Center for Health Statistics

Adelson, E., Fraiberg, S. (1974): Gross motor development in infants blind from birth. Child Development, 45, 114–126.

Ahlberg, A., Csocsán, E. (1997): Blind children and their experience of numbers. Göteborg Univ., Inst. för Specialpedagogik: Mölndal

Aitken, S., Buultjens, M. (1992): Vision for Doing: Assessing functional vision of learners who are multiply disabled. Edinburgh: Moray House Publications (Vergriffen – Wiederveröffentlichung in Buultjens et al. 2001)

Anderson, H., Goolishian, H. (1992): Der Klient ist Experte. Ein therapeutischer Ansatz des Nicht-Wissens. In: Zeitschrift für Systemische Therapie, 10, 176–209

Anderson, S., Boignon, S., Davis D. K. (1991): The Oregon-Project for visually impaired blind preschool children. Skill inventory and manual. Medford: Jackson Educational Service

Appelhans, P. (1983): Auf dem Weg zu einem flexiblen Bildungssystem für Sehgeschädigte – Berichte aus Forschung und Praxis. In: Verband der Blinden- und Sehbehindertenpädagogen (Hrsg.): Standortbestimmung und Neuorientierung, 29. Kongress für Sehgeschädigtenpädagogik. 59–63, Hannover: VzfB

– (1988): Sehgeschädigte in allgemeinen Schulen – Beiträge zur Integrationsdiskussion 10 Jahre nach dem Kongress in Waldkirch. In: Verband der Blinden- und Sehbehindertenpädagogen (Hrsg.): Menschenbildung im Zeitalter der Elektronik. 30. Kongress für Sehgeschädigtenpädagogik. 235–252, Hannover: VzfB

– (1993): Regelschule – Sonderschule – Alternative Möglichkeiten für sehgeschädigte Kinder und Jugendliche? In: Verband der Blinden- und Sehbehindertenpädagogen (Hrsg.): Ganzheitlich bilden – Zukunft gestalten. Kongressbericht, 31. Kongress für Sehgeschädigtenpädagogik, Marburg 26.–31. Juli 1993. 120–138, Hannover: VzfB

–, Braband, H., Düe, W., Rath, W. (1992): Übergang von der Schule ins Arbeitsleben. Bericht über ein Projekt mit sehgeschädigten jungen Menschen. Hamburg: Hamburger Buchwerkstatt

–, Düe, W. (2001): Schulische Vorbereitung auf Ausbildung und Beruf für junge Menschen mit Sehschädigung in Schleswig-Holstein. In: Barlsen, J., Hohmeier, J. (Hrsg.): Neue berufliche Chancen für Menschen mit Behinderung. 257–285, Düsseldorf: Verl. Selbstbestimmtes Leben

–, Rath, W. (1990): Werkstattgespräch. Beratung und Unterstützung Sehgeschädigter bei Berufswahl und Berufsausbildung. Hamburg: Hamburger Buchwerkstatt

Appelhans-Königer, M. (1997): Blinde Kinder und Jugendliche in Schleswig-Holstein besuchen die zuständige allgemeine Schule am Wohnort. In: Drave, W., Wissmann, K. (Hrsg.): Der Sprung ins kalte Wasser. 267–297, Würzburg: Edition Bentheim

Ashmead, d. h., Clifton, R. K., Perris, E. E. (1987): Precision of auditory localization in human infants. Developmental Psychology, 23, 641–667

Austermann, M. (1992): Rückwirkungen von Bemühungen um die schulische Integration behinderter Kinder und Jugendlicher auf „Schule" unter morphologischem Ansatz. Egelsbach, Köln, New York: Hänsel-Hohenhausen

Bach y Rita, P. (1972): Brain Mechanism in Sensory Substitution. New York: Academic Press

– (1993): Weltbilder III: Die Haut als „Bildschirm". In: Balhorn, H., Brügelmann, H. (Hrsg.): Bedeutungen erfinden – im Kopf mit Schrift und miteinander. Zur individuellen und sozialen Konstruktion von Wirklichkeiten. 24–27, Konstanz: Faude

– Tongue seen as portal to the brain *http://www.engr.wisc.edu/news/headlines/2001/Mar26.html* (28. 8. 2002)

Badde, G. (1994): ... und aus bist Du? Das Regelspiel als Hilfe für blinde Vor- und Grundschulkinder. Graduierungsarbeit Kath. Fachhochschule NW, Abt. Münster

Baecker, D. (1993): Kybernetik zweiter Ordnung. In: Foerster, H. v.: Wissen und Gewissen: Versuch einer Brücke. 17–24, Frankfurt a. M.: Suhrkamp

Barlsen, J. (1999): MobiliS-Modell: wohnortnahe berufliche Bildung Blinder und Sehbehinderter. Ein Projekt des Bildungszentrums für Blinde und Sehbehinderte Soest. In: Impulse, Informationsblatt der Arbeitsgemeinschaft für Unterstützte Beschäftigung, Nr. 14, im Internet: *http://www2.uibk.ac.at/bidok/library/arbeit/imp14-99-mobilis.html*

–, Bungart, J. (1996): Unterstützte Beschäftigung von Menschen mit Behinderung. Zwischenbericht über den Stand der Forschungsarbeiten. Universität Münster

–, Denninghaus, E., Oeser-Steinbörner, A. (2001): Wohnortnahe berufliche Bildung und Eingliederung blinder und sehbehinderter Jugendlicher. MobiliS. In: Weichenstellungen. Themenheft der Zeitschrift blind – sehbehindert. 121, 3, 197–202

Barraga, N. C. (1964): Increased visual behavior in low vision children. New York: American Foundation for the Blind

– (1976): Visual Handicaps and learning. A developmental approach. Belmont, California: Wadworth

Bateson, G. (1981): Ökologie des Geistes. Frankfurt a. M.: Suhrkamp

Becker, B., Gradel, A., Jakob, M., Pittroff, H. (1998): Bausteine zur Entwicklung der Kommunikation bei mehrfachbehinderten sehgeschädigten Kindern. In: Verband der Blinden- und Sehbehindertenpädagogen (Hrsg.): Lebensperspektiven. Kongressbericht 3.–7. August 1998. 517–433, Hannover: VzfB

Beelmann, A., Hecker, W. (1998): Entwicklung und Entwicklungsprobleme blinder Kinder. In: Gahbler, M. (Hrsg.) (1998): Spuren in die Zukunft. Lebensperspektiven sehgeschädigter Menschen. 62–87, Nürnberg: Blindenanstalt Nürnberg e.V.

Beermann, U. (1966): Erziehung von Sehbehinderten. Die optische Leistungsfähigkeit als Grundlage der Erziehung und Bildung von Kindern mit geringem Sehvermögen. Weinheim: Beltz

Behindertengleichstellungsgesetz – BGG (2002): *http://www.behindertenbeauftragter.de/gesetzgebung/behindertengleichstellungsgesetz* (29. 9.02)

Benesch, F. (1971): Die Sehbehindertenschule. Neuburgweier: Schindele

Bergmann, I., Kern, H. (1998): Praktische Demonstration der visuellen Förderung eines mehrfachbehinderten Kindes auf Basis einer Entwicklungs- und Förderdiagnostik des Sehens. In: Verband der Blinden- und Sehbehindertenpädagogen (Hrsg.): Lebensperspektiven. Kongressbericht. 652–655, Hannover: VzfB

Bernfeld, S. (1925/1967): Sisyphos oder die Grenzen der Erziehung. Frankfurt a. M.: Suhrkamp

BfA Bundesanstalt für Arbeit (Hrsg.) (1997): Berufliche Rehabilitation junger Menschen. Handbuch für Schule, Berufsberatung und Ausbildung. SGBII, Nürnberg

– (Hrsg.) (1998): Berufliche Rehabilitation junger Menschen. Handbuch für Schule, Berufsberatung und Ausbildung. Ergänzung 1998, SGBII, Nürnberg

Bleidick, U. (1983): Pädagogik der Behinderten. Grundzüge einer Theorie der Erziehung behinderter Kinder und Jugendlicher. 4. Auflage, Berlin: Marhold

Blindenanstalt Nürnberg (Hrsg.) (1980): 25 Jahre Sehbehindertenschule Nürnberg. Festschrift zur 25-Jahr-Feier der Sehbehindertenschule Nürnberg

Boldt, W. (1966): Wesen, Stand und Aufgaben der erziehungswissenschaftlichen Forschung im Bereich der Sehbehindertenpädagogik. In: Der Blindenfreund 86, 129–142, 175–180

– (1993): Fortschritt und Hinschritt. Beiträge zur Sehgeschädigtenpädagogik. Würzburg: Edition Bentheim

Brack, U. (Hrsg.) (1986): Frühdiagnostik und Frühtherapie. Psychologische Behandlung von entwicklungs- und verhaltensgestörten Kindern. Weinheim: PVU

Brambring, M. (1989): Methodological and conceptual issues in the construction of a developmental test for blind infants and preschoolers. In: Brambring, M., Lösel, F., Skowronek, H. (Hrsg.): Children at risk: Assessment, longitudinal research and intervention. 136–154, Berlin: De Gruyter

– (1994): Frühförderung der Orientierung und Mobilität blinder Kinder. In: Verband der Blinden- und Sehbehindertenpädagogen (VBS), AG Frühförderung (Hrsg.): Frühförderung sehgeschädigter Kinder. 140–144, Hannover: VzfB

– (1999): Entwicklungsbeobachtung und -förderung blinder Klein- und Vorschulkinder. Würzburg: Edition Bentheim

–, Tröster, H. (1994): The validity problem and the instruction problem in the assessment of cognitive development in blind infants and preschoolers. In: Journal of Visual Impairment and Blindness, 88, 9–18

Broadbent, D. E. (1973): In Defense of Empirical Psychology. London: Methuen

Bronfenbrenner, U. (1981): Ökologie der menschlichen Entwicklung. Stuttgart: Klett-Cotta

Buultjens, M., Fuchs, E., Hyvärinen, L., Laemers, F., Leonhardt, M., Walthes, R. (Hrsg.) (2001): Low Vision in Early Intervention in Europe. CD-ROM. Dortmund: Univ. Dortmund

Campenhausen, Ch. V. (1993): Die Sinne des Menschen. Einführung in die Psychophysik der Wahrnehmung. Stuttgart, New York: Thieme

Carlson, S., Hyvärinen, L. (1983): Visual rehabilitation after long last early blindness. In: Acta Ophthalmologica 61; 701–713

–, –, Raninen, A. (1986): Persistent behavioural blindness after early visual deprivation and after active visual rehabilitation: a case report. In: Britisch Journal of Ophthalmology 70, 607–611

Castillo-Morales, R. (2000): Interview. In fiduz. Infoblatt der medizinischen Abteilung der Arbeitsstelle Frühförderung Bayern 6/3, 1–3

Christen, H., Handefeld, F. (1994): Die neuronalen Ceroidlipofuszinosen. In: Hautnah/Pädiatrie 6, 212–222

Ciompi, L. (1988): Außenwelt, Innenwelt. Die Entstehung von Zeit, Raum und psychischen Strukturen. Göttingen: Vandenhoeck & Ruprecht

– (1999): Die emotionalen Grundlagen des Denkens. Entwurf einer fraktalen Affektlogik. 2. Auflage, Göttingen: Vandenhoeck & Ruprecht

Corn, A. L., Koenig, A. J. (1996): Perspectives on Low Vision. In: Corn, A. L., Koenig, A. J. (Ed.): Foundations of Low Vision. Clinical and Functional Perspectives. New York, 3–25: AFB-Press

Cory, P. (2000): Elementary Rehabilitation for Seniors Who Lose Sight in Late Life. In: Wahl, H. W., Schulze, H. E. (Hrsg.): On the Special Needs of Blind and Low Vision Seniors. Research and Practice Concepts. 161–168, Amsterdam: IOS-Press

Cowan, Ch., Shepler, R. (2000a): Activities and Games for teaching children to use monocular telescopes. In: D'Andrea, F. M., Farrenkopf, C. (Hrsg.): Looking to learn. Promoting literacy for students with low vision. 137–166, New York: AFB-Press

–, Shepler, R. (2000 b): Activities and Games for teaching children to use magnifiers. In: D'Andrea, F. M., Farrenkopf, C. (Hrsg.): Looking to learn. Promoting literacy for students with low vision. 167–188, New York: AFB-Press

Coxeter, H. S. M, Emmer, M., Penrose, R., Teuber, M. L. (1986): M. C. Escher. Art and Science. North-Holland, Amsterdam, New York, Oxford, Tokyo: North Holland

Csocsán, E., Hogelfeld, E., Terbrack, J. (2001): Mathematik mit sehbehinderten Kindern. In: Krug, F. K. unter Mitarb. v. Csocsán, E.: Didaktik für den Unterricht mit sehbehinderten Schülern. 290–317, München/Basel: Ernst Reinhardt

–, Klingenberg, O., Koskinen, K.-L., Sjöstedt, S. (2002): Maths „seen" with other eyes – A blind child in the classroom – teacher's guide in mathematics. Esbo: Schildts

Cutsforth, T. (1951): The blind in school and society. New York: AFB-Press

D'Andrea, F. M. (2000): Activities and Games for teaching children to use a CCTV. In: D'Andrea, F. M., Farrenkopf, C. (Hrsg.): Looking to learn. Promoting literacy for students with low vision. 189–214, New York: AFB-Press

–, Farrenkopf, C. (Hrsg.) (2000): Looking to learn. Promoting literacy for students with low vision. New York: AFB-Press

Damasio, A. R. (1997) Descarte's Irrtum. Fühlen, Denken und das menschliche Gehirn. München: dtv

– (2000): Ich fühle, also bin ich. Die Entschlüsselung des Bewusstseins. München: List

Daniel, U. (1997): Clio unter Kulturschock. Zu den aktuellen Debatten der Geschichtswissenschaften. (Teil I & II). In: Geschichte in Wissenschaft und Unterricht, 48, 195–218, 259–278

de Condillac, E. B. (1754/1983): Abhandlungen über Empfindungen. Hrsg. von Lothar Kreimendahl. Hamburg: Felix Meiner

Degenhardt, R. (1990): Zur Entwicklung der Raumerkenntnis blinder Vorschulkinder. In: Paul u. Charlotte Kniese Stiftung (Hrsg.): Frühförderung sehgeschädigter Kinder – Tagungsreferate der AG Frühförderung im VBS, 10. Fortbildungstagung (1989) in Trier, 11. Fortbildungstagung (1990) in Salzau. 87–95, Hannover: VzfB

Degenhardt, S. (1999): Darstellung von Lebensperspektiven: Rollenmuster sehgeschädigter Menschen in Spielfilmen. In: Warzecha, B. (Hrsg.): Medien und gesellschaftliche Stigmatisierungsprozesse. 57–87, Hamburg: Lit

– (2003): Pädagogische Intervention bei Beeinträchtigungen der Visuellen Wahrnehmung. In: Leonhardt, A., Wember, F. B. (Hrsg.): Behinderungen als pädagogisches Problem. 379–401, Weinheim, Basel: Beltz

–, Kalina, U., Rytlewski, D. (1996): Der Einsatz des Computers bei blinden und sehbehinderten Schülern – Überblick, Stand und Per-

spektiven: Ergebnisse aus dem Modellversuch „Interaktive In-
formationstechniken für Sehgeschädigte in der informations-
technischen Bildung" (IRIS). Hamburg: Hamburger Bücher-
werkstatt

–, u. a. (1998): Daten zur Angebotsqualität blindenpädagogischer
Förderung (AQUA-Studie). Ergebnisse einer Erhebung im Bereich
Schule durch die Arbeitsgruppe Qualitätssicherung (AQUA) im
Auftrag des Verbandes der Blinden- und Sehbehinderten-
pädagogik e.V. Berlin: Verlag für Wissenschaft und Bildung

–, Rath, W. (Hrsg.) (2001): Blinden- und Sehbehindertenpädagogik. Bd. 2 der „Studientexte zur Geschichte der Blindenpädagogik". Neuwied: Luchterhand

Dell, P. F. (1986): Klinische Erkenntnis. Zu den Grundlagen systemischer Therapie. Dortmund: Modernes Lernen

Demmel, H. (1995): Durch Nacht zum Licht. Geschichte des Bayeri-
schen Blindenbundes. München: Bayerischer Blindenbund

Deutscher Blinden- und Sehbehindertenverband e.V. (Hrsg.) (2000):
Fit im Beruf. Berlin: Mercedes Druck

Dijk, J. v., Nelson, C. (2001): Child-guided strategies for assessing children who are deafblind or have multiple disabilities (CD-ROM).
Aapnootmuis: The Netherlands

Dobslaw, G. (1993): „Da kann ich nur das Wort sagen": Eine ver-
gleichende Analyse der Kategorisierungsleistungen und der Inhalte der Wortbedeutungen über Objekte bei blinden und sehenden Kindern. Münster, New York: Waxmann

Dorrn, K., Hack, C., Korinth, D., Mitschke, S. (2002): Informa-
tionsdesign. Projekt Lexikon. Hochschule für Bibliotheks- und In-
formationswesen: Stuttgart. *http://v.hdm-stuttgart.de/projekte/info-
design/* (28. 9. 02)

Downs, R. M., Stea, D. (1982): Kognitive Karten. Die Welt in unseren
Köpfen. New York: Harper & Row

Drave, W. (1996): „Hier riecht's nach Mozart und nach Tosca". Blinde Menschen erzählen ihr Leben. Würzburg: Edition Bentheim

–, Rumpler, F., Wachtel, P. (2000): Empfehlung zur sonderpädagogischen Förderung. Allgemeine Grundlagen und Förderschwerpunkte (KMK). Würzburg: Edition Bentheim

Drolshagen, B., Klein, R., Rothenberg, B., Tillmann, A. (2002): Eine
Hochschule für Alle. Würzburg: Edition Bentheim

Drolshagen, B., Rothenberg, B. (1998): Selbstbestimmt leben als Le-
bensperspektive sehgeschädigter Menschen – eine Herausforderung auch für die Sehgeschädigtenpädagogik. In: VBS (Hrsg.):
Lebensperspektiven. Kongressbericht 3.–7. August 1998. 249–271,
Hannover: VzfB

Dutton, G. (2001): Cerebral Visual Impairment. In: Buultjens, M.,
Fuchs, E., Hyvärinen, L., Laemers, F., Leonhardt, M., Walthes, R.
(Hrsg.): Low Vision in Early Intervention in Europe. CD-ROM,
Dortmund: Univ. Dortmund

–, Ballantyne, J., Boyd, G., Bradham, M., Day, R. E., Mc Culloch, D. L., Mackie, R., Phillips, S., Saunders, K. (1996): Cortical Visual Dysfunction in children: A Clinical Study. In: Eye: Scientific Journal of the Royal College of Ophthalmologists, 10, 302–309

–, Day, R. E., Mc Culloch, D. L. (1999): Who is a visually impaired child? A model is needed to adress this question for children with cerebral visual impairment. In: Developmental Medicine and Child Neurology: officialy designated journal of the American Academy of Cerebral Palsy, 41, 212–213

Düren, Th. (1986): Pädagogische Frühförderung Sehgeschädigter. Geschichte und derzeitige Situation. In: Frühförderung interdisziplinär 5, 49–60

Eliot, L. (2001): Was geht da drinnen vor? Die Gehirnentwicklung in den ersten fünf Lebensjahren. Berlin: Berlin Verlag

Engel, A. K. (1996): Prinzipien der Wahrnehmung: Das visuelle System. In: Roth, G., Prinz, W. (Hrsg.): Kopf-Arbeit, Gehirnfunktion und kognitive Leistungen. 181–207, Heidelberg, Berlin, Oxford: Springer

–, König, P. (1998): Das neurobiologische Wahrnehmungsparadigma. Eine kritische Bestandsaufnahme. In: Gold, P., Engel, A. K.: Der Mensch in der Perspektive der Kognitionswissenschaften. 156–194, Frankfurt a. M.: Suhrkamp

Engelhardt D. v., Schipperges, H. (1980): Die inneren Verbindungen zwischen Philosophie und Medizin im 20. Jahrhundert. Darmstadt: Wiss. Buchgesellschaft

Ernst, B. (1998): Das verzauberte Auge. Unmögliche Objekte und mehrdeutige Figuren. Köln: Taschen

Farell, G. (1958): The Blind in Asia. New York: American Foundation for Overseas Blind

Faye, E. (Hrsg.) (1984): Clinical Low Vision. Boston, Mass., 2. Auflage: Little Brown

Fedrizzi, E., Inverno, B., Bruzzone, M. G. et al. (1996): MRI features of cerebral lesions and cognitive functions in preterm spastic diplegic children. Pediatric Neurology 15, 207–212

Ferell, K. A. (1985): Reach Out and Teach. Meeting the Training Needs of Parents of Visually and Multiply Handicapped Young Children. Parent Handbook. New York: AFB-Press

– (1985): Reach Out and Teach. Meeting the Training Needs of Parents of Visually and Multiply Handicapped Young Children. Reachbook. New York: AFB-Press

– (1985): Reach Out and Teach. Meeting the Training Needs of Parents of Visually and Multiply Handicapped Young Children. Teacher's Manual. New York: AFB-Press

– (1998): Project PRISM: A longitudinal study of development patterns of children who are visually impaired (Final report, CFDA

84.023, Grant Ho23C10188). University of Colorado, Division of Special Education: Greeley

– (2000): Growth and Development of Young Children. In: Holbrook, M. C., Koenig, A. J. (Hrsg.): Foundations of Education. Second edition. Volume I: History and Theory of Teaching Children and Youths with Visual Impairments. 111–134, New York: AFB-Press

Fischer, J. (1978): Mobilitätstraining für Sehbehinderte. In: Verband der Blinden- und Sehbehindertenpädagogen (Hrsg.): 28. Kongress für Sehgeschädigtenpädagogik, Waldkirch 1978, Kongressbericht. 446–452, Hannover: VzfB

Fischer, H. (1995): Entwicklung der visuellen Wahrnehmung. Weinheim: Beltz

Foerster, H. v. (1993): Wissen und Gewissen. Versuch einer Brücke. Frankfurt a. M.: Suhrkamp

–, Pörksen, B. (1998): Wahrheit ist die Erfindung eines Lügners – Gespräche für Skeptiker. Heidelberg: Carl Auer Systeme

Fokus e.V./Isis e.V. (Hrsg.) (1995): Orientierungs- und Mobilitätsprobleme sehbehinderter Schüler. Referate und Materialien für die Fortbildung vom 11.–13. 5. 1995

Fornefeld, B. (2002): Einführung in die Geistigbehindertenpädagogik. „2. Aufl. München, Basel: Ernst Reinhardt

Freitag, C. (1998): Die Gestaltung des Augen-Blicks. In: Fuchs, E., Zeschitz, M. (Hrsg.): Fleckerlteppiche und Frühförderung. 20 Jahre Frühförderung mehrfachbehinderter, sehbehinderter und blinder Kinder in Bayern. 55–63, Würzburg: Edition Bentheim

Fromm, W. (1993): Verbindung von Tasten, Sprechen und Denken – ein Weg zum Erkennen tastbarer Abbildungen. In: Verband der Blinden- und Sehbehindertenpädagogen (Hrsg.): Ganzheitlich bilden – Zukunft gestalten. Kongressbericht, 31. Kongress für Sehgeschädigtenpädagogik, Marburg 26.–31. Juli 1993. Hannover: VzfB

–, Degenhardt, R. und Autorenkollektiv (1990): Rehabilitationspädagogik für Sehgeschädigte. Berlin, 2. Auflage: Volk u. Gesundheit

Fuchs, E., Zeschitz, M. (Hrsg.) (1998): Fleckerlteppiche und Frühförderung. 20 Jahre Frühförderung mehrfachbehinderter, sehbehinderter und blinder Kinder in Bayern. Würzburg: Edition Bentheim

Garbe, H. (1959): Grundlinien einer Theorie der Blindenpädagogik. Diss. Göttingen

Georgi, K. A. (1857): Anleitung zur zweckmäßigen Behandlung blinder Kinder im Kreise ihrer Familien von frühester Kindheit an bis zu ihrer Aufnahme in die Blindenanstalt. Dresden

Georgieff, K., Friedrich, G. (1993): Soziale Beziehungen Späterblindeter – eine Pilotstudie. In: Heilpädagogische Forschung XIX, 3, 1993, 135–142

Gibson, J.J. (1982): Wahrnehmung und Umwelt. Der ökologische Ansatz in der visuellen Wahrnehmung. München: Urban und Schwarzenberg

Glasersfeld, E.v. (1988): Einführung in den radikalen Konstruktivismus. In: Watzlawick, P. (Hrsg.): Die erfundene Wirklichkeit. 16–38, München, Zürich: Piper

– (1997): Wege des Wissens. Konstruktivistische Erkundungen durch unser Denken. Heidelberg: Carl Auer Systeme

Goergen, E. (1995): Die pädagogisch-therapeutische Frühförderung blinder, hochgradig sehbehinderter, mehrfachbehinderter Kleinkinder am Beispiel einer Modell-Institution in Italien. In: blind – sehbehindert, Zeitschrift für das Sehgeschädigtenbildungswesen, 115, 244–247

Goffman, E. (1975): Stigma. Über Techniken der Bewältigung beschädigter Identität. Frankfurt a. M.: Suhrkamp

Golledge, R.G. (1991): Tactual Strip Maps as Navigational Aids. In: Journal of Visual Impairment and Blindness, 85, 296–301

Grimm, J., Grimm, W. (1860): Deutsches Wörterbuch. Zweiter Band. Leipzig: Hirzel

Gruber, H., Hammer, A. (2000): Ich sehe anders. Medizinische, psychologische und pädagogische Grundlagen von Blindheit und Sehbehinderung bei Kindern. Würzburg: Edition Bentheim

Häußler, M., Wacker, E., Wetzler, R. (1996): Lebenssituation von Menschen mit Behinderung in privaten Haushalten. Bericht zu einer bundesweiten Untersuchung im Forschungsprojekt „Möglichkeiten und Grenzen selbständiger Lebensführung". Baden-Baden: Nomos

Hagner, D., Dileo, W. (1993): Working together: workplace culture, supported employment, and people with disabilities. Cambridge: Brookline Books

Hahn, V.F. (1998): Handlungsorientierung als didaktischer Kern der Anschauung im Mathematikunterricht mit blinden Kindern – ein Theorie-Praxis-Exempel. In: Verband der Blinden- und Sehbehindertenpädagogen (Hrsg.): Lebensperspektiven. Kongressbericht 3.–7. August 1998. 336–345, Hannover: VzfB

Haken, H. (1996): Principles of Brain Functioning. A Synergetic Approach to Brain Activity, Behavior and Cognition. Berlin: Springer

–, Haken-Krell, M. (1994): Erfolgsgeheimnisse der Wahrnehmung. Synergetik als Schlüssel zum Gehirn. Frankfurt a. M.: Ullstein

Hatwell, Y. (1985): Piagetian reasoning and the blind. New York: AFB Press

Havemann, M., Schrojenstein Lantman-de Valk, H., Maaskant, M., Kessels, A., Urglings, H., Sturmans, F. (1994): The need for assessment of sensory functioning in ageing people with mental handicap. Journal of Intellectual Disability Research 38, 289–298

Held, R. (1986): Plastizität sensorisch-motorischer Systeme. In: Ritter, M. (Hrsg.): Wahrnehmung und visuelles System. Heidelberg: Spektrum der Wissenschaft (Erstveröffentlichung 1965)

Heller, S. (1888): Die psychologische Grundlegung der Blindenpädagogik. In: Verhandlungen des VI. Blindenlehrer-Kongresses zu Köln am Rhein 6, 97–122

Hildebrand-Nilshon, M. (2000): Prinzipien und Grenzen der Kommunikationsförderung im Kontext besonderer Lebensbedingungen. In: Leyendecker, Ch., Horstmann, T. (Hrsg.): Große Pläne für kleine Leute. Grundlagen, Konzepte und Praxis der Frühförderung. 231–250, München, Basel: Ernst Reinhardt

Hinz, A. (2002): Von der Integration zur Inklusion – terminologisches Spiel oder konzeptionelle Weiterentwicklung? In: Zeitschrift für Heilpädagogik, 53, 354–361

Hoffman, D. D. (2000): Visuelle Intelligenz. Wie die Welt im Kopf entsteht. Stuttgart: Klett-Cotta

Hubel, D. (1989): Auge und Gehirn. Neurobiologie des Sehens. Heidelberg: Spektrum

Hudelmayer, D. (1975): Die Erziehung Blinder. In: Deutscher Bildungsrat (Hrsg.): Sonderpädagogik 5. (Gutachten und Studien der Bildungskommission 52), 17–737, Stuttgart: Klett

– (1978): Integration in die Regelschule – eine Möglichkeit der Erziehung auch für blinde und sehbehinderte Kinder und Jugendliche in der Bundesrepublik Deutschland. In: Verband der Blinden- und Sehbehindertenpädagogen (Hrsg.): 28. Kongress für Sehgeschädigtenpädagogik, Waldkirch 1978, Kongressbericht. 85–112, Hannover: VzfB

Hurrelmann, K. (2001): Einführung in die Sozialisationstheorie. Über den Zusammenhang von Sozialstruktur und Persönlichkeit. Weinheim, Basel, 7. Auflage: Beltz

Husserl, E. (1976): Ideen zu einer reinen Phänomenologie und phänomenologischen Philosophie. Den Haag: Martinus Nijhoff

Hyvärinen, L. (1998): Untersuchung des Sehvermögens bei mehrfachbehinderten Kindern. Höhere visuelle Funktionen. Eine Vorlesung am 17. Juni 1998 in Tübingen. www.lea-test.fi (11. 10. 2002)

– (2001): Instruction Manual for Vision Testing Products. La Salle: Precision Vision

– (2002): Sehen im Kindesalter. Möglichkeiten und Grenzen der Diagnostik. Vortrag vom 30. Januar 2002 in Dortmund. http://www.lea-test.fi/de/einschat/kind/index.html (08.03.02)

– (2002 a): Assessment of Low Vision for Educational Purposes and Early Intervention (Part I – III). http://www.lea-test.fi/en/assessme/educearl/index.html (8. 3. 02)

– (2002 b): Communication. Assessment of Vision of Deaf-Blind Persons (Part I–III), http://www.lea-test.fi/en/deaf/index.html (08.03.02)

– (2002 c): Das funktionale Sehen in der Frühbetreuung und im Spezialunterricht der sehgeschädigten Kinder. http://www.lea-test.fi/de/sehuberp/waldkirc.html (11.10.2002)

Inclusion: *http://www.uni.edu/coe/inclusion/* (9.10.02)

Jakob-Sula, T. (2001): Einführung in die Wahrnehmungspsychologie unter Berücksichtigung ihrer Relevanz für die Gestaltung von Webseite *http://www.willstedruebereden.de/siteecht/diplomarbeitonline/ gesetze.php3* (28.9.02)

Jan, J. E., Groenveld, M. (1993): Visual Behaviours and Adaptions associated with cortical and ocular impairment in children. In: Journal of visual impairment and blindness, 87, 101–105

Jose, R. T. (Hrsg.) (1983): Understanding Low Vision. New York: AFB-Press

– (1992): Low Vision Services. In: Orr, A. L. (Hrsg.): Vision and aging: Crossroads for service delivery. 209–232, New York: AFB-Press

Junod, A. M. (1966): Der Sehschwache – seine Behinderung und Probleme. In: Pro Infirmis 1, 16–20

Kamper, D. (1995): Das Auge, der Schwachsinn der Zukunft. In: Brandes, U., Amelunxen, H. v. (Hrsg.): Sehsucht, über die Veränderung der visuellen Welt. 204–209, Göttingen: Steidl

Kern, H. (1996): Eine „Entwicklungs- und Förderdiagnostik des Sehens für mehrfachbehinderte Menschen – EFS". Möglichkeiten von Diagnostik und Förderung. In: Klostermann, B. (Hrsg.): Hand in Hand. Unterricht, Erziehung, Förderung und Therapie mit mehrfachbehindert-sehgeschädigten Kindern. 289–306, Würzburg: Edition Bentheim

– (1998): Entwicklungs- und Förderdiagnostik des Sehens für mehrfachbehinderte Menschen (EFS) – ein Förderkonzept. In: Verband der Blinden- und Sehbehindertenpädagogen e.V., Arbeitsgemeinschaft Frühförderung sehgeschädigter Kinder (Hrsg.), Messen und Beobachten – Bewerten und Handeln. 121–140, Würzburg: Edition Bentheim

Klaes, R. (1998): Bewegungserziehung in der Frühförderung sehgeschädigter Kinder. In: Verband der Blinden- und Sehbehindertenpädagogen (Hrsg.): Lebensperspektiven. Kongressbericht 3.–7. August 1998. 115–121, Hannover: VzfB

– (2000): Systemische Bewegungstherapie in der Kinder- und Jugendpsychiatrie. Tübingen. Manuskript

–, Walthes, R. (1994): Zur Gegenstandskonstruktion der Untersuchung. In: Walthes, R., Cachay, K., Gabler, H., Klaes, R. (1994): Gehen, Gehen, Schritt für Schritt… Zur Situation von Familien mit einem blinden, mehrfachbehinderten oder sehbehinderten Kind. Frankfurt: Campus

–, – (1996): Bewegungsorientierte Frühförderung mit Familien – das Tübinger Konzept. In: Janssen, E., v. Lüpke, H. (Hrsg.): Von der Behandlung der Krankheit zur Sorge um Gesundheit. Entwicklungsförderung im Dialog. Paritätisches Bildungswerk, Frankfurt, Heidelberg, 113–130

–, – (1997): Große Entwürfe für kleine Leute. In: Arbeitsstelle Frühförderung Bayern (Hrsg.): Kind sein, und behindert. Bericht vom Münchener Symposium Frühförderung 1998. 210–228, München: Arbeitsstelle Frühförderung Bayern

–, – (1998): Ich seh etwas, was Du nicht siehst – Messen, Beobachten, Bewerten und Handeln. In: Arbeitsgemeinschaft Frühförderung sehgeschädigter Kinder im VBS (Hrsg.): Messen und Beobachten – Bewerten und Handeln. Referate der 15. Fortbildungstagung in Loccum 1997. 11–36, Hannover: VzfB

–, – (2002): Störungen stören. In: Doering, W., Doering, W. (Hrsg.): Störe meine Kreise nicht… Von störenden und gestörten Menschen. 21–43, Dortmund: Borgmann

Klee, K. (1998): Soziale Kompetenz und Orientierung und Mobilität. In: blind – sehbehindert, Zeitschrift für das Sehgeschädigtenbildungswesen, 118, 23–31

– (1998a): 28 Jahre Orientierung und Mobilität – Wo stehen wir? Wo wollen wir hin? Wie gelangen wir dorthin? In: Verband der Blinden- und Sehbehindertenpädagogen (Hrsg.): Lebensperspektiven. Kongressbericht 3.–7. August 1998. 1009–1021, Hannover: VzfB

Klein, J.W. (1819/1991): Lehrbuch zum Unterrichte der Blinden. Faksimile-Ausgaben der Sehgeschädigtenpädagogik. Nachdruck der Ausgabe Strauß: Wien, Faksimile – Ausgaben der Sehgeschädigtenpädagogik. Würzburg 1991: Edition Bentheim

KMK (Sekretariat der Ständigen Konferenz der Kultusminister in der Bundesrepublik Deutschland) (1998): Empfehlungen zum Förderschwerpunkt Sehen. Beschluß der Kultusministerkonferenz vom 20.3.1998. *http://www.kmk.org/doc/beschl/sehen.pdf*

Knie, J. (1839): Anleitung zur zweckmäßigen Behandlung blinder Kinder für deren erste Jugendbildung und Erziehung in ihren Familien, in öffentlichen Volksschulen und durch zu ertheilende Privat-Unterweisung. Berlin: Nikolai

Kohler, I. (1951): Über Aufbau und Wandlungen der Wahrnehmungswelt: insbesondere über bedingte Empfindungen. Wien: Österreichische Akademie der Wissenschaften

– (1974): Die Zusammenarbeit der Sinne und das allgemeine Adaptionsproblem. In: Metzger, W. (Hrsg.): Handbuch der Psychologie Bd. 1.1. 616–652, Göttingen: Hogrefe

Kohlschütter, A. (2001): Juvenile neuronale Ceroidlipofuszinose (juvenile NCL), medizinische Gesichtspunkte. In: Schlegel, H.: NCL. Zur Lebenssituation von blinden Kindern und Heranwachsenden mit einer unheilbaren Abbauerkrankung. Beiträge aus Pädagogik, Therapie und Medizin. 29–42, Hannover: VzfB

Kremer, A. (1933): Über den Einfluß des Blindseins auf das So-Sein des blinden Menschen. Verein zur Fürsorge für die Blinden der Rheinprovinz: Düren

Krieglstein, G., Jonescu-Cuypers, Ch. (1999): Atlas der Augenheilkunde. Berlin: Springer

Krug, F. K. (2001): Psychomotorik und deren besondere Relevanz für sehbehinderte Kinder. In: Krug, F. K. unter Mitarb. v. Csocsán, E.: Didaktik für den Unterricht mit sehbehinderten Schülern. 27–72, München, Basel: Ernst Reinhardt

Küchle, H. J., Busse, H., Küchle, M. (1994): Taschenbuch der Augenheilkunde. Bern: Hans Huber

Laemers, F. (2001): Integration von Schülerinnen und Schülern mit einer Sehschädigung an Regelschulen. – Ein Projekt der Universität Dortmund, Fakultät Rehabilitationswissenschaften. In: blind – sehbehindert. Zeitschrift für das Sehgeschädigtenbildungswesen, 121, 120–124

Landschaftsverband Rheinland. Rheinische Hauptfürsorgestelle (1995): Blinde und Arbeit. Eine Untersuchung zur beruflichen Integration Blinder im Rheinland. Köln: Rheinland-Verlag

Lee, M., Mac William, L. (1994): Movement, gesture and sign. London: Royal National Institute for the Blind

–, – (2002): Learning together. A creative approach to learning for children with multiple disabilities and a visual impairment. London: Royal National Institute for the Blind

Lenz, A. (2002): Empowerment und Ressourcenaktivierung – Perspektiven für die psychosoziale Praxis. In: Lenz, A., Stark, W. (Hrsg.): Empowerment. Neue Perspektiven für die psychosoziale Praxis und Organisation. 15–53, Tübingen: DGVT-Verlag

Leonhardt, A. (2002): Einführung in die Hörgeschädigtenpädagogik. 2. Aufl. München, Basel: Ernst Reinhardt

Leyendecker, Ch., Horstmann, T. (Hrsg.) (2002): Große Pläne für kleine Leute. Grundlagen, Konzepte und Praxis der Frühförderung. München, Basel: Ernst Reinhardt

Liechti, M. (1988): Blindsein in der modernen Medienkultur. In: Verband der Blinden- und Sehbehindertenpädagogen (Hrsg.): Menschenbildung im Zeitalter der Elektronik, Kongressbericht, 30. Kongreß für Sehgeschädigtenpädagogik, Baar/Zug 25.–29. Juli 1988. 261–273, Hannover: VzfB

Locke, J. (1690): Versuch über den menschlichen Verstand. Bd. I und II. Hamburg 1981 (4. Auflage), 1988 (33. Auflage): Meiner

Löwer, Ch. (1999): Visionen für Blinde. Eine Werkstatt für Sehbehinderte hat sich auf modernes Design spezialisiert – mit großem Erfolg. In: Die Zeit v. 8. 4. 1999

Luhmann, N. (1992): Die Wissenschaft der Gesellschaft. Frankfurt a. M.: Suhrkamp

– (1992 a): System und Absicht der Erziehung. In: Luhmann, N.,
   Schorr, E. (Hrsg.): Zwischen Absicht und Person. Fragen an die
   Pädagogik. 102–104, Frankfurt a. M.: Suhrkamp
–, Fuchs, P. (1989): Reden und Schweigen. Frankfurt a. M.: Suhrkamp
–, Schorr, K. E. (1990): Zwischen Anfang und Ende. Fragen an die
   Pädagogik. Frankfurt a. M.: Suhrkamp
Lurija, A. R. (1993): Romantische Wissenschaft. Forschungen im
   Grenzbezirk von Seele und Gehirn. Hamburg: Rowohlt
Lyotard, J. F. (1986): Das postmoderne Wissen. Graz, Wien: Böhlau
   Edition Passagen

Macho, T. H. (Hrsg.) (1996): Wittgenstein. Sammlung. München:
   Diederichs
Mackenzie, C. (1959): Employment of the Blind in emergent Coun-
   tries. New York: American Foundation for the Overseas Blind
Mansfeld, F. (1955): Wie bewältigt ein blinder Mensch den Raum?
   In: Der Blindenfreund, 75, 164–189
Mar, H. (1992): Deaf-blindness. Some cases and challenges. In: Ca-
   lifornia Deaf-Blind Services Resources, 4, 1–3
Maturana, H. R. (1994): Was ist Erkennen? München, Zürich: Piper
– (1997): Biologische Grundlagen von Moral und Ethik. In: Vier-
   teljahresschrift für Heilpädagogik und ihre Nachbargebiete 66, 2:
   Gesellschaft im Umbruch – Heilpädagogik vor neuen Herausfor-
   derungen, 206–224
– (1998): Biologie der Realität. Frankfurt a. M.: Suhrkamp
–, Varela, F. J. (1987): Der Baum der Erkenntnis. München: Scherz
Mell, A. (Hrsg.) (1899/1900): Enzyklopädisches Handbuch des Blin-
   denwesens. Wien, Leipzig Bd. I, Bd. II: Pichler
Merleau-Ponty, M. (1966): Phänomenologie der Wahrnehmung.
   Berlin: De Gruyter
Mersi, F. (1985 a): Konzepte der Erziehung Sehgeschädigter. In: Rath,
   W., Hudelmayer, D. (Hrsg.): Handbuch der Sonderpädagogik II:
   Pädagogik der Blinden und Sehbehinderten. 49–62, Berlin: Mar-
   hold
– (1985 b): Geschichte der Erziehung Sehbehinderter. In: Rath, W.,
   Hudelmayer, D. (Hrsg.): Handbuch der Sonderpädagogik II: Pädagogik der Blinden und Sehbehinderten. 36–46, Berlin: Marhold
– (1985 c): Spezielle Probleme einer angemessenen pädagogischen
   Förderung hochgradig sehbehinderter Kinder und Jugendlicher.
   In: Handbuch der Sonderpädagogik II: Pädagogik der Blinden
   und Sehbehinderten. 260–274, Berlin: Marhold
– (1988): Von einer arbeitsethisch motivierten zu einer ästhetisch
   orientierten Erziehung Sehgeschädigter: Ein wünschenswerter
   Paradigmenwechsel? In: Verband der Blinden- und Sehbehindertenpädagogen (Hrsg.): Menschenbildung im Zeitalter der
   Elektronik, Kongressbericht, 30. Kongress für Sehgeschädigtenpädagogik, Baar/Zug 25.–29. Juli 1988. 212–218, Hannover: VzfB

Metz, P. (1989): Lebenspraktische Fertigkeiten am Scheideweg? Ein Plädoyer für Spezialisten und Spezialwissen in den Internaten für Sehgeschädigte. In: blind-sehbehindert. Zeitschrift für das Sehgeschädigten-Bildungswesen 109, 207–213

Metzler, H., Wacker, E. (2001a): Behinderung. In: Otto, H.U., Thiersch, H. (Hrsg.): Handbuch Sozialarbeit, Sozialpädagogik. 2. Auflage, 118–139, Neuwied, Kriftel: Luchterhand

–, – (2001b): Weichenstellungen und Lebenswege. Tübingen: Attempto

Michaelis, R. (2002): Interdisziplinäre Beiträge der Kinderneurologie zur Frühförderung. In: Leyendecker, Ch., Horstmann, T. (Hrsg.): Große Pläne für kleine Leute. Grundlagen, Konzepte und Praxis der Frühförderung. 24–30, München, Basel: Ernst Reinhardt

Milani-Comparetti, A. (1997): Von der Medizin der Krankheit zu einer Medizin der Gesundheit. In: Janssen, E., Lüpke, H. v.: Von der Behandlung der Krankheit zur Sorge um die Gesundheit. Entwicklungsförderung im Dialog. Heidelberg, 16–27

–, Roser L.O. (1982): Förderung der Normalität und Gesundheit in der Rehabilitation. Voraussetzung für die reale Anpassung behinderter Menschen. In: Wunder, M., Sierck, U. (Hrsg.): Sie nennen es Fürsorge: Behinderte zwischen Vernichtung und Widerstand. Frankfurt a.M., 77–88: Zeitschrift im Gesundheitswesen Dr. med. Mabuse

Miles-Paul, O. (1992): Selbstbestimmung Behinderter. Ein neues Denken erobert die Behindertenpolitik. In: Pro Infirmis, 51, Heft 5/6, 9–13

Millar, S. (1994): Understanding and representing space. Theory and evidence from studies with blind and sighted children. Oxford: Clarendon Press

MOBILE – Selbstbestimmtes Leben Behinderter e.V. (Hrsg.) (2001): Selbstbestimmt Leben mit persönlicher Assistenz. Ein Schulungskonzept für AssistenznehmerInnen. München: AG SPAK Bücher

Moldenhawer, J. (1873): Über die praktischen Resultate der Blindenerziehung. In: Der erste europäische Blindenlehrer-Congress in Wien. Wien, 38–46

Nafstad, A., Rodbroe, I. (1999): Co-creating communication. Perspectives on diagnostic education for individuals who are congenitally deafblind and individuals whose impairments may have similar effects. Dronninglund: Forl. Nord-Press

Nater, P. (1985): Ätiologisch-genetische Aspekte der Mehrfachbeeinträchtigung „Lernbeeinträchtigung/Sehbeeinträchtigung" und allgemeinpädagogische Implikationen (Teil I). In: blind–sehbehindert, Zeitschrift für das Sehgeschädigtenbildungswesen, 105, 56–68

– (1986): Ätiologisch-genetische Aspekte der Mehrfachbeeinträchtigung „Lernbeeinträchtigung/Sehbeeinträchtigung" und allgemeinpädagogische Implikationen (Teil II & III). In: blind – sehbehindert, Zeitschrift für das Sehgeschädigtenbildungswesen, 106, 85–93, 186–200

Nef-Landolt, R. (1990): Sehen durch Bewegung – Bewegung durch Sehen. In: Paul u. Charlotte Kniese Stiftung (Hrsg.): Frühförderung sehgeschädigter Kinder – Tagungsreferate der AG Frühförderung im VBS, 10. Fortbildungstagung (1989) in Trier, 11. Fortbildungstagung (1990) in Salzau. 125–141, Hannover: VzfB

– (1992): Beobachtung von visuellem Verhalten in den ersten Lebensjahren. In: Paul und Charlotte Kniese-Stiftung (Hrsg.): Arbeitsgemeinschaft Frühförderung. Frühförderung sehgeschädigter Kinder. Tagungsreferate. 12. Fortbildungstagung in Wien 1992. 58–79, Hannover: VzfB

– (1993): Low-Vision: Ein Teilaspekt zur Verbesserung der Kommunikation. In: Verband der Blinden- und Sehbehindertenpädagogen (Hrsg.): Ganzheitlich bilden – Zukunft gestalten, Kongressbericht, 31. Kongress für Sehgeschädigtenpädagogik, Marburg 26.–30. Juli 1993. 581–591, Hannover: VzfB

Niedernolte, I. (2002): CVI im Kindesalter. Eine ökopsychologische Annäherung. Diss. Dortmund

Nielsen, L. (2000): Der FIELA-Förderplan. Würzburg: Edition Bentheim

Nirje, B. (1974): Das Normalisierungsprinzip und seine Auswirkungen in der fürsorgerischen Betreuung. In: Kugel, B.R., Wolfensberger, W. (Hrsg.): Geistige Behinderung – Eingliederung oder Bewahrung? Stuttgart, 33–46

– (1994): Das Normalisierungsprinzip – 25 Jahre danach. Vierteljahresschrift für Heilpädagogik und ihre Nachbargebiete, 63, 12–32

Norris, M., Spaulding, P.J., Brodie, F.H. (1957): Blindness in children. Chicago: University of Chicago Press

Österreichische UNESCO-Kommission (1994): Pädagogik für besondere Bedürfnisse. Die Salamanca Erklärung und der Aktionsrahmen zur Pädagogik für besondere Bedürfnisse. Linz: Domino. *http://www2.uibk.ac.at/bidok/bib/schule/unesco-salamanca.html*

Pablasek, M. (1867): Die Fürsorge für die Blinden von der Wiege bis zum Grabe. Wien: Beck

Palágyi, M. (1924): Naturphilosophische Vorlesungen. Über die Grundprobleme des Bewusstseins und des Lebens. Leipzig, 2. Auflage: Johann Ambrosius Barth

Palmowski, W., Heuwinkel, M. (2000): Normal bin ich nicht behindert! Wirklichkeitskonstruktionen bei Menschen, die behindert werden. Unterschiede, die Welten machen. Dortmund: Borgmann

Papoušek, H., Papoušek, M. (1990): Intuitive elterliche Früherziehung in der vorsprachlichen Kommunikation. Teil II: Früherkennung von Störungen und therapeutische Ansätze. In: Sozialpädiatrie, 12, 579–583

Pease, L. (2000): Creating a communicating environment. In: Aitken, S. et al.: Teaching children who are deafblind. 35–82, London: David Fulton

Pérez-Pereira, M., Conti-Ramsden, G. (1999): Language development and social interaction in blind children. Hove: Psychology Press

Petzelt, A. (1931): Vom Problem der Blindheit. Erfurt: Stenger

Pfau, N., Kusch, S., Kern, A. O., Beske, F. (2000): Epidemiologie und sozioökonomische Bedeutung von Blindheit und hochgradiger Sehbehinderung in Deutschland. Würzburg: Triltsch

Pielasch, H., Jaedicke, M. (1971): Geschichte des Blindenwesens in Deutschland und in der DDR. Leipzig: Deutsche Zentralbücherei für Blinde zu Leipzig

Pittroff, H. (2000): Bezugsobjekte in der Förderung von Kindern und Jugendlichen ohne Lautsprache. In: Fischer, E. (Hrsg.): Pädagogik bei Kindern und Jugendlichen mit mehrfachen Behinderungen. Dortmund: Borgmann

Pluhar, Ch. (1989): Betty Hirsch: weiblich, jüdisch, blind – dreifach chancenlos? In: blind – sehbehindert, Zeitschrift für das Sehgeschädigtenbildungswesen, 109 (Teil 1–4)

–, Rath, W. (1985): Ästhetische Erziehung. In: Rath, W., Hudelmayer, D. (Hrsg.): Handbuch der Sonderpädagogik II: Pädagogik der Blinden und Sehbehinderten. 239–255, Berlin: Marhold

Prengel, A. (1993): Pädagogik der Vielfalt. Verschiedenheit und Gleichberechtigung in Interkultureller, Feministischer und Integrativer Pädagogik. Opladen: Leske + Budrich

Pretis, M. (1999): Krisenintervention in der Interdisziplinären Frühförderung und Familienbegleitung. In: Frühförderung interdisziplinär, 18, 145–155

– (2001): Frühförderung planen, durchführen, evaluieren. Beiträge zur Frühförderung interdisziplinär Bd. 8. München, Basel: Ernst Reinhardt

Prigogine, I. (1995): Die Gesetze des Chaos. Frankfurt a. M., New York: Campus

Rappaport, J., Seidman, E. (Eds) (2000): Handbook of Community Psychology. New York: Plenum/Kluwer

Rath, W. (1975): Probleme der Mehrfachbehinderung bei blinden und sehbehinderten Schülern. In: Hartmann, N. (Hrsg.): Beiträge zur Pädagogik der Mehrfachbehinderten. Bd. 1, Neuburgweier: Schindele

– (1983): Blindenpädagogik. In: Solarová, S. (Hrsg.): Geschichte der Sonderpädagogik. 49–83, Stuttgart: Kohlhammer

– (1985): Geschichte der Erziehung Blinder. In: Rath, W., Hudelmayer, D. (Hrsg.): Handbuch der Sonderpädagogik II: Pädagogik
  der Blinden und Sehbehinderten. 21–35, Berlin: Marhold
– (1985a): Mehrfachbehinderte Sehgeschädigte. In: Rath, W., Hudelmayer, D. (Hrsg.): Handbuch der Sonderpädagogik II: Pädagogik der Blinden und Sehbehinderten. 382–405, Berlin: Marhold
– (1986): Der neue Terminus: Low Vision. In: Sonderpädagogik, 16,
  189–190
– (1987): Sehbehindertenpädagogik. Stuttgart: Kohlhammer
– (1990): Gegenwärtige Situation und Entwicklungstendenzen der
  pädagogischen Förderung blinder und sehbehinderter Kinder und
  Jugendlicher in den USA. Was wir von drüben lernen können. In:
  Schuck, K. D. (Hrsg.): Beiträge zur Integrativen Pädagogik. Weiterentwicklung des Konzepts gemeinsamen Lernens Behinderter
  und Nichtbehinderter. 61–75, Hamburg: Hamburger Buchwerkstatt
– (1999): Blindheit und Sehbehinderungen. In: Borchert, J. (Hrsg.):
  Handbuch der Sonderpädagogischen Psychologie. 104–113, Göttingen: Hogrefe
– (2002): Blindheit und Sehbehinderung. *http://195.185.214.164/
  reha/rehabuch/frames/blind.htm* (10.10.2002)
–, Gaekel, Chr. (1998): Sehverlust im Alter. In: Verband der Blin-
  den- und Sehbehindertenpädagogen (Hrsg.): Lebensperspektiven. Kongressbericht 3.–7. August 1998. 1060–1072, Hannover:
  VzfB
–, Hudelmayer, D. (Hrsg.) (1985): Handbuch der Sonderpädagogik
  II: Pädagogik der Blinden und Sehbehinderten. Berlin: Marhold
Reim, M. (1989) Augenheilkunde. Stuttgart, 2. Auflage: Enke
Ritter, M. (Hrsg.) (1986): Wahrnehmung und visuelles System. Heidelberg: Spektrum der Wissenschaft
Roderfeld, S. M. (1999): Unterstützte Beschäftigung. Neue Konzepte
  zur beruflichen Integration blinder Menschen. Staatsexamens-
  arbeit, Dortmund
– (2003): Kognitive Raummodelle bei Sehschädigung – Entwicklung
  eines taktilen Routenkartendesigns auf der Grundlage persönlicher Geographien. Diss., Dortmund
Roth, G. (1994): Das Gehirn und seine Wirklichkeit: kognitive Neurobiologie und ihre philosophischen Konsequenzen. Frankfurt
  a. M.: Suhrkamp
– (2001): Fühlen, Denken, Handeln: wie das Gehirn unser Verhalten steuert. Frankfurt a. M.: Suhrkamp
Rothenberg, B. (2002): Power of the People – Power in the People
  – Power to the People. Selbstbestimmt leben und Konsequenzen
  für die Fachlichkeit. In: Lenz, A., Stark, W. (Hrsg.): Empowerment.
  Neue Perspektiven für psychosoziale Praxis und Organisation. Fortschritte der Gemeindepsychologie und Gesundheitsförderung
  Bd. 10. 173–191, Tübingen: DGVT-Verlag

Rowland, C., Schweigert, P. D., Prickett, J. G. (1999): Communication Systems, Devices and Modes. In: Huebner, K. (Hrsg.): Hand in Hand. Essentials of Communication and Orientation and Mobility for your Students who are Deaf-Blind. 219–260, New York: AFB-Press

Rumpler, F. (2001): Statistik folgt den KMK-Empfehlungen – oder: Zahlen zum Staunen. In: Zeitschrift für Heilpädagogik, 52, 478–480

Sacks, O. (1995): Eine Anthropologin auf dem Mars. Sieben paradoxe Geschichten. Hamburg: Rowohlt

Sadato, N., Pascual-Leone, A., Grafman, J., Ibanez, V., Deiber, M. P., Dold, G., Hallett, M. (1996): Activation of the primary visual cortex by Braille reading in blind subjects. In: Nature, 380, 526

Schäfer, D. (2001): Gemeinsam Zukunft gestalten – Rahmenbedingungen für die berufliche Bildung blinder und sehbehinderter Jugendlicher. In: blind – sehbehindert. Zeitschrift für das Sehgeschädigtenbildungswesen, 121, 168–173

Schäfer, W.-D., Drave, W., Reißmüller, E. (1983): Erste Ergebnisse einer Augenreihenuntersuchung an 24000 Schülern in Unterfranken. In: Verband der Blinden- und Sehbehindertenpädagogen (Hrsg.): Standortbestimmung und Neuorientierung, 29. Kongress für Sehgeschädigtenpädagogik. 152–155, Hannover: VzfB

Schauerte, H. (1972): Didaktik und Sehschädigung. Diss. Dortmund

Schiepek, G. (Hrsg.) (1987): Systeme erkennen Systeme. Individuelle, soziale und methodische Bedingungen systemischer Diagnostik. München: Psychologie Verlags Union

Schindele, R. (Hrsg.) (1977): Unterricht und Erziehung Behinderter in Regelschulen. Rheinstetten: Schindele

– (1985): Didaktik des Unterrichts bei Sehgeschädigten. In: Rath, W., Hudelmayer, D. (Hrsg.): Handbuch der Sonderpädagogik II: Pädagogik der Blinden und Sehbehinderten. 91–123, Berlin: Marhold

Schlegel, H. (Hrsg.) (2001): NCL. Zur Lebenssituation von blinden Kindern und Heranwachsenden mit einer unheilbaren Abbauerkrankung. Beitrag aus Pädagogik, Therapie und Medizin. Hannover: VzfB

Schnurnberger, M. (1996): Bewegte Bilder – Bilder bewegen. In: Fauser, P., Madelung, E. (Hrsg.): Vorstellungen bilden. 11–26, Velber: Friedrich

– (2002): Über das Einhandeln von Störungen und das Aushandeln von Lösungen. In: Doering, W., Doering, W. (Hrsg.): Störe meine Kreise nicht… Von störenden und gestörten Menschen. 117–139, Dortmund: Borgmann

Schröder, H. (1996): Berufliche Integration von Blinden und hochgradig Sehbehinderten. In: Die neue Sonderschule, 41, 296–302

Schuber, M. (1986): Begründung des deutschen Blindenbildungs-
wesens. Entstehung und Entwicklung des deutschen Blindenbil-
dungswesens in der ersten Hälfte des 19. Jahrhunderts. Frankfurt
a. M.: Lang

Schütz, A., Luckmann, T. (1979): Strukturen der Lebenswelt. Frankfurt a. M.: Suhrkamp

Senden, M. v. (1931): Raum- und Gestaltauffassung bei operierten
Blindgeborenen vor und nach der Operation. Leipzig: Barth

Singer, W. (Hrsg.) (1994): Gehirn und Bewußtsein. Heidelberg:
Spektrum der Wissenschaft

– (2002): Der Beobachter im Gehirn. Essays zur Hirnforschung.
Frankfurt a. M.: Suhrkamp

–, Engel, A. K., Kreiter, A. K., Munk, M. H. J., Neuenschwander, S.,
Roelfsma, P. R. (1997): Neuronal assemblies: necessity, signature
and detectability. In: Trends in Cognitive Sciences 1 (7), 252–261

Smith, A. J., O'Donnell, L. M. (1992): Beyond arm's reach. Enhan-
cing Distance Vision. Philadelphia: Pennsylvania College of Opto-
metry Press

Sohns, A. (2000): Frühförderung entwicklungsauffälliger Kinder in
Deutschland. Handbuch der fachlichen und organisatorischen
Grundlagen. Weinheim, Basel: Beltz

Solarová, S. (1975): Mehrfachbehinderte – Ursachen, Erscheinungsformen und Auswirkungen. In: Deutscher Bildungsrat
(Hrsg.): Sonderpädagogik 5 (Gutachten und Studien der Bildungskommission 52). 225–272, Stuttgart: Klett

– (1983 a): Sehbehindertenpädagogik. In: Solarová, S. (Hrsg.): Geschichte der Sonderpädagogik. 332–361, Stuttgart: Kohlhammer

– (Hrsg.) (1983 b): Geschichte der Sonderpädagogik. Stuttgart:
Kohlhammer

Sozialgesetzbuch IX (SGB IX) *http://www.sozialgesetzbuch.de/gesetze/
sgbix/index.html*

Speck, O. (1996): Erziehung und Achtung vor dem Anderen. Zur
moralischen Dimension von Erziehung. München, Basel: Ernst
Reinhardt

–, Warnke, A. (1983): Frühförderung mit den Eltern. München, Basel: Ernst Reinhardt

Spittler-Massolle, H.-P. (1998): Blindheit in der sehenden Welt – ein
Anachronismus oder eine subversive Kraft? In: Verband der Blin-
den- und Sehbehindertenpädagogen (Hrsg.): Lebensperspektiven. Kongressbericht 3.–7. August 1998. 199–216, Hannover:
VzfB

– (2001): Blindheit und blindenpädagogischer Blick. Der Brief über
die Blinden zum Gebrauch für die Sehenden von Denis Diderot
und seine Bedeutung für den Begriff von Blindheit in der Gegenwart. Frankfurt a. M.: Lang

Stadler, M., Kruse, P. (1990): Über Wirklichkeitskriterien. In: Riegas,
V. (Hrsg.): Zur Biologie der Kognition. Ein Gespräch mit Hum-

berto R. Maturana und Beiträge zur Diskussion seines Werkes. 133–158, Frankfurt a. M.: Suhrkamp

Steiner, G. (2002): Selbstbestimmt leben und Assistenz. Konsequenzen politischer Behindertenselbsthilfe. In: Lenz, A., Stark, W. (Hrsg.): Empowerment. Neue Perspektiven für psychosoziale Praxis und Organisation. Fortschritte der Gemeindepsychologie und Gesundheitsförderung Bd. 10. 155–172, Tübingen: DGVT Verlag

Stern, D. (1992): Die Lebenserfahrung des Säuglings. Stuttgart: Klett Cotta

Strothmann, M., Zeschitz, M. (1997): Vom Curriculum zur individuellen Förderung des Sehens mehrfachbehinderter sehgeschädigter Kinder im Lebensbezug. In: Fuchs, E., Neugebauer, H. (Hrsg.): Frühe rechtzeitige Förderung. 95–102, Würzburg: Edition Bentheim

Sudhoff, H. (1981): Ikonographische Untersuchungen zur „Blindenheilung" und zum „Blindensturz". Ein Beitrag zu Pieter Bruegels Neapler Gemälde von 1568. Dissertation Universität Bonn

Tersteegen, A. (1995): Entwicklung des Selbstverständnisses der Sehbehindertenpädagogik seit 1945 – dargestellt am Beispiel der Bundesrepublik Deutschland. Diss. Dortmund

Thiele, M. (2001): Bewegung, Spiel und Sport im gemeinsamen Unterricht von sehgeschädigten und normalsichtigen Schülerinnen und Schülern. Handreichungen der Staatlichen Schule für Sehgeschädigte Schleswig zum gemeinsamen Sportunterricht. Würzburg: Edition Bentheim

Thimm, W. (1976): Einstellungen zu Behinderten und Möglichkeiten der Änderung von Einstellungen. In: Rehabilitation, 15, 1–11.

– (1983): Standortbestimmung und Neuorientierung: Freizeit und Alltagsbereich. In: Verband der Blinden- und Sehbehindertenpädagogen (Hrsg.): Standortbestimmung und Neuorientierung, 29. Kongress für Sehgeschädigtenpädagogik. 34–37, Hannover: VzfB

– (1990): Das Blindness-System und die Weisen (1964–1989). In: Düe, W., Pluhar, Chr. (Hrsg.): Selbstbestimmung und Offenheit. Eine Festschrift für W. Rath zum 60. Geburtstag. Hamburg, 61–77: Hamburger Buchwerkstatt

Thurmair, M. (1998): Früherkennung und Frühförderung: 25 Jahre Empfehlungen des Deutschen Bildungsrates – und was ist daraus geworden? In: Gemeinsam leben – Zeitschrift für integrative Erziehung, 6, 57–61

Tielsch, J. M. (2000): The Epidemiology of Vision Impairment. In: Silverstone, B., Lang, M. A., Rosenthal, B. P., Faye, E. E. (Hrsg.): The Lighthouse Handbook of Vision Impairment and Vision Rehabilitation. Vol. 1. 5–17, New York: Oxford University Press

–, Sommer, A., Katz, J., Quigley, H. A., Ezrine, A., Baltimore Eye Survey Research Group (1991): Socioeconomic status and visual impairment among urban Americans. Archives of Ophthalmology, 109, 637–641

Tolstoi, L. (1987): Der Blinde und die Milch. In: Deutscher Blindenverband (Hrsg.): Jahrbuch für Blindenfreunde. Bonn, 59

Touwen, B. C. L. (1993): How normal is variable, or how variable is normal? In: Early Human Development, 34, 1–12

Trauzettel-Klosinski, S. (1995): Zum Begriff der Sehbehinderung aus augenärztlicher Sicht und daraus folgende Konsequenzen für die Rehabilitation. In: Neumann, J. (Hrsg.): „Behinderung". Von der Vielfalt eines Begriffs und dem Umgang damit. 141–153, Tübingen: Attempto

–, Tornow, R.-P. (1996): Fixation behaviour and reading ability in macular scotoma. Neuroopthalmologie 16/4, 241–253

Tröster, H., Brambring, M. (1992): Die Auswirkung der Blindheit auf die motorische Entwicklung im ersten Lebensjahr. Zeitschrift für Entwicklungspsychologie und Pädagogische Psychologie, 24, 201–231

–, Hecker, W., Brambring, M. (1994): Die motorische Entwicklung blinder Kinder. Ergebnisse der Bielefelder Längsschnittuntersuchung. In: Heilpädagogische Forschung, Bd. 20, Heft 3, 89–98

Varela, F. J. (1985): Der kreative Zirkel. Skizzen zur Naturgeschichte der Rückbezüglichkeit. In: Watzlawick, P. (Hrsg.): Die erfundene Wirklichkeit. Wie wissen wir, was wir zu wissen glauben? Beiträge zum Konstruktivismus. 2. Auflage, 294–309, München, Zürich: Piper

– 1990): Kognitionswissenschaft, Kognitionstechnik. Eine Skizze aktueller Perspektiven. Frankfurt a. M.: Suhrkamp

– (1994): Ethisches Können. Frankfurt a. M., New York: Campus

– (1996): Neurophenomenology: A Methodological Remedy for the Hard Problem. In: Journal of Consciousness Studies, 3, 330–350

–, Thompson, E., Rosch, E. (1992): Der mittlere Weg der Erkenntnis. Der Brückenschlag zwischen wissenschaftlicher Theorie und menschlicher Erfahrung. München: Scherz

Verband zur Förderung der Blindenbildung (2001 a): Hilfsmittelkatalog, Oktober 2001

– (2001): Hilfsmittelkatalog für Sehbehinderte, Oktober 2001

Wacker, E., Wetzler, R., Metzler, H. (1998): Leben im Heim. Angebotsstrukturen und Chancen selbständiger Lebensführung in Wohneinrichtungen der Behindertenhilfe. Bericht zu einer bundesweiten Untersuchung im Forschungsprojekt „Möglichkeiten und Grenzen selbständiger Lebensführung in Einrichtungen". Baden-Baden: Nomos

Wahl, H.-W. (1997): Ältere Menschen mit Sehbeeinträchtigung. Eine empirische Untersuchung zur Person-Umwelt-Transaktion. Frankfurt a. M.: Peter Lang

–, Oswald, F. (1996): Schwere Seheinbußen im Alter aus psychologischer Sicht: Belastungs- und Bewältigungsmöglichkeiten. In: Tesch-Römer, C., Wahl, H.-W. (Hrsg.): Seh- und Höreinbußen älterer Menschen. Herausforderungen in Medizin, Psychologie und Rehabilitation. Darmstadt: Steinkopff

–, –, Zimprich, D. (1999): Everyday competence in visually impaired older adults: A case for person-environment perspectives. The Gerontologist, 39, 140–149

–, Schulze, H. E. (Hrsg.) (2001): On the special needs of blind and low vision seniors. Research and practice concepts. Amsterdam: IOS-Press

Waidner, G. (1992): Probleme der Arbeits- und Berufsförderung blinder Jugendlicher – Perspektiven der Veränderung. In: blind – sehbehindert, 1992, 28–33, 75–83

Walthes, R. (1991): Bewegung als Gestaltungsprinzip. Grundzüge einer bewegungsorientierten Frühpädagogik. In: Trost, R., Walthes, R. (Hrsg.): Frühe Hilfen für entwicklungsgefährdete Kinder. Wege und Möglichkeiten der Frühförderung aus interdisziplinärer Sicht. 35–53, Frankfurt a. M: Campus

– (1997 a): Behinderung aus konstruktivistischer Sicht – dargestellt am Beispiel der Tübinger Untersuchung zur Situation von Familien mit einem Kind mit Sehschädigung. In: Neumann, J. (Hrgs.): Behinderung. Von der Vielfalt eines Begriffs und dem Umgang damit. 2. Auflage, 89–104, Tübingen: Attempto

– (1997 b): 150 Jahre Blindenbildung – zwischen Anfang und Ende? – Überlegungen zur Blinden- und Sehbehindertenpädagogik heute. In: Landschaftsverband Westfalen Lippe (Hrsg.): 150 Jahre Blindenbildung in Soest. 1847–1997. Festschrift. Soest, 20–31

– (1998): Einsichten – Überlegungen zu Wahrnehmung und Vorstellungen und ihre pädagogischen Konsequenzen für den gemeinsamen Unterricht. In: Pielage, H. (Hrsg.): Sehgeschädigte Kinder in allgemeinen Schulen – heute ein Regelfall? 54–68, Hannover: VzfB

– (2000): Förderschwerpunkt Sehen, visuelle Wahrnehmung und Umgehen-Können mit einer Sehschädigung. In: Drave, W., Rumpler, F., Wachtel, P. (Hrsg.): Empfehlungen zur sonderpädagogischen Förderung. Allgemeine Grundlagen und Förderschwerpunkte (KMK), 207–219, Würzburg: Edition Bentheim

– (2002): Störungen zwischen Dir und mir. Grenzen des Verstehens, Horizont der Verständigung. In: Doering, W., Doering, W. (Hrsg.): Störe meine Kreise nicht… Von störenden und gestörten Menschen. 77–91, Dortmund: Borgmann

– (2003): Symptomatik, Ätiologie, und Diagnostik bei Beeinträchtigungen der visuellen Wahrnehmung. In: Leonhardt, A., Wember, F. B. (Hrsg.): Behinderungen als pädagogisches Problem. 351–378, Weinheim, Basel: Beltz

– (2005): Kinder mit zerebralen Sehschädigungen – eine Herausforderung an die Disziplinarität der Sonderpädagogik? In: Vierteljahresschrift für Heilpädagogik und ihre Nachbargebiete, 74/3, 207–217

–, Klaes, R. (1994): Gehen, gehen, Schritt für Schritt … Untersuchung zur Situation von Familien mit einem blinden, mehrfachbehinderten oder sehbehinderten Kind. Frankfurt: Campus

Wanecek, O. (1925): Die Methode des Tastsehens und spezielle Sehübungen beim Unterrichte Sehschwacher. Eos, 40–43

– (1969): Geschichte der Blindenpädagogik. Berlin: Marhold

Wansing, G., Hölscher, P., Wacker, E. (2002): Persönliches Budget. Teilhabe durch personenbezogene Unterstützung. In: impulse. Fachzeitschrift der Bundesarbeitsgemeinschaft für Unterstützte Beschäftigung, 22, 4–11

Warren, D. H. (1984): Blindness and Early Childhood Development. 2. Auflage, New York: AFB-Press

– (1994): Blindness and Children. An Individual Differences Approach. Cambridge: Cambridge Univ. Press.

– (2000): Developmental Perspectives. In: Silverstone, B., Lang, M. A., Rosenthal, B. P., Faye, E. E. (Hrsg.): The Lighthouse Handbook of Vision Impairment and Vision Rehabilitation. New York: Oxford University Press Vol. 1, 325–337

Wehler, H. U. (1988): Aus der Geschichte lernen? München: Beck

Weinläder, H. (1994): Zur gegenwärtigen Situation des Unterrichts in Orientierung und Mobilität an den Einrichtungen für Blinde und Sehbehinderte. In: blind – sehbehindert. Zeitschrift für das Sehgeschädigtenbildungswesen, 114, 228–240

Weiskrantz, L. (1986): Blindsight. A case study and implications. Oxford: Oxford University Press

Welsch, W. (1997): Unsere postmoderne Moderne. Weinheim: Akademischer Verlag

WHO, World Health Organization (1996): Low Vision Care for the Elderly. Genf, PBL 96/57

– (2001): International classification of functioning, disability and health (ICF). *http://www3.who.int/icf/icftemplate.cfm* (28. 9. 2002)

Wolfensberger, W. (1980): A brief overview of the principale of normalization. In: Flynn, R. J., Nitsch, K. E.: Normalization, social integration, and community services. 7–30, Baltimore: Univ. Park Press

Zeki, S. M. (1992): Das geistige Abbild der Welt. In: Singer, W. (Hrsg.): Gehirn und Bewusstsein. 32–41, Heidelberg: Spektrum der Wissenschaft

Zeschitz, M. (1998): Die Situation der Frühförderung sehgeschädigter Kinder in Deutschland 1998. In: Verband der Blinden- und Sehbehindertenpädagogen (Hrsg.): Lebensperspektiven. XXXII. Kongress der Blinden- und Sehbehindertenpädagogen. 68–75, Hannover: VzfB

Zeune, A. (1821): Belisar – Über den Unterricht der Blinden. Berlin: Blindenanstalt

Zihl, J., Priglinger, S. (2002): Sehstörungen bei Kindern. Diagnostik und Frühförderung. Wien, New York: Springer

Sachregister

UTB Buchreihe
Einführung in die Sonderpädagogik

Annette Leonhardt
Einführung in die
Hörgeschädigtenpädagogik

2., neu bearb. u. erw. Auflage 2002
288 Seiten. Zahlr. Abb. und Tab. 77 Übungsaufgaben
UTB-M (3-8252-2104-0) kt

„Das Buch [...] schließt eine schmerzliche Lücke, indem es das Fachgebiet übersichtlich und bei aller gebotenen Kürze anschaulich und verständlich darstellt, und es stellt die Probleme heraus, die die Entwicklung innerhalb der Pädagogik der Hörbehinderten zu blockieren drohen: Grundsatzstreitigkeit über Methoden und Begriffsinhalte." *Die Sprachheilarbeit*

Alfons Welling
Einführung in die
Sprachbehindertenpädagogik

2005. ca. 220 Seiten. ca. 35 Abb. ca. 10 Tab.
UTB-M (3-8252-2609-3) kt

Das Buch gibt einen Überblick über die Vielzahl einzelner Sprachstörungen im Kindes-, Jugendlichen- und Erwachsenenalter und erläutert die Aufgabenfelder der Sprachbehindertenpädagogik, die von der Frühförderung über außerschulische, schulische und nachschulische Erziehungs- und Bildungsarbeit reichen bis hin zu spezifischen Fragen der Sprachtherapie.

ℝ/ **reinhardt**
www.reinhardt-verlag.de

Franz-K. Krug
Didaktik für den Unterricht mit sehbehinderten Schülern

Unter Mitarbeit von Emmy Csocsán u.a.
2001. 368 Seiten. 62 Abb. 11 Tab.
UTB-L (3-8252-8209-0) gb

Franz-K. Krug
Didaktik für den Unterricht mit sehbehinderten Schülern

Reinhardt UTB

Um Unterrichtskonzepte für sehbehinderte Schüler entwickeln zu können, greifen die Sehbehindertenpädagogen auf die allgemeinen pädagogischen und didaktischen Konzepte zurück und passen sie jeweils an die spezifischen Bedürfnisse sehbehinderter Schülerinnen und Schüler an. Der Autor widmet sich zunächst den Grundlagen der Psychomotorik, des Sozialen Lernens und der Wahrnehmung primär visueller Informationen. Er geht dabei jeweils auf die speziellen Anforderungen und Bedürfnisse ein, die in der Arbeit mit sehbehinderten Kindern bzw. Schülern von Belang sind.

In den folgenden Kapiteln werden die wichtigsten Unterrichtsfächer behandelt: Heimat- und Sachkunde, Deutsch, naturwissenschaftliche Fächer am Beispiel des Faches Chemie, Mathematik und Fremdsprachenerwerb am Beispiel des Englischunterrichts. Dabei geht Krug jeweils auf die Entwicklung des Faches und die jeweilige Fachdidaktik ein, bevor er die Besonderheiten für den Unterricht mit sehgeschädigten Schülern erläutert. Für jedes Fach werden sodann die sehbehindertenspezifischen Adaptationen dargelegt, die Intentionen und Ziele, der methodische und organisatorische Bereich und der Medieneinsatz für das jeweilige Unterrichtsfach.

EV reinhardt
www.reinhardt-verlag.de

Michael Brambring
»Lehrstunden« eines blinden Kindes

Entwicklung und Frühförderung in den ersten Lebensjahren
2. Auflage 2000. 165 Seiten. 15 Abb. (3-497-01292-0) kt

Ein blindes Kind zu bekommen löst Trauer und Verzweiflung bei den Eltern aus. Welche Zukunftschance hat dieses Kind? Sind wir überhaupt in der Lage, ein blindes Kind zu erziehen?

Das Buch berichtet über die besondere Erziehungssituation einer Familie mit ihrer blindgeborenen Tochter. Die Familie wurde durch Frühförderer in Hausbesuchen unterstützt. Im Mittelpunkt des Buches stehen Briefe, die den Eltern nach jedem Frühförderbesuch geschrieben wurden und den Entwicklungsweg der blinden Christina chronologisch aufzeigen. Die Briefe werden durch Berichte der Eltern ergänzt, die in einem Interview über ihre Ängste und Enttäuschungen, aber auch über ihre Freuden und Erfolge mit ihrer Tochter sprechen. Der Autor erläutert in weiterführenden Kommentaren zu jedem Entwicklungsschritt die zentralen Anliegen der Entwicklungsförderung und Elternberatung.

Anhand der Fallbeschreibung wird deutlich, welche „Lehrstunden" Christina auf ihrem bisherigen Lebensweg erhalten hat, und auch, welche „Lehrstunden" sie uns Sehenden erteilt: Das blinde Kind findet eigene Lösungen, um ein Leben ohne Sehen zu bewältigen. Dieses Buch ist ein einzigartiges Dokument, das allen Eltern sehgeschädigter Kinder und ihren Helfern in die Hand gegeben werden sollte.

 reinhardt
www.reinhardt-verlag.de